Gerd Brenner

Methoden für Deutsch und Fremdsprachen

Dr. Gerd Brenner unterrichtet Deutsch und Englisch an einem Gymnasium; er ist Autor von didaktischen Fachbüchern und Deutsch-Lehrwerken sowie Moderator in der Lehrerfortbildung.

Gerd Brenner

Methoden für Deutsch und Fremdsprachen

Sekundarstufe I und II

Die in diesem Werk angegebenen Internetadressen haben wir überprüft (Redaktionsschluss 15.06.2011). Dennoch können wir nicht ausschließen, dass unter einer solchen Adresse inzwischen ein ganz anderer Inhalt angeboten wird.

www.cornelsen.de

Bibliografische Information: Die Deutsche Bibliothek verzeichnet diese Publikation in der Deutschen Nationalbibliografie; detaillierte bibliografische Daten sind im Internet über http://www.dnb.de abrufbar.

2., überarbeitete Auflage 2011

Projektleitung: Dorothee Weylandt, Berlin
Redaktion: Maria Bley, Baldham / Daniela Brunner, Düsseldorf
Layoutkonzeption: Torsten Lemme, Berlin
Layout: Carola Fuchs und Torsten Lemme, beide Berlin
Technische Umsetzung und Programmierung / Umsetzung der CD-Materialien: zweiband.media, Berlin
Umschlaggestaltung: Magdalene Krumbeck, Wuppertal
Illustrationen: Peter Barczewski, Leipzig
Druck und Bindearbeiten: CPI – Clausen & Bosse, Leck
Printed in Germany
ISBN 978-3-589-23298-7

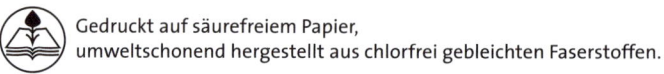

Gedruckt auf säurefreiem Papier,
umweltschonend hergestellt aus chlorfrei gebleichten Faserstoffen.

Inhaltsverzeichnis

Kursiv gesetzte Einträge verweisen auf verwandte Methoden in anderen Kapiteln

3 Texte aktiv lesen

E kennzeichnet Methoden mit elektronischen Medien

4 Texte verstehen

5 Texte schreibend erschließen

8 Kreatives Schreiben

(→ 4 Texte verstehen, → 5 Kreative Schreibverfahren)

9 Schreibberatung

10 Rechtschreibung

11 Grammatik/Ausdruck/Stil

Vorwort

Inhalte lassen sich ohne Methoden nicht vermitteln und didaktische Konzeptionen ohne Methoden nicht umsetzen. Als Ablaufregeln und -formen des Unterrichts haben Methoden (gr. *methodos* aus *meta* und *odos* = Weg zur Erreichung eines Ziels) in Bildungsprozessen freilich eine dienende Funktion. Unverzichtbar sind sie dennoch:
Erst Methoden ermöglichen es, Bildungsziele zu erreichen und didaktische Überlegungen in gelingende Praxis zu überführen. Die Methodenkompetenz von Lehrenden und Lernenden unterstützt also andere Kompetenzen: die Sachkompetenz, die Sozialkompetenz und auch die Selbstkompetenz.

Für diesen Band wurden Methoden ausgewählt, die im Fach Deutsch und im Fremdsprachenunterricht eine besondere Funktion haben. Weitere Methoden zur Gestaltung fachübergreifender Lernprozesse sind in dem Band *Fundgrube für alle Fächer* (zit. als *Methoden I*) zu finden (z.B. zur Lernorganisation generell, zur Gestaltung und Begleitung von Lerngruppen, zur Recherche und Erkundung, zur Strukturierung und Verarbeitung von Informationen, zur Gesprächsführung, Präsentation und Evaluation).

Um einen pragmatischen Zugriff auf die Methoden zu ermöglichen, sind sie folgenden didaktischen Feldern zugeordnet:

1. Wahrnehmen/Sprechen/Zuhören
2. Diskutieren/Sachverhalte klären
3. Texte aktiv lesen
4. Texte verstehen
5. Texte schreibend erschließen
6. Sachlich schreiben
7. Erzählen/Interpretieren
8. Kreatives Schreiben
9. Schreibberatung
10. Rechtschreibung
11. Grammatik/Ausdruck/Stil
12. Lernstrategien

Über jede Methode wird auf einer Seite oder einer Doppelseite kompakt informiert. Die Vorstellung beginnt jeweils mit Kurzangaben zur Sozialform, mit der die Methode umgesetzt werden kann, zu Dauer, einzusetzenden Medien und zu den Jahrgangsstufen, für die sich die Methode eignet. Es folgen Informationen zum didaktischen Potenzial der Methode sowie zu Vorbereitung und Ablauf. Daran schließen sich didaktische Hinweise, Angaben zu methodischen Alternativen und zu einer möglichen Weiterarbeit an.

Wenn möglich, wurden auch ausgewählte Titel weiterführender Literatur angegeben. In einem Fenster oben auf der Seite findet man einen visuellen Impuls bzw. ein Wort-, Satz oder Textbeispiel, das bereits eine Vorstellung vom didaktischen Potenzial der Methode vermittelt.

Bewusst verzichtet wird auf die Hierarchisierung der vorgestellten Methoden, etwa anhand von Ebenen-Modellen, die zwischen Mikro-, Meso- und Makromethodik differenzieren und die sich dabei in oft praxisfernen Zuordnungsproblemen verlieren. Die gewählte terminologische Offenheit des Methodenbegriffs erlaubt eine Gliederung des Materials, die ausschließlich Praxiszusammenhängen des schulischen Unterrichts verpflichtet ist. Um den Methodenfundus optimal zugänglich zu machen, enthält der Band die folgenden Orientierungsangebote:

- eine *Mindmap* am Anfang jedes Kapitels, die eine Übersicht über den didaktischen Handlungsbereich gibt und die auch Verweise auf methodische Ideen im Band *Fundgrube Methoden I – Für alle Fächer* enthält;
- einen *Kolumnentitel* auf jeder Seite, der eine schnelle Zuordnung erlaubt;
- ein *Sachregister* und ein *Methodenregister,* die das Repertoire des Bandes in alphabetischer Reihenfolge zugänglich machen und die auch viele *englischsprachige Methodenbezeichnungen* enthalten (z.B. im Hinblick auf ihre Verwendung im bilingualen Unterricht);
- eine Kennzeichnung mit dem Buchstaben **E** bei Methoden, die mit elektronischen Medien *(E-Learning)* umsetzbar sind;
- Querverweise im Inhaltsverzeichnis, wenn Methoden verschiedenen Lern- und Lehrsituationen zugeordnet werden können..
- Auf der beigefügten CD-ROM finden Sie eine Reihe von Planungshilfen für die Unterrichtsvorbereitung, die Gestaltung von Lehrproben, Ausbildungsseminaren oder Lehrerfortbildungen. Zusammengestellt wurden z.B. Planungshilfen zur individuellen Förderung und zum kooperativen Lernen, außerdem editierbare Druckvorlagen und ergänzende Materialien zu einer ganzen Reihe von Methoden, die direkt im Unterricht genutzt werden können und damit die Unterrichtsvorbereitung entlasten.

Dieser Band kann dazu dienen, das persönliche Methodenrepertoire zu überprüfen und schrittweise zu erweitern. Das Unterrichten wird dadurch intensiver, variantenreicher und – bei zielgerechter Auswahl von Methoden – professioneller. Viele der Methoden können zudem in die Hand von Schülerinnen und Schülern gegeben werden, damit sie selbst Methoden reflektiert nutzen und – in diesem Sinne – das Lernen lernen.

Mönchengladbach 2011
Gerd Brenner

1 Wahrnehmen/Sprechen/Zuhören

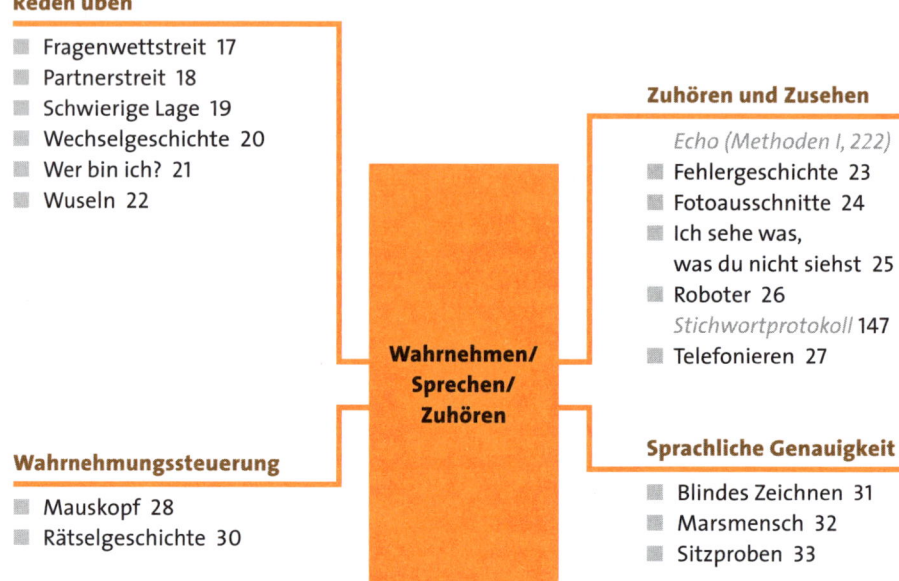

Reden üben

- Fragenwettstreit 17
- Partnerstreit 18
- Schwierige Lage 19
- Wechselgeschichte 20
- Wer bin ich? 21
- Wuseln 22

Zuhören und Zusehen

- *Echo (Methoden I, 222)*
- Fehlergeschichte 23
- Fotoausschnitte 24
- Ich sehe was, was du nicht siehst 25
- Roboter 26
- *Stichwortprotokoll 147*
- Telefonieren 27

Wahrnehmen/ Sprechen/ Zuhören

Wahrnehmungssteuerung

- Mauskopf 28
- Rätselgeschichte 30

Sprachliche Genauigkeit

- Blindes Zeichnen 31
- Marsmensch 32
- Sitzproben 33

Fragenwettstreit *(Question competition)*

Beispiel
The boy was shocked.

Sozialformen:	Plenum
Dauer:	3 – 5 Min.
Medien:	Tafel
Klassen:	ab 5

Didaktisches Potenzial
Die S. werden in einem spielerischen Wettstreit animiert, Fragen zu formulieren.
In der Dynamik des Spiels bauen sie Sprechhemmungen ab. Zugleich können im Fremdsprachenunterricht Fragestrukturen trainiert werden.

Vorbereitungen und Ablauf
Die Lehrperson schreibt einen Ausgangssatz an die Tafel (s. o.), zu dem die Klasse in einer festgesetzten Zeit (z. B. drei Minuten) möglichst viele sinnvolle Fragen entwickeln soll. Jeder kann eine Frage in die Klasse hineinrufen. Sinnvolle Fragen werden in einer Strichliste erfasst, wobei gleiche oder sehr ähnliche Fragen nicht berücksichtigt werden.
Tritt im Fremdsprachenunterricht eine falsch formulierte Frage auf, wird unterbrochen, bis jemand in der Klasse die richtige Formulierung gefunden hat. Erst dann dürfen weitere Fragen zugerufen werden.
Das Spiel wird an mehreren Tagen wiederholt. In einem *Best-score*-Verfahren versucht die Klasse, ihr Spielergebnis vom Vortag zu überbieten.

Didaktische Hinweise
Damit eine möglichst breite Beteiligung der S. sichergestellt ist, kann vereinbart werden, dass jeder S. in einem Durchgang nur eine Frage stellen darf.
Um die Wettbewerbsdynamik zu steigern, kann die Klasse auch in zwei Gruppen unterteilt werden. Im Wechsel schlägt dann eine Gruppe einen Ausgangssatz vor, zu dem die andere Gruppe in der vereinbarten Zeit möglichst viele Fragen formulieren muss.

Alternativen
- Wuseln (S. 22)
- Wechselgeschichte (S. 20)
- Partnerstreit (S. 18)

Hinweise zur Weiterarbeit
- Fremdsprachenunterricht: Diagnose von Fehlerhäufigkeiten und Wiederholung entsprechender grammatischer Regeln

Literatur
Jörg Siebold (Hrsg.): Let's Talk: Lehrtechniken. Berlin 2004, S. 48 ff.

Partnerstreit

Sozialformen: Partnerarbeit
Dauer: 4 – 6 Min.
Medien: –
Klassen: ab 7

Didaktisches Potenzial

Die S. üben das Argumentieren und bauen Redehemmungen ab.
Sie mobilisieren in einem intensiven Meinungsaustausch ihre Diskussionsenergien und trainieren, Sachverhalte von einer anderen als der zunächst eingenommenen Warte zu sehen.

Vorbereitungen und Ablauf

Die S. stehen sich in zwei Reihen auf Armlänge gegenüber. Die Lehrperson gibt – zum Thema der laufenden Unterrichtsreihe – eine These bekannt, die von der ersten Reihe der S. mit möglichst vielen und stichhaltigen Argumenten vertreten, von der zweiten dagegen abgelehnt werden soll. In einem Schlagabtausch der Argumente konfrontieren sich die S. dabei so intensiv wie möglich mit den vorgegebenen Positionen. Nach zwei bis drei Minuten tauschen die S. die Seiten und argumentieren nun von der Gegenseite her. Dabei dürfen Argumente, die im ersten Durchgang genannt wurden, durchaus wiederholt werden.

Didaktische Hinweise

Das Verfahren erfordert und trainiert gedankliche Flexibilität.
Die S.-Paare können als Spontangruppen (vgl. Methoden I, S. 67) oder als Zufallsgruppen (ebd., S. 68) zusammengestellt werden.

Alternativen

- Wuseln (S. 22)
- Schwierige Lage (S. 19)
- Lawinengespräch
  (vgl. Methoden I, S. 214)
- Positionsspiel (ebd., S. 216)

Hinweise zur Weiterarbeit

- Erörterndes Gespräch im Plenum mit Formulierung persönlicher Meinungen
- Schriftliche Pro-Kontra-Argumentation

Literatur

Bernd Janssen: Kreative Unterrichtsmethoden. Braunschweig 2004, S. 15 f.

Schwierige Lage *(Scruples)*

Sozialformen: Plenum
Dauer: 20 – 30 Min.
Medien: Votumkarten
Klassen: ab 7

Didaktisches Potenzial

Die S. werden durch eine Problemsituation zu spontanen Reaktionen angeregt.
Das spielerische Verfahren unterstützt sie darin, sich unmittelbar mit einem dilemmatischen Problemfall auseinanderzusetzen, eine eigene Meinung zu entwickeln und diese zu äußern.

Vorbereitungen und Ablauf

Die Lehrperson bereitet mehrere Dilemma-Situationen vor, die Betroffene vor eine schwierige Entscheidung stellen und die für dieses Spiel auf eine Entscheidungsfrage zugespitzt werden. Außerdem werden für jeden S. Ja/Nein-Karten (im Fremdsprachenunterricht in der entsprechenden Sprache) vorbereitet.
In der Stunde schildert die Lehrperson dann ein Dilemma und schließt den Vortrag mit einer Entscheidungsfrage ab („Würdest du …?"). Unmittelbar im Anschluss daran werden die S. aufgefordert, jeder für sich eine Ja- oder Nein-Karte verdeckt auf den Tisch zu legen. Die Lehrperson fragt nun S. A, wie S. B sich wohl entschieden hat, und bittet ihn, seine Meinung kurz zu begründen. Dann werden andere S. gebeten, ebenfalls kurz zu spekulieren, welche Entscheidung S. B wohl getroffen hat. Zum Schluss gibt S. B seine Entscheidung bekannt und reagiert kurz auf die Spekulationen der anderen.
Das Verfahren kann mit weiteren Dilemmata fortgeführt werden.

Didaktische Hinweise

Wie im Gesellschaftsspiel „Scruples" (erstmals 1986) können die S. sich selbst weitere Dilemma-Situationen ausdenken. Das Verfahren ist auch ein Beitrag zur moralischen Erziehung der S.

Alternativen

▨ Dreier-Interview (vgl. Methoden I, S. 143)
▨ Lawinengespräch (ebd., S. 214)

Hinweise zur Weiterarbeit

▨ Brief an den Betroffenen mit begründeter Handlungsempfehlung

Literatur

Jörg Siebold (Hrsg.): Let's Talk: Lehrtechniken. Berlin 2004, S. 125 ff.

Wechselgeschichte

Beispiel	**Sozialformen:**	Plenum, Gruppenarbeit
Plötzlich waren Schritte zu hören, die Tür öffnete sich und …	**Dauer:**	3 – 10 Min.
	Medien:	–
	Klassen:	5 – 6

Didaktisches Potenzial

Die S. entwickeln in Kettenform spontan eine Geschichte.
In ihren Beiträgen bringen sie Sätze bewusst nicht zu Ende und regen so zu Fortsetzungen an. In einem kreativen Prozess trainieren die S. ihre Fantasie, verbessern so insgesamt den kreativen Umgang mit Problemen und bauen in einem spielerischen Verfahren, das ihnen nur kurze Äußerungen zumutet, Redehemmungen ab.

Vorbereitungen und Ablauf

Die S. erzählen zusammen eine Geschichte, indem sie nacheinander einen abgebrochenen Satz des Vorgängers ergänzen und einen neuen Satz sinnvoll daran anschließen, diesen aber ebenfalls vor dem Ende abbrechen, damit der nächste weitererzählen kann.

Didaktische Hinweise

Für die Wechselgeschichte können verschiedene literarische Genres (z. B. Märchen oder Gruselgeschichte) vorgegeben werden. Es ist aber auch reizvoll, keine Vorgaben zu machen und den S. zu erlauben, bei der Entwicklung der Geschichte ab und zu zwischen den Genres hin und her zu springen.
Die Wechselgeschichte kann in Form einer Redekette (vgl. Methoden I, S. 220) organisiert werden. Eine Alternative ist, dass die Lehrperson das Wort neu erteilt. Dies steigert die Spannung, da die S. jederzeit damit rechnen müssen, in die Geschichte einbezogen zu werden. Außerdem kann man so gezielt zwischen Schülerinnen und Schülern wechseln.

Alternativen

▨ Traumkette (S. 141)

Hinweise zur Weiterarbeit

▨ Schriftliche Fassung einer Geschichte auf Basis der mündlichen Fassung

Literatur

Sylvia Görnert-Stuckmann:
Mit Kindern Geschichten erfinden.
München 2003

Wer bin ich? *(Who am I?)*

Sozialformen: Plenum
Dauer: 1–3 Min. pro Durchgang
Medien: Namenskarten
Klassen: ab 5

Didaktisches Potenzial
Die S. bauen in kurzen Dialogen Sprechhemmungen ab.
Sie trainieren zugleich das gezielte Fragen sowie grammatische Strukturen.

Vorbereitungen und Ablauf
Die Lehrperson bereitet einige Karten vor, auf denen Namen von Personen stehen, die den S. der Lerngruppe bekannt sind.
Ein S. tritt in die Mitte der Klasse und bekommt von der Lehrperson eine der Namenskarten auf den Rücken geheftet, sodass er sie selbst nicht einsehen kann. Er dreht sich langsam um seine eigene Achse, damit alle anderen sehen können, um wen es sich handelt. Nun stellt der Spieler einigen Mitschülern Fragen zu seiner Person, und zwar Entscheidungsfragen, die von den anderen mit ja oder nein beantwortet werden können.
Der S. fragt so lange, bis er errät, wer er ist. Mögliche Fragen im Englischunterricht: „Do I live in Germany? Am I ten years old?"
Variante: Der spielende S. bekommt die Karte verdeckt gezeigt, sodass die Mits. nicht sehen können, welche Identität der Mits. im Spiel annimmt. Nun stellen die Mits. Entscheidungsfragen, die von dem Spieler mit ja oder nein beantwortet werden. Mögliche Fragen im Englischunterricht: „Are you dead? Are you famous? Are you in this room? Did you discover anything?"

Didaktische Hinweise
Mit dem Verfahren können im Fremdsprachenunterricht z. B. Fragestrukturen und verschiedene Tempora trainiert werden. Um möglichst alle S. an dem Verfahren zu beteiligen, kann festgelegt werden, dass man jeweils nur einmal mit ein und demselben Mits. sprechen darf.

Alternativen
■ Fragenwettstreit (S. 17)
■ Wuseln (S. 22)

Hinweise zur Weiterarbeit
■ Klassenarbeit zur Überprüfung von Fragestrukturen (Fremdsprachen)

Wuseln *(Mingling)*

Sozialformen: Partnerarbeit, Plenum
Dauer: 15 Min.
Medien: –
Klassen: ab 5

Didaktisches Potenzial
Die S. veranstalten eine Klassenumfrage.
Sie trainieren, Gespräche sinnvoll anzufangen und zu beenden, und bauen dabei Sprechhemmungen ab. Im Fremdsprachenunterricht kann das Verfahren auch dazu dienen, sprachliche Strukturen (z. B. Fragesätze) einzuüben.

Vorbereitungen und Ablauf
Die Lehrperson bereitet Fragestellungen oder Satzanfänge für eine Klassenumfrage vor. Die S. erhalten die Aufgabe, zu einer Fragestellung oder einem Satzanfang Informationen einzuholen. Dazu verlassen sie ihren Platz, nehmen nacheinander Kontakt zu möglichst vielen Mits. auf, befragen sie und notieren Ergebnisse der Befragung. S.-Paare, die sich gerade im Gespräch befinden, dürfen nicht unterbrochen werden. Man muss also warten, bis ein S.-Paar auseinandergeht. Die Ergebnisse der Befragung werden anschließend im Plenum vorgetragen.

Didaktische Hinweise
Die Fragestellungen, die von den S. bearbeitet werden, können verschiedenartig sein. Im Englischunterricht können sie z. B. beginnen mit:
- Find someone who … (Einübung von 3.-Person-s)
- Go and find out who …
- What would you do if … (Einübung der Zeitenfolge bei Bedingungssätzen)

Im Fremdsprachenunterricht können die S. auch angeregt werden, sprachliche Strukturen wechselseitig zu verbessern, falls Fehler auftreten.

Alternativen
- Sprechweisen (vgl. Methoden I, S. 74)
- Passwort (ebd., S. 72)
- Vielredner – Wenigredner (ebd., S. 307)

Hinweise zur Weiterarbeit
- Kurzer schriftlicher Bericht über die Umfrageergebnisse

Literatur
Jörg Siebold (Hrsg.): Let's Talk: Lehrtechniken. Berlin 2004, S. 96 ff.

Fehlergeschichte *(Story with mistakes)*

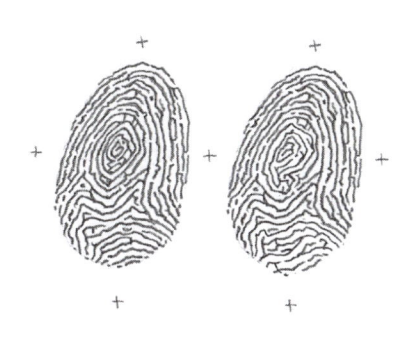

Sozialformen:	Plenum
Dauer:	10 – 15 Min.
Medien:	–
Klassen:	ab 5

Didaktisches Potenzial
Die S. trainieren aufmerksames und genaues Zuhören.
Sie verbessern ihre Konzentrations- und Merkfähigkeit, indem sie einem Erzählverlauf aufmerksam folgen und die Details der Geschichte mit denen einer leicht abgewandelten Zweitversion vergleichen.

Vorbereitungen und Ablauf
Die Lehrperson bereitet sich darauf vor, eine Geschichte mithilfe von Stichworten möglichst frei vorzutragen. An einigen Stellen des Stichwortzettels werden farblich abweichend Details dazu notiert (z. B. veränderte Namen, Wochentage, Orte, Farben). Zunächst informiert die Lehrperson die S. über das Verfahren und rät ihnen, aufmerksam zu sein. Sie trägt den vorbereiteten Text dann möglichst lebendig vor. Direkt im Anschluss daran beginnt ein zweiter Vortrag, in dem jedoch einige Fakten „falsch" wiedergegeben werden. Die S. werden aufgefordert, sofort den Arm zu heben, sobald sie einen „Fehler" entdeckt haben. Sie können ihn dann richtigstellen.

Didaktische Hinweise
Die Texte können auch halb lesend vorgetragen werden; die Präsentation sollte jedoch weiterhin möglichst lebendig sein, um den S. die Konzentration auf Details des Textes nicht zu leicht zu machen. Haben die S. einen „Fehler" gefunden, können sie diesen verbessern, indem sie die Angaben der Erstversion wiederholen.

Alternativen
▨ Progressives Auswischen
  (vgl. Methoden I, S. 284)

Hinweise zur Weiterarbeit
▨ Nacherzählen der Geschichte
▨ Erfinden eines neuen Endes

Literatur
Jörg Siebold (Hrsg.): Let's Talk:
Lehrtechniken. Berlin 2004, S. 44 ff.

Fotoausschnitte

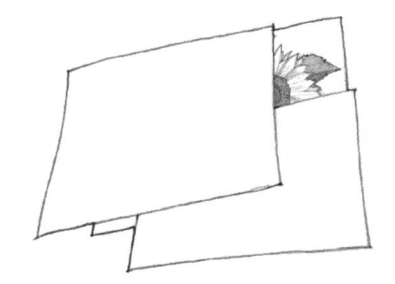

Sozialformen: Plenum, Gruppenarbeit
Dauer: 15 – 20 Min.
Medien: mehrere Kopien
eines Fotos
Klassen: ab 5

Didaktisches Potenzial
Die S. trainieren ihre Wahrnehmungsfähigkeit.
Sie schließen von einem Bildsegment auf dessen Umfeld und aktivieren dabei in kontrollierter Weise ihr Vorstellungsvermögen.

Vorbereitungen und Ablauf
Von einem Foto wird eine Serie von mindestens fünf Kopien angefertigt. Von der zweiten Kopie an werden dabei zunehmend Teile des Fotos abgedeckt. Sichtbar bleibt schließlich nur noch ein Segment, das bei genauer Betrachtung Rückschlüsse auf einige andere Bildkomponenten zulässt; der Rest der Seite bleibt weiß.
Die letzte Kopie wird den S. in Gruppen vorgelegt. Sie studieren das Bildsegment genau und äußern begründete Vermutungen darüber, was auf dem Bild insgesamt zu sehen sein könnte. Ihre Vermutungen können sie auf der Kopie skizzieren. Dann werden diese Skizzen im Plenum kurz vorgestellt und begründet. Anschließend bekommen die S. die vierte, dann die dritte und zweite Kopie vorgelegt und präzisieren in der Gruppe ihre Erwartungen. Abschließend wird das Original mit den ersten Vermutungen verglichen.

Didaktische Hinweise
Das Verfahren war vor Jahren Bestandteil der Ratesendung „Dalli Dalli" mit Hans Rosenthal. Es kann genutzt werden, um eine Unterrichtsreihe mit einem visuellen Impuls zu eröffnen (vgl. Provokationsbilder/Impulsbilder, Methoden I., S. 200).

Alternativen
▦ Sitzproben (S. 33)
▦ Blindes Zeichnen (S. 31)
▦ Bilderbuffet (Methoden I, S. 251)
▦ Bildverfremdung (ebd., S. 196)

Hinweise zur Weiterarbeit
▦ Bildbeschreibung

Literatur
Ulrich Baer: Kreativität für alle. Seelze 2001, S. 43

Ich sehe was, was du nicht siehst *(I spy with my little eye)*

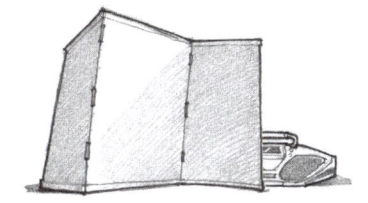

Sozialformen: Plenum
Dauer: 5 – 20 Min.
Medien: –
Klassen: 5 – 6

Didaktisches Potenzial
Die S. beschreiben die Eigenschaften von Gegenständen.
Sie präzisieren die gedankliche Repräsentanz eines Gegenstandes, indem sie ihn von anderen fortschreitend abgrenzen.

Vorbereitungen und Ablauf
Ein S. sucht sich einen Gegenstand aus, der im Blickfeld der Mits. ist (im Klassenraum oder durch ein Fenster sichtbar). Dieser muss von den Mits. erraten werden. Der S. beginnt das Spiel, indem er eine unverfängliche Eigenschaft des Gegenstandes benennt („I spy with my little eye and see something green."). Die Mits. fragen nach anderen Eigenschaften („Is it long?") und der S. antwortet mit „Yes" oder „No". Am Ende dürfen drei S. gezielt nach dem Gegenstand fragen („Is it the blackboard?"). Wird der Gegenstand nicht erraten, darf sich der Spieler einen neuen Gegenstand aussuchen.

Didaktische Hinweise
Das Spiel kann in den Fremdsprachen auch zur Festigung des Wortschatzes und zum Training von Fragesätzen eingesetzt werden.
Zu diesem Spiel gibt es viele Abwandlungen. *Eine Variante:* Hinter einer „spanischen Wand" werden Gegenstände ausgepackt, die für alle S. bis auf zwei unsichtbar bleiben. Diese beiden sitzen vor dem für sie sichtbaren Gegenstand und sagen abwechselnd einen beschreibenden Satz, und zwar
▦ zunächst Sätze zu Eigenschaften des Gegenstandes, die ertastet werden können,
▦ nach einiger Zeit Sätze, die sich auf Sichtbares beziehen,
▦ zum Schluss Sätze, die angeben, wie der Gegenstand benutzt werden kann.

Nach jedem Satz der „Beschreiber" kann einer in der Klasse sagen, welchen Gegenstand er sich vorstellt. Die „Beschreiber" dürfen den Gegenstand nicht benennen, auch nicht mit einem Synonym. Diese Variante kann auch als Wettbewerbsspiel angelegt werden, wobei zwei Gruppen gegeneinander antreten.

Alternativen
▦ Sitzproben (S. 33)
▦ Fokus (S. 149)

Hinweise zur Weiterarbeit
▦ Schriftliche Gegenstandsbeschreibung

Roboter

Sozialformen: Plenum
Dauer: 2 – 3 Min.
Medien: –
Klassen: 5 – 8

Didaktisches Potenzial

Die S. konzentrieren sich auf Bewegungsabläufe in der ganzen Klasse.
Sie reagieren regelgeleitet auf Bewegungen und kooperieren unter laufend neuen
Vorzeichen.

Vorbereitungen und Ablauf

Die S. müssen sich zunächst so setzen, dass sich alle sehen können. Sie sitzen anfangs
stumm auf ihren Stühlen. Dann erheben sie sich nach den folgenden Regeln von ihren
Plätzen und setzen sich wieder hin:

■ Jeder darf so oft aufstehen, wie er will.
■ Jeder darf höchstens fünf Sekunden lang am Stück stehen.
■ Immer sollen möglichst vier S. stehen.
■ Jeder muss mindestens dreimal gestanden haben.

Das Spiel kann nach etwa zwei Minuten abgebrochen oder auch länger fortgeführt werden. Zwei S. können bestimmt werden, die zusätzlich zur Lehrperson beobachten, ob die
Regeln eingehalten werden.

Didaktische Hinweise

Das Kooperationsspiel trainiert gute und aufmerksame Beobachtung, stumme Abstimmung miteinander und schnelle Reaktionen. Da es viel Bewegung in die Klasse bringt,
eignet es sich zur kurzen Auflockerung nach längeren Phasen des Sitzens und Überlegens
oder zur Abwechslung in Schulstunden am späten Vormittag.

Alternativen

■ Sitz-Starter (vgl. Methoden I, S. 88 f.)
■ Steh-Starter (ebd., S. 90 f.)
■ Denk-Starter (ebd., S. 86 f.)
■ Stop and go (ebd., S. 92)

Hinweise zur Weiterarbeit

■ Kurzes Gespräch über die Aufmerksamkeit in der Klasse

Literatur

Heiner und Ellen Wilms: Erwachsen
werden. Wiesbaden 2004, S. VIII/19

Telefonieren

Sozialformen: Plenum
Dauer: 2 – 3 Min.
Medien: –
Klassen: ab 5

Didaktisches Potenzial
Die S. trainieren ihre Aufmerksamkeit.
Sie begeben sich in einen gemeinsamen Rhythmus und achten auf regelgerechtes Verhalten.

Vorbereitungen und Ablauf
Alle S. bekommen eine ein- bzw. zweistellige „Telefonnummer", indem in der Klasse von 1 bis 25 oder mehr durchgezählt wird.
Zunächst wird das „Telefonnetz" aufgebaut. Dazu vollziehen alle S. in einer festgelegten Reihenfolge bestimmte Bewegungen, die während des Telefonierens beibehalten werden. Gleichzeitig und rhythmisch
- schlagen sie sich mit beiden Händen zweimal auf die Oberschenkel,
- klatschen zweimal in ihre Hände und
- schnipsen zweimal mit den Fingern.
Ist das Netz aufgebaut, beginnt das „Telefonieren", indem der Anrufer beim Händeklatschen laut die eigene Nummer und beim Schnipsen die des gewünschten Telefonteilnehmers ruft. Dieser muss dann reagieren und beim nächsten Händeklatschen die eigene Nummer sagen, beim Schnipsen die Nummer eines gewünschten neuen „Teilnehmers". Wer einen Fehler macht – z. B. an der falschen Stelle etwas sagt oder gar nicht reagiert –, muss das Netz von vorne an neu aufbauen.

Didaktische Hinweise
Manchen S. fällt es schwer, die für dieses Spiel erforderliche gesteigerte Aufmerksamkeit mehrere Minuten lang durchzuhalten.

Alternativen
- Roboter (S. 26)
- Ich sehe was, was du nicht siehst (S. 25)
- Stromunterbrechung
  (vgl. Methoden I, S. 93)
- Zurückspulen (ebd., S. 95)

Hinweise zur Weiterarbeit
- Gespräch darüber, wie lange man aufmerksam bleiben und welche Folgen Unaufmerksamkeit im Unterricht haben kann

Mauskopf

Sozialformen: Partnerarbeit, Plenum
Dauer: 15 – 25 Min.
Medien: Plakate bzw. Arbeitsblätter
Klassen: ab 5

Didaktisches Potenzial
Die S. erfahren in einem Experiment, dass und wie ihre Wahrnehmung gesteuert wird.
Sie erkennen in einem gestaffelten Wahrnehmungsprozess, dass ihre persönlichen
Deutungsmuster keine Allgemeingültigkeit beanspruchen können und dass sie von
Vorerfahrungen abhängig sind.

Vorbereitungen
Die Lehrperson bereitet zwei Plakate bzw. Blätter vor, auf denen – in vergrößerter
Form – die folgenden Zeichnungen zu sehen sind (vgl. Service Civil International, s. u.):

Ablauf
Die Klasse wird in zwei Gruppen aufgeteilt. Der Gruppe A wird (evtl. in einem anderen
Raum) die Zeichnung „Kopf" gezeigt, der Gruppe B die Zeichnung „Maus". Beide Gruppen
sollen über das Gesehene zunächst *nicht* miteinander reden.
Nun werden Paare gebildet, indem sich jeweils S. aus den Gruppen A und B zusammentun.
Die Lehrperson zeigt der Gesamtgruppe die Zeichnung „Mauskopf" (s. u.).
Die S.-Paare sollen jetzt gemeinsam stumm dieses Bild auf ein Blatt Papier zeichnen, wo-
bei sie Bleistifte und Radiergummis benutzen dürfen.
Sind die Zeichnungen beendet, wird im Plenum reflektiert, welche Erfahrungen die S.
während des stummen Zeichnens gemacht haben.

Didaktischer Kommentar

Die Übung macht klar, dass es je nach Vorerfahrungen zu unterschiedlichen Wirklichkeitskonstruktionen kommen kann. Kognitionspsychologen gehen nämlich davon aus, dass in einer Primärkodierung von Wahrgenommenem (hier: Maus oder Kopf) Gedächtnisspuren gelegt werden, die bei einer weiteren, ähnlichen Wahrnehmung als Sekundärkodierung wieder aktiviert werden (vgl. Seel, S. 46).

Die Integrationszeichnung „Mauskopf" verbindet wesentliche Details der beiden zunächst gezeigten Zeichnungen miteinander. Diese Zeichnungen „Kopf" und „Maus" enthalten darüber hinaus aber Elemente, die eine ganzheitliche Wahrnehmung des Gesehenen in verschiedene Richtungen steuern.

Tipps zur Umsetzung

Die Zeichnungen „Maus" und „Kopf" sollten die S. intensiv mindestens eine Minute lang betrachten. Das gemeinsame Malen kann so organisiert werden, dass jeweils einer der beiden Partner 15 Sekunden lang zeichnen und radieren kann; dann wird gewechselt. Vorher sollte eine zeitliche Begrenzung (z. B. drei Minuten) für die gesamte Zeichnungsaktion vereinbart werden.

Während der Reflexion können die Ausgangszeichnungen „Maus" und „Kopf" sowie die Integrationszeichnung „Mauskopf" allen gezeigt werden, damit deutlich wird, wie die unterschiedlichen Wahrnehmungssteuerungen zustande gekommen sind.

Alternativen

- Betrachtung verschiedener Drudel (Bilderrätsel)
- Rätselgeschichte (S. 30)

Hinweise zur Weiterarbeit

- Unterrichtsreihe/Text zum Thema „Vorurteile"
- Unterrichtsreihe, in der über literarische Interpretationen reflektiert wird

Literatur

Norbert M. Seel: Psychologie des Lernens. München 2000
Service Civil International: Anleiten, leiten, begleiten. Köln 1999
Christina Zitzmann: Alltagshelden. Schwalbach/Ts. 2004, S. 102 ff. u. 108 ff.

Rätselgeschichte *(Puzzle story)*

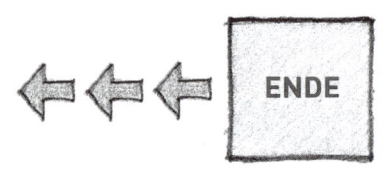

Sozialformen: Plenum
Dauer: 10 – 15 Min.
Medien: –
Klassen: ab 5

Didaktisches Potenzial

Die S. entwickeln eine Geschichte vom Ende her, indem sie dieses Ende intensiv betrachten.
Sie erfahren in der Rekonstruktion einer unvollständigen Geschichte, dass ihre Vorstellungen durch bestimmte Textsignale gesteuert werden. Die S. trainieren außerdem genaues Zuhören und schlussfolgerndes Denken. Zugleich reflektieren sie in einem spielerischen Verfahren Konstruktionsprinzipien erzählender Texte.

Vorbereitungen und Ablauf

Es wird eine Geschichte ausgewählt, in deren Schlusspassagen wesentliche Handlungsmomente zusammengeführt werden, sodass sich Rückschlüsse auf das vorgelagerte Geschehen ziehen lassen.
Die Lehrperson präsentiert das Ende der Geschichte und fordert die S. auf, gezielte Fragen zu stellen und damit die „Vorgeschichte" herauszubekommen. Jede Frage der S. soll damit eingeleitet werden, dass auf eine bestimmte Formulierung des Textendes verwiesen wird, die diese Frage nahelegt. Bei der Beantwortung der Fragen sollte die Lehrperson zunächst nur das in der Fragestellung Angelegte preisgeben, damit die S. viele weitere Fragen stellen.

Didaktische Hinweise

Dieses Denkspiel bietet viele Redeanlässe. Dabei nehmen S. und Lehrperson einen Rollentausch vor: Die S. fragen und die Lehrperson antwortet. Das, was die S. durch ihre Fragen herausgefunden haben, kann ab und zu zusammengefasst werden, damit gezieltere Fragen angeschlossen werden können.
Im Fremdsprachenunterricht kann das Verfahren auch dazu dienen, Fragestrukturen einzuüben.

Alternativen

▦ Entscheidungsbaukasten (S. 69)
▦ Bestellte Texte (S. 182)
▦ Klopfwörter (S. 169)

Hinweise zur Weiterarbeit

▦ Schriftliche Fassung(en) des Anfangs der Geschichte

Literatur

Jörg Siebold (Hrsg.): Let's Talk: Lehrtechniken. Berlin 2004, S. 71 ff.

Blindes Zeichnen *(Blind man's picture)*

Sozialformen:	Partnerarbeit
Dauer:	1 – 2 Min.
Medien/Material:	Tafel; Augenbinde
Klassen:	ab 5

Didaktisches Potenzial
Die S. üben sprachliche Genauigkeit und Differenziertheit.
Sie trainieren, Handlungsanweisungen sprachlich präzise zu formulieren und sorgfältig umzusetzen.

Vorbereitungen und Ablauf
Mitgebracht werden müssen ein Schal bzw. ein Tuch und Kreidestücke.
Ein S. kommt zur Tafel, nimmt ein Stück Kreide in die Hand und bekommt dann die Augen verbunden. Ein anderer S. ist sein Partner und erhält die Anweisung, mithilfe des „Blinden" an der Tafel eine Figur (Tier, Gegenstand etc.) zu zeichnen. Die Figur darf nicht bekanntgegeben werden und baut sich sowohl für den „blinden" Zeichner als auch für die zuschauenden Mits. erst allmählich auf. Da der „Blinde" nichts sieht, müssen laufend sprachlich genaue Anweisungen gegeben werden wie: „Ziehe die Kreide jetzt in einem nach links geschwungenen Bogen um etwa zehn Zentimeter nach oben." Ist die Zeit abgelaufen, können einige in der Klasse – und besonders der „Blinde" – erklären, wann ihnen klargeworden ist, um was es sich bei der Zeichnung handelte, und wo die Handlungsanweisungen besonders genau bzw. ungenau waren.

Didaktische Hinweise
Das Verfahren kann auch als Wettkampfspiel arrangiert werden: Mehrere Spielerpaare treten gegeneinander an und erhalten jeweils zwei Minuten Zeit, ein möglichst vielschichtiges Bild an die Tafel zu bringen. Eine S.-Jury vergibt nach jedem Durchgang Punkte zwischen eins und zehn und ermittelt so den/die Sieger.
Um das Spiel zu erleichtern, können vorweg an der Tafel in einem Brainstorming (vgl. Methoden I, S. 101) bis zu 30 Begriffe gesammelt werden. Aus diesen müssen die zu beschreibenden Sachverhalte dann ausgewählt werden.

Alternativen
▦ Sitzproben (S. 33)
▦ Ich sehe was, was du nicht siehst (S. 25)

Hinweise zur Weiterarbeit
▦ Schriftliche Beschreibungen von Gegenständen oder Personen

Marsmensch

Sozialformen:	Plenum
Dauer:	3 – 5 Min.
Medien:	–
Klassen:	5 – 8

Didaktisches Potenzial

Die S. machen sich die Missverständlichkeit von Aussagen bewusst.
Indem sie spielerisch unterschiedliche Erfahrungshintergründe für die Äußerung und die Rezeption einer Information annehmen, erfahren die S., dass sprachliche Äußerungen oft nicht präzise genug sind.

Vorbereitungen und Ablauf

Die Lehrperson vereinbart mit einem S. für ein Rollenspiel die folgende Rollenverteilung: Der S. spielt einen Menschen, der auf der Erde lebt, und die Lehrperson einen Marsmenschen, der gerade auf die Erde gekommen ist und irdische Lebensverhältnisse nicht kennt. Der S. erklärt dem „Marsmenschen" einen Vorgang wie diesen: Er soll etwas von der Tafel abschreiben und dazu ein Heft und einen Füller benutzen. Der „Marsmensch" kann mit den Dingen nicht umgehen und macht alles falsch, was falsch gemacht werden kann: Er legt z. B. das Heft falsch herum, benutzt den Füller am falschen Ende, sammelt Tinte aus dem Füller auf einem Blatt und nimmt dann die Finger, um zu schreiben, schreibt quer über die Seite und viel zu groß (so groß wie an der Tafel) usw.
Dadurch zwingt der „Marsmensch" den Mitspieler zu sprachlichen Präzisierungen. In weiteren Durchgängen können auch S. die Rolle des „Marsmenschen" übernehmen.

Didaktische Hinweise

Die Demonstration von Missverständnissen macht klar, dass Kommunikation oft nur funktioniert, wenn alle Beteiligten über die gleiche Situationsdefinition und die gleichen alltagskulturellen Erfahrungen verfügen. In einem anschließenden Gespräch kann deutlich gemacht werden, warum bei unterschiedlichen Voraussetzungen Missverständnisse möglich sind und wie man sie vermeiden könnte.

Alternativen

▨ Sitzproben (S. 33)

Hinweise zur Weiterarbeit

▨ Möglichst präzise Handlungsanweisungen schriftlich ausformulieren

Literatur

Christina Zitzmann: Alltagshelden. Schwalbach/Ts. 2004, S. 69 ff.

Sitzproben

Sozialformen:	Plenum
	oder Dreiergruppen
Dauer:	2 – 4 Min. je Durchgang
Medien:	–
Klassen:	ab 5

Didaktisches Potenzial
Die S. geben mit beschreibenden Sätzen Handlungsanweisungen.
Sie erfahren unmittelbar und handlungsorientiert, welche Konsequenzen genaue bzw. ungenaue Beschreibungen haben.

Vorbereitungen und Ablauf
Für das Plenum (oder für jede Dreiergruppe) werden im Raum in einiger Entfernung hintereinander zwei Stühle etwas versetzt voneinander aufgestellt.
Einer der S. setzt sich auf den vorderen Stuhl und soll keinerlei Blickkontakt mit dem zweiten S. haben können (evtl. bekommt er die Augen verbunden). Der zweite S. setzt sich nun auf den hinteren Stuhl, und zwar in einer ganz spezifischen Körperhaltung (auf der Stuhllehne schlafend, in sich zusammengesunken, knapp auf einer Kante, aufmerksam spähend etc.). Aufgabe des dritten S. ist es nun, Position und Körperhaltung des hinten sitzenden S. möglichst genau zu beschreiben. Der vorne sitzende S. soll anhand dieser Beschreibung genau die gleiche Körperhaltung einnehmen wie der beschriebene. Setzt der vorne sitzende S. die Beschreibung nicht angemessen um, sollte nachgehakt werden.

Didaktische Hinweise
Die S. erreichen ihr Ziel am schnellsten, wenn sie dem nachahmenden Mits. zunächst den Gesamteindruck der zu imitierenden Körperhaltung schildern (z. B. entspannt, aufrecht, aggressiv), dann die Haltung der größeren Körperteile beschreiben und zum Schluss auf Details achten.
Die beiden hintereinander sitzenden S. können am Ende der Beschreibungsübung evtl. mit einer Digitalkamera aufgenommen werden, damit die Qualität der Beschreibung dokumentiert ist.

Alternativen
▨ Blindes Zeichnen (S. 31)
▨ Marsmensch (S. 32)

Hinweise zur Weiterarbeit
▨ Beschreibung einer Person auf einem Foto oder Gemälde

2 Diskutieren/Sachverhalte klären

Soziale Prozesse organisieren

Abhören 97

Amerikanische Debatte 35

Anspiel 98

Antwortgruppen 36

Befragung 37

Debatte und weitere Diskussionsverfahren (Methoden I, 204 – 211)

Fragend-entwickelndes Verfahren 38

Gruppenarbeit (Methoden I, 42)

Gruppenpuzzle (Methoden I, 44)

Kreuzverhör und weitere Gesprächsmethoden (Methoden I, 212 – 221)

Themenbilder 40

Themenmarkt 41

Virtuelle Wand 42

Diskutieren/ Sachverhalte klären

Gedankliche Prozesse festhalten

Blätterlawine und weitere Methoden zur Themenentfaltung (Methoden I, 100 – 102)

Circept 43

Fragenbaum/ Planungsbaum (Methoden I, 197)

Fünfsatztechnik 44

Interview (Methoden I, 122)

Spinnwebanalyse 46

Amerikanische Debatte

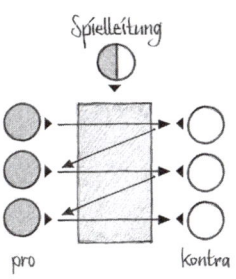

Sozialformen:	Plenum
Dauer:	20 – 40 Min.
Medien:	–
Klassen:	ab 7

Didaktisches Potenzial
Alle S. einer Lerngruppe beteiligen sich an einem formalisierten Gespräch.
Sie erhalten alle die gleiche Redezeit und diskutieren ein Thema.

Vorbereitungen und Ablauf
Die Klasse/der Kurs wird in zwei Gruppen A und B geteilt, die sich an einen langen Tisch
gegenüber setzen. Die Gruppen nehmen zu einem kontroversen Thema entgegengesetzte
Positionen ein. Ein S. wird zum Diskussionsleiter bestimmt. Er setzt sich an die Kopfseite
des Tisches. Zu einem vereinbarten Thema erteilt der Leiter zunächst dem Schüler der
Gruppe A, der am weitesten von ihm entfernt sitzt, für eine Minute das Wort. Dann erhält
sein Gegenüber von der Gruppe B das Wort; als Dritter redet der zweite S. von Gruppe A,
als Vierter der zweite S. von Gruppe B usw. (s. Skizze). Der Diskussionsleiter achtet darauf,
dass keiner die Redezeit von einer Minute überschreitet. Wird die Zeit nicht ganz ausge-
nutzt, geht das Rederecht an den nächsten Redner der Gegengruppe über. Sind nach einer
Runde noch nicht alle Argumente bzw. Erfahrungen oder Vorschläge ausgetauscht und
kommentiert, kann eine zweite beginnen.

Didaktische Hinweise
Anders als z. B. bei den Methoden Debatte (vgl. Methoden I, S. 205 f.), Diskussion mit Grup-
penschutz (ebd., S. 209), Aquarium (ebd., S. 204), Pro-Kontra-Debatte (ebd., S. 218 f.) oder
Expertenpodium (ebd., S. 211) ist bei der Amerikanischen Debatte die gesamte Lerngruppe
einbezogen. Der Aktivierungsgrad ist also bedeutend höher als bei vielen traditionellen
Gesprächsverfahren.
Vorbereitet werden kann die Amerikanische Debatte durch die Sammlung von Argumenten, Ideen, Vorschlägen etc. in den Gruppen A und B. Um eine gleiche Größe der Gruppen
zu gewährleisten, können die Teilnehmer z. B. gelost werden.

Alternativen
▨ Kugellager (vgl. Methoden I, S. 213)
▨ Lawinengespräch (ebd., S. 214)

Hinweise zur Weiterarbeit
▨ Allgemeine, informelle Plenumsrunde
▨ Abstimmung über Vorschläge, die im
   Laufe des Gesprächs gemacht wurden

Antwortgruppen

Sozialformen:	Gruppenarbeit
Dauer:	10 – 20 Min.
Medien:	Arbeitsblatt mit Fragen
Klassen:	ab 5

Didaktisches Potenzial

Die S. verarbeiten neue Informationen, indem sie sich persönlich dazu positionieren.
Nach einer Präsentation (z. B. Lehrer- oder S.-Vortrag) schärfen die S. in einem Kleingruppengespräch ihr Beurteilungs- und Artikulationsvermögen.

Vorbereitungen und Ablauf

Bereits während der Ausarbeitung einer Präsentation denkt der Referent daran, den Stoff so zu gliedern, dass wichtige Informationen vermittelt, aber auch offene Fragen festgehalten werden, zu denen die Antworten offengelassen werden sollen.
Die Präsentation endet dann mit einer Reihe von Fragen, die auf den Inhalt des Vorgetragenen Bezug nehmen und das Weiterdenken anregen. Mit diesen Fragen, die ausgedruckt vorliegen, gehen die S. in Kleingruppen. Dort diskutieren sie die Fragen und fassen ihre Reflexionsergebnisse möglichst prägnant zusammen. Anschließend tragen sie diese im Plenum vor und erörtern sie mit dem Referenten.
Variante: Die S. stellen in Gruppen selbst eine Liste sinnvoller Fragen auf, die sich auf den präsentierten Stoff beziehen sollen, beantworten sie aber nicht. In einem anschließenden Plenum dürfen alle Gruppen reihum zunächst je eine Frage vortragen und an den Referenten sowie die ganze Lerngruppe richten. Dann kann es eine weitere Fragerunde geben usw.

Didaktische Hinweise

Bei dieser Methode handelt es sich um ein Anschlussverfahren, das zwischen Vortrag und Plenum angesiedelt ist und daher mehr S. aktiviert als eine sofortige Aussprache im Plenum, bei der oft nur Verlegenheitsfragen gestellt werden. Nach Präsentationen, die gedanklich in sich geschlossen sind und abrupt enden, können S. oft keine sinnvoll weiterführenden Beiträge leisten. Anregender ist es daher, eine Präsentation am Ende in einige sinnvolle offene Fragen münden zu lassen, die eine gedankliche Herausforderung darstellen.

Alternativen
- Plenumsdiskussion
  (vgl. Methoden I, S. 215)
- Lawinengespräch (ebd., S. 214)

Hinweise zur Weiterarbeit
- Schriftliche Erörterung

Befragung

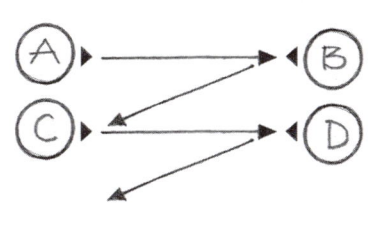

Sozialformen:	Plenum
Dauer:	15 – 25 Min.
Medien:	–
Klassen:	ab 5

Didaktisches Potenzial

Nach einer Gruppenarbeit holen S. gezielt bei Mits. Informationen ein.
Die S. teilen sich ihre Arbeitsergebnisse in einem breit aktivierenden Verfahren mit.

Vorbereitungen und Ablauf

Nach einer arbeitsteiligen oder arbeitsgleichen Gruppenarbeit treffen sich alle S. im Plenum. Beim arbeitsteiligen Vorgehen stellen alle Gruppen den von ihnen bearbeiteten Aspekt kurz vor.
Im Plenum beginnt dann in Form einer Redekette (vgl. Methoden I, S. 220) eine Fragerunde: Ein S. stellt eine Frage zum Thema, die von einem namentlich benannten anderen S. aus einer anderen Gruppe beantwortet werden soll. Dieser bemüht sich auf der Basis der Arbeitsergebnisse seiner Gruppe um eine möglichst präzise Antwort. Anschließend richtet er eine Frage an einen weiteren S. einer anderen Gruppe usw. Jeder S. darf in diesem Durchgang nur einmal aufgerufen werden. Evtl. kann die Lehrperson das Recht einräumen, eine Frage unbeantwortet an einen anderen S. weiterzugeben.
Ist die Redekette beendet, weil sich aus Sicht der S. keine sinnvollen Fragen mehr ergeben oder die Kette alle S. erreicht hat, findet im Plenum eine allgemeine Aussprache nach den Regeln der Plenumsdiskussion (vgl. Methoden I, S. 215) statt.

Didaktische Hinweise

Beim Vortrag von Gruppenarbeitsergebnissen sind oft nur die vorher festgelegten Gruppensprecher im Unterrichtsgeschehen präsent, während viele andere S. mental abschalten. Das Befragungsverfahren stellt sicher, dass viele oder alle S. in das Geschehen involviert bleiben, da sie damit rechnen müssen, jederzeit in die Redekette einbezogen zu werden.

Alternativen

- Einzelvorträge von Gruppenergebnissen
- Wandzeitungen
  (vgl. Methoden I, S. 258)
- Galeriegang (ebd., S. 240)

Hinweise zur Weiterarbeit

- Ergebnisprotokoll
  (vgl. Methoden I, S. 227)
- Schriftliche Erörterung

Fragend-entwickelndes Verfahren

Beispiel	**Sozialformen:** Plenum
In eurer Vortrags- und Fragerunde habt	**Dauer:** 5 – 20 Min.
ihr dargelegt, dass …	(ohne Vorber.)
Unklar war für euch noch, …	**Medien:** Tafel
	Klassen: ab 5

Didaktisches Potenzial

Die S. regen sich durch Fragen und Informationsaustausch an, ein Thema zu entfalten.
Eine gezielte Resonanz der Lehrperson sorgt dafür, dass die S. das von ihnen Zusammenge-
tragene überblicken und Informationsnotwendigkeiten definieren können.

Vorbereitungen

Um die Steuerung eines fragend-entwickelnden Gesprächs transparent zu machen, sollte
die Fragestellung allen S. immer vor Augen stehen. Daher ist es sinnvoll, das Thema bzw.
die zentrale Fragestellung an die Tafel zu schreiben oder sie in anderer Weise präsent zu
halten.
Außerdem sollten die S. Gelegenheit haben, sich in kleinen Gruppen (in Form des → Wu-
selns oder in anderer Weise) auf das Plenumsgespräch vorzubereiten. Dabei sollten sie

- ihre bisherigen Kenntnisse zusammentragen und
- Fragen zusammenstellen, die für sie ungeklärt sind.

Ablauf

Das fragend-entwickelnde Verfahren im Plenum kann dann nach folgenden Regeln ablau-
fen (vgl. Unruh 2002, S. 15):

- Die S. erhalten Gelegenheit, die in den vorbereitenden Kleingruppengesprächen erarbeiteten Kenntnisse vorzutragen und Fragen zu stellen – z. B. in Form einer Redekette
  (vgl. Methoden I, S. 220). In dieser Phase macht sich die Lehrperson Notizen. Sie wiederholt und kommentiert zunächst nichts. Auf Abschweifungen vom Thema macht sie in
  dieser Phase – wie auch in den folgenden – durch einen stummen Verweis auf die The-
  menformulierung an der Tafel aufmerksam.
- Ist die Vortrags- und Fragerunde der S. beendet, fasst die Lehrperson deren Äußerungen
  in einem Resümee zusammen, ohne die Statements zu werten. Sie stellt den S. deren
  eigene Überlegungen in systematisierter Form wieder zur Verfügung.
- In einem kurzen zweiten Lehrervortrag weist die Lehrperson auf sachliche Fehler im
  bisher Vorgetragenen hin und beseitigt Unklarheiten.
- Zum Schluss entscheidet sie, ob das Thema in einer Fortführung des Gesprächs weiter
  vertieft werden soll. In diesem Fall beginnt die Prozedur erneut mit einem vorbereitenden Gespräch. Es kann auch entschieden werden, zur weiteren Vertiefung des Themas
  Informationsquellen (z. B. Lehrbuch) zu nutzen.

Die Lehrperson achtet während des gesamten Gesprächs auf die Einhaltung der Spielregeln und weist S. evtl. auf Regelverstöße hin.

Didaktischer Kommentar

Seit dem Fundamentalangriff von Monika und Jochen Grell auf den Frontalunterricht im Jahr 1983 (vgl. auch Peterßen 1999, S. 112 f.) steht das von der Lehrperson gelenkte Unterrichtsgespräch in der Kritik. Dennoch dürfte das fragend-entwickelnde Verfahren nach wie vor die am häufigsten praktizierte Unterrichtsmethode sein. Nach Grell gibt es bei dieser Unterrichtsform für S. und Betrachter von außen nur eine zentrale Frage: Worauf will die Lehrperson wohl hinaus? Es werde gefragt, bis es peinlich werde, urteilen die Kritiker. Dabei steht das fragend-entwickelnde Verfahren in einer ehrwürdigen Tradition: Vorläufer ist der sokratische Dialog (vgl. Peterßen 1999, S. 265 f.). Und moderne Moderationstechniken (vgl. Moderation, Methoden I, S. 223 f.) erlauben es, das fragend-entwickelnde Gespräch durchaus an die aktuelle Didaktik anzubinden. Voraussetzung dafür ist allerdings, dass die Gesprächsbeiträge der S. von der Lehrperson wirklich aufgenommen und in die weiteren Überlegungen der Lerngruppe integriert werden. Der oben dargestellte methodische Ablauf stellt sicher, dass die S. sich breit in das Gespräch einbringen können und dass zugleich ein Informationszuwachs und Erkenntnisfortschritt organisierbar bleibt. Das fragend-entwickelnde Verfahren wird damit deutlicher vom Lehrervortrag abgegrenzt. Ein fragend-entwickelndes Gespräch ist nur dann sinnvoll, wenn in ihm über ein Thema gemeinsam nachgedacht werden soll. Wenn in einer Unterrichtsstunde wesentliche Informationen vermittelt werden sollen, sind andere Methoden bis hin zum Lehrervortrag meist sinnvoller. Ein Gespräch wäre dann eine eher unpassende scheindemokratische Veranstaltung.

Tipps zur Umsetzung

Als zentrale steuernde Fragestellungen eines Unterrichtsgesprächs schlägt Unruh vor: „Was weißt du über …? Was möchtest du wissen über …? Was sind deine Fragen zum Unterrichtsthema/zum Text/zum Info?" (S. 15; vgl. auch Lehrgespräch, Methoden I, S. 50 f.). Folgt man diesen Fragerichtungen, bleiben die S. in hohem Maße an der inhaltlichen Gesprächssteuerung beteiligt.

Interessante, aber vom Thema abweichende S.-Äußerungen können in einen Themenspeicher (vgl. Methoden I, S. 225) aufgenommen und später wieder aufgegriffen werden.

Alternativen
- Leitfragen-Technik
- Lernen durch Lehren (vgl. Methoden I, S. 52)
- Lehrgespräch (ebd., S. 50 f.)
- Lehrervortrag

Hinweise zur Weiterarbeit
- Interpretationsaufsatz
- Erörterungsaufsatz
- Protokoll

Literatur

Stefan Bittner: Das Unterrichtsgespräch. Formen und Verfahren des dialogischen Lehrens und Lernens. Bad Heilbrunn 2006

Jochen und Monika Grell: Unterrichtsrezepte. Weinheim 1983

Wilhelm H. Peterßen: Kleines Methoden-Lexikon. München 1999

Kersten Reich: Konstruktivistische Didaktik. Weinheim 2008 (CD)

Themenbilder

Sozialformen:	Einzel-, Gruppenarbeit, Plenum
Dauer:	20 – 30 Min.
Medien:	Bilder (z. B. aus aktuellen Magazinen)
Klassen:	ab 5

Didaktisches Potenzial
Die S. denken sich am Anfang einer Unterrichtsreihe anhand visueller Anregungen in ein Thema hinein.
Ein gestaffeltes Verfahren von Einzel- bis Plenumsarbeit beteiligt alle S. umfassend.

Vorbereitungen und Ablauf
Jeder S. bekommt eine kleine Serie kopierter Bilder, die zu ein und demselben Thema eine besondere Aussage machen. Die Bilder können aktuellen Magazinen entnommen sein, es können Screenshots von aktuellen Videoaufzeichnungen oder künstlerisch anspruchsvolle Bilder sein (z. B. Gemälde, Zeichnungen, Karikaturen). Mit den Bildern wird folgendermaßen verfahren:

- Jeder S. betrachtet die Vorlagen eingehend und legt dann für sich fest, welches Bild für ihn das aussagekräftigste ist.
- Anschließend stellt jeder in einer Kleingruppe das von ihm gewählte Bild vor und begründet seine Auswahl.
- Die Gruppe einigt sich anschließend auf ein gemeinsames Bild, von dessen Aussagekraft sie überzeugt ist.
- Dieses Bild wird von der Gruppe im Plenum vorgestellt.

Didaktische Hinweise
Die S. können sich zu Hause an der Vorauswahl der Bilder beteiligen, wenn das Thema vor Beginn der Unterrichtsreihe bekanntgegeben worden ist.
Die Präsentationen der Bilder im Plenum können genutzt werden, um die dabei angesprochenen Gesichtspunkte des gemeinsamen Themas an der Tafel aufzulisten.
Die Bilder können während der Unterrichtsreihe in Form einer Galerie an den Wänden des Klassen-/Kursraumes präsent bleiben.

Alternativen
- Bilderbuffet (vgl. Methoden I, S. 251)
- Brainstorming (ebd., S. 101)
- Blitzlicht (ebd., S. 305)

Hinweise zur Weiterarbeit
- Umfrage (vgl. Methoden I, S. 137 f.)
- Foto-Dokumentation (ebd., S. 134)
- Fragenbaum (ebd., S. 197)

Themenmarkt

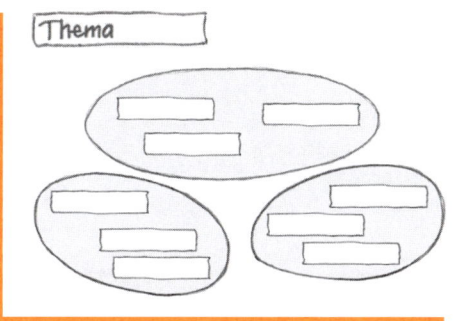

Sozialformen:	Einzel-, Gruppenarbeit
Dauer:	45 – 60 Min.
Medien:	Karten
Klassen:	ab 8

Didaktisches Potenzial
Die S. planen eine Gruppenarbeit.
Sie positionieren sich persönlich in einem Thema und organisieren einen arbeitsteiligen Lernprozess.

Vorbereitungen und Ablauf
Folgender Ablauf ist vorgesehen:
- Zu einem vereinbarten Thema schreibt jeder S. einen Aspekt, an dem er mit anderen gerne arbeiten möchte, auf eine Karteikarte/einen Zettel. Alternativ kann auch eine Frage notiert werden, die sich im Rahmen des Themas bewegt.
- Anschließend gehen die S. mit ihren Vorhaben auf den „Themenmarkt", indem sie sich durch die Klasse bewegen und andere zu ihren Notizen befragen.
- Nach einiger Zeit – evtl. auf ein Signal der Lehrperson hin – schließen sie sich mit Mits. zusammen, die ähnliche Interessen entwickelt haben.
- Die Gruppen, die sich gebildet haben, erhalten den Auftrag, aus den Vorüberlegungen ein Gruppenthema zu formulieren und dazu eine grobe Gliederung zu entwerfen.

Didaktische Hinweise
Ratsam ist, dass die S. zunächst tatsächlich mit möglichst vielen Mits. Kontakt aufnehmen. Dadurch werden nicht nur S. mit ähnlichen Interessen zusammengebracht. Das Verfahren sorgt auch dafür, dass unterschiedliche Denkansätze breit zur Kenntnis genommen werden. Es erübrigt sich eine oft ermüdende Plenumsphase, in der Teilgruppen gefunden und Teilthemen verteilt werden müssen.

Alternativen
- Circept (S. 43)
- Kartenabfrage/Metaplan (vgl. Methoden I, S. 161 f.)
- Ausschreibung (ebd., S. 27 f.)

Hinweise zur Weiterarbeit
- Arbeitsteilige Gruppenarbeit (vgl. Methoden I, S. 42 f.)

Virtuelle Wand

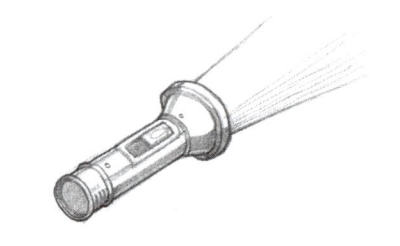

Sozialformen:	Gruppenarbeit, Plenum
Dauer:	3 – 10 Min. (ohne Vorber.)
Medien:	–
Klassen:	ab 5

Didaktisches Potenzial
Die S. entfalten ein Thema aktional.
Sie erkunden das Konfliktpotenzial einer Thematik, indem sie eine Ausgangssituation z. T. stumm und pantomimisch, z. T. dialogisch ausgestalten.

Vorbereitungen und Ablauf
Zu einem vereinbarten Thema überlegen die S. sich in Gruppen verschiedene Ausgangssituationen, die sich spielerisch entfalten lassen. Für diese Ausgangssituation besetzen sie aus der Gruppe heraus die Rollen. Die szenische Umsetzung erfolgt dann in Form eines
→ Anspiels. Dabei wird folgendermaßen verfahren:
- Die Gruppe trägt ihr Spiel vor.
- Währenddessen bewegt ein Zuschauer vor den Spielenden eine unsichtbare Wand. Sie kann z. B. durch den Strahl einer Taschenlampe angedeutet werden, der vor der Spielgruppe mit wechselnder Reichweite auf den Boden geworfen wird. Alle Spieler, die hinter der „Wand" sind, können gesehen werden, sind aber nicht zu hören, d. h., sie spielen pantomimisch. Alle Spieler, die von dem Strahl nicht abgetrennt werden, sind zu hören und zu sehen. Die Reichweite des Strahls sollte nicht zu oft geändert werden. Derjenige, der die „Wand" bewegt, kann von rechts nach links wechseln.
- Nach dem Spiel können alle erraten, was die stummen Rollen sagen wollten.

Didaktische Hinweise
Den S. kann der Rat gegeben werden, in stummen Rollen besonders auf Gestik, Mimik und ausdrucksstarke Körperhaltung zu setzen.

Alternativen
- Ampelspiel (vgl. Methoden I., S. 194)

Hinweise zur Weiterarbeit
- Ausgearbeitetes Rollenspiel (vgl. Methoden I, S. 146 f.)

Literatur
Josef Broich: Körper- und Bewegungsspiele. Köln 2005, S. 136

Circept

Sozialformen:	Plenum
Dauer:	30 – 45 Min.
Medien:	Pinnwand
Klassen:	ab 8

Didaktisches Potenzial

Die S. erarbeiten sich gemeinsam ein Thema und strukturieren es.
Sie sammeln Teilaspekte und bringen sie in eine durchdachte Ordnung.

Vorbereitungen und Ablauf

Die S. werden aufgefordert, zu einem Thema Informationen, Assoziationen, Begriffe, Bilder etc. zusammenzutragen und jeweils auf Karteikarten oder Blättern ähnlichen Formats festzuhalten. Anschließend werden die Karten von zwei S. sternförmig an einer Tafel oder Pinnwand fixiert. Dabei soll die Anordnung dem Prinzip folgen, dass ähnliche Sachverhalte nebeneinandergestellt und gegensätzliche einander gegenübergestellt werden. Während der Sortierarbeit lesen die beiden S. die Karten vor bzw. zeigen sie und kommentieren ihre Platzierungsentscheidungen. Der Rest des Kurses/der Klasse hört zunächst zu, kann nach Fertigstellung des Arrangements aber eingreifen und Änderungen vorschlagen.
Hat sich der Kurs/die Klasse auf eine Anordnung geeinigt, wird der Aushang zur Grundlage der weiteren Arbeit am Thema.
Der Name Circept ist zusammengesetzt aus *Circ*ulaire und *Con*cept.

Didaktische Hinweise

Es handelt sich um ein sehr partizipatives Verfahren, das im Prinzip alle S. an der Themenentwicklung und -strukturierung beteiligt und das bis zum Ende flexibel bleibt für neue Entscheidungen.

Alternativen

- Spinnwebanalyse (S. 46)
- Kartenabfrage/Metaplan (vgl. Methoden I, S. 161 f.)
- Blätterlawine (ebd., S. 100)
- Tischset (ebd., S. 102 f.)

Hinweise zur Weiterarbeit

Bestimmte Themenbereiche des Circepts werden mit verschiedenen Farben umrandet und arbeitsteilig weiter ausgearbeitet, z. B. mithilfe der Methoden

- Themenmarkt (S. 41)
- Fragend-entwickelndes Verfahren (S. 38)
- WebQuest (vgl. Methoden I, S. 131 f.)
- Sachverständigenbefragung (ebd., S. 124 f.)

Fünfsatztechnik

Sozialformen:	Plenum
Dauer:	15 – 45 Min.
Medien:	Arbeitsblatt
Klassen:	ab 7

Didaktisches Potenzial

Die S. trainieren, sich in einer Diskussion zu positionieren.

Sie üben ein Verfahren, mit dem sie an Vorredner anknüpfen, die eigene Position systematisch entfalten und den Redebeitrag pointiert abschließen können.

Vorbereitungen

Die S. analysieren zunächst ihr eigenes Verhalten in Plenumsdiskussionen und stellen dabei insbesondere fest, über welche Kompetenzen sie verfügen, um

- an Vorredner anzuknüpfen,
- ihr eigenes Statement aufzubauen und
- dieses wirkungsvoll (für die Zuhörer beeindruckend) abzuschließen.

Für weitere Diskussionen erhalten sie dann ein Arbeitsblatt, auf dem für verschiedene Diskussionsbeiträge (z. B. Gegenargumentation, unterstützende Argumentation) eine gedankliche Strukturierung in Form von jeweils fünf Satzanfängen angeboten wird:

Gegenargumentation

- Mehrere von euch haben sich dafür ausgesprochen, dass …
- Die Argumente überzeugen mich nicht, weil …
- Viel zu wenig bedacht wird das Gegenargument …
- Das Gegenargument hat für mich viel mehr Gewicht, denn es gibt Beispiele …
- Wir sollten uns also nicht für …, sondern für … entscheiden.

Unterstützende Argumentation

- Y hat eben die Ansicht vertreten, dass …
- Sein Hauptargument war …
- Ein weiteres Argument dafür ist …
- Für mich ist also klar, dass … zumal es viele Beispiele für … gibt.
- Lasst uns also entscheiden, dass …

Öffnung für neue Sichtweisen

- X hat soeben gemeint, dass …
- Zunächst scheint einiges dafür zu sprechen, denn …
- Man muss aber auch bedenken, dass …
- Eine Abwägung beider Positionen ergibt …
- Sollten wir also wirklich … ?

Dialektische Synthese/Kompromiss

- Z hat gerade ausgeführt, dass …
- Tatsächlich überzeugt diese Position zunächst mit dem Argument …
- Dagegen zu halten ist aber …

- Betrachtet man beide Ansichten, kommt man zu dem Ergebnis, dass es vielleicht noch eine bessere Lösung/einen Kompromiss gibt, nämlich …
- Wir sollten deshalb beschließen …

Ablauf

Die S. erhalten das Arbeitsblatt mit Fünfsatz-Hilfen. In einer Plenumsdiskussion (vgl. Methoden I, S. 215), einer Debatte (ebd., S. 205 f.), einer Pro-Kontra-Debatte (ebd., S. 218 f.) oder in einer anderen Gesprächsform nutzen sie dieses, um ihre Redebeiträge möglichst effektiv aufzubauen.

Didaktischer Kommentar

Die Fünfsatztechnik ist ein traditionelles Verfahren der Argumentation. Sie wird als Gliederungsprinzip für schriftliche Erörterungen ebenso verwendet wie für mündliche Statements. Gemeint ist nicht, dass eine Äußerung nach fünf Sätzen abgeschlossen sein soll; vielmehr geht es darum, fünf logische Schritte zu vollziehen:

1. *Anknüpfung als Einleitung:* In einem schriftlichen Text wird ein Bezug zum Thema, im mündlichen Vortrag ein Bezug zum Vorredner bzw. zu mehreren Vorrednern oder zu einer bestimmten Ausgangssituation hergestellt.
2. *Argument*
3. *Gegenargument/unterstützendes Zusatzargument*
4. *Abwägung*
5. *Appell oder Frage als Schluss:* Es soll sich um eine pointierte Zuspitzung des gesamten Gedankengangs handeln, die auf nachhaltige Wirkung bei den Zuhörern abzielt.

Mit diesem Verfahren trainieren die S., ihre Äußerungen möglichst intensiv aufeinander zu beziehen. Besonders in jüngeren Klassen fehlt es oft zunächst an der nötigen geistigen Flexibilität, die eigenen, meist schon zu Beginn der Diskussion überlegten Argumente zu vertreten und gleichzeitig die Argumente der Vorredner in den eigenen Gedankengang zu integrieren.

Tipps zur Umsetzung

In einer Anschlussreflexion wird überprüft, wie die Fünfsatztechnik umgesetzt wurde und welche Wirkung sie entfaltet hat. Die Lehrperson sollte insbesondere eine Rückmeldung dazu geben, wie die Diskutanten an die Vorredner angeknüpft haben.

Alternativen

- Amerikanische Debatte (S. 35)
- Redekette (vgl. Methoden I, S. 220)

Hinweise zur Weiterarbeit

- Schriftliche Erörterung

Literatur

Josef Broich: Sprechen, hören, streiten. Köln 2002, S. 39 ff.
Dudenredaktion (Hrsg.): Duden. Reden gut und richtig halten! 3. Aufl., Mannheim 2004, S. 102 f.

Spinnwebanalyse

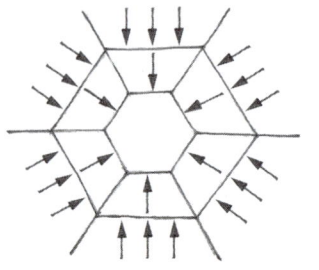

Sozialformen: Plenum
Dauer: 30 – 90 Min.
Medien: Tafel, Overheadprojektor
Klassen: ab 7

Didaktisches Potenzial
Die S. folgen in der gedanklichen Erarbeitung eines Sachverhalts einem Strukturmuster.
Als Einstieg in ein Thema hinterfragen und gliedern sie Sachverhalte mit wachsender
Intensität und Tiefe.

Vorbereitungen und Ablauf
Die S. erschließen sich ein Problem, indem sie eine Übersicht über die Ursachen in Form
eines Spinnennetzes erstellen. Zunächst wird die Thematik in den Mittelpunkt geschrieben, dann werden in einem ersten erörternden Durchgang Stichworte zu Hauptursachen
des Problems, also Antworten auf die Warum-Frage, in einem Ring um das Zentrum herum
notiert. In einem zweiten Durchgang werden nun in einem weiteren Ring des Spinnennetzes Aspekte genannt, die sich hinter den Ursachen verbergen (vorgelagerte Ursachen für
die Hauptursachen) usw. Es entsteht so eine Übersicht über Ursachen erster, zweiter und
dritter Ordnung, die dem Ausgangsproblem zugeordnet werden können.

Didaktische Hinweise
Im Unterschied zu Verfahren wie → Amerikanische Debatte oder Kugellager (vgl. Methoden I, S. 213), die soziale Abläufe von Gesprächen in Regeln fassen, organisiert die Spinnwebanalyse den gedanklichen Prozess eines Gesprächs. Sie eignet sich insbesondere für
Plenumsgespräche mit Lerngruppen, kann aber auch in der Gruppenarbeit (vgl. Methoden I, S. 42 f.) eingesetzt werden, wenn die S. mit dem Verfahren vertraut sind. Die Spinnwebanalyse eignet sich besonders für Lerngruppen, die sich zu schnell mit ersten und einfachen Antworten zufriedengeben.

Alternativen
⬛ Fragenbaum/ Planungsbaum
(vgl. Methoden I, S. 197)

Hinweise zur Weiterarbeit
⬛ Schriftliche Erörterung

Literatur
Gerd Brenner: Methodentraining:
Projekt Medien und Meinungsbildung.
Berlin 2002, S. 81
*Katholische Junge Gemeinde Rottenburg-
Stuttgart* (Hrsg.): Kursknacker. Handbuch
für die Kursarbeit. Wernau 2002, S. 55 ff.

3 Texte aktiv lesen

Lektüren entdecken/ auswählen

- Autorenlesung 48
- Bücherkoffer 49
- Büchermischpult 50
- Büchernacht/ Lesenacht 52
- Büchertauschbörse 54
- Lesekampagne 55
- Lesescouts 56
- Vorlesewettbewerb 57

Lesestrategien anwenden

- Fünf-Schritt- Lesemethode 62
- Lesetagebuch/ Lesejournal 64
- Paarlesen 66
- Reziprokes Lesen 67

Markierungsverfahren anwenden

- Impuls-Lesen/ Randmarkierungen 76
- Farbmarker 77
- Schlüsselwörter **E** 78

Leseprozesse kreativ begleiten

- Buchseitenquiz 81
- Figuren-Rallye 82
- Lexikon **E** 83

Texte aktiv lesen

Texte vortragen

- Aufschauendes Sprechen 58
- Gestaltendes Vorlesen 59
- Lesegemurmel 61

Textwahrnehmung verbessern

- Antizipation 68
- Entscheidungs- baukasten 69
- Fälschung **E** 71
- Kontrastbilder 72
- Lückenrätsel/ Stolperwörter **E** 73
- Textpuzzle 74

Strukturierungs- verfahren einsetzen

- *Flussdiagramm (Methoden I, 160)*
- Sinnabschnitte 79
- Text-Index **E** 80

Texte werten

- Rezension **E** 85
- Smileys 87
- *Votumei (Methoden I, 297)*

Autorenlesung *(Reading by the author)*

Bundesverband	**Sozialformen:** Plenum
der Friedrich-Bödecker-Kreise	**Dauer:** 90 – 120 Min.
Sophienstr. 2	**Medien:** –
30159 Hannover	**Klassen:** ab 5
www.boedecker-kreis.de	

Didaktisches Potenzial
Die S. lernen einen Autor bzw. eine Autorin und deren schriftstellerische Tätigkeit kennen.
Über eine persönliche Begegnung werden sie mit der Welt des Schreibens vertraut gemacht.

Vorbereitungen und Ablauf
Die Lehrperson nimmt Monate vor einer geplanten Lesung Kontakt zum zuständigen Landesverband der Friedrich-Bödecker-Kreise (FBK; s. o.) auf, wählt aus der immer wieder neu aufgelegten Broschüre des Bundesverbandes einen Autor/eine Autorin aus und vereinbart mit der zuständigen FBK-Geschäftsstelle einen Termin. Vor der Lesung führt die Lehrperson die Klasse in das Werk des Autors ein (u. a. Erarbeitung eines exemplarischen Textes). Die Veranstaltung mit der Klasse (evtl. mit mehreren Klassen) besteht in der Regel aus der Lesung und einem Werkstattgespräch, in dem die S. mit dem Autor über sein Werk ins Gespräch kommen können. Der Autorenbesuch wird in der Lerngruppe ausführlich nachbereitet, wobei insbesondere das Handwerk des Schreibens thematisiert wird.
Die FBK-Geschäftsstelle erhält einen Bericht über die Veranstaltung und rechnet die Kosten mit dem Autor/der Autorin ab.

Didaktische Hinweise
Hauptziel einer Autorenlesung ist es, S. zum Lesen zu verlocken bzw. ihr Leseinteresse weiter zu verstärken. Die persönliche Unterhaltung mit einem Autor weckt zusätzliches Interesse an seinem Werk. Die S. können nachverfolgen, wie Erlebnisse und Interessen des Autors sich konkret in literarischen Texten niedergeschlagen haben. Ein „Dichter zum Anfassen" vermittelt zudem die Erkenntnis, dass die Schriftstellerei auch handwerkliche Arbeit ist, die sich erlernen lässt. (Entsprechende Fragen können in der Vorbereitung der Veranstaltung von der Lerngruppe gezielt zusammengestellt werden.) „Fachgespräche" über die Gestaltung von Texten können S. auch zu eigenem Schreiben anregen.

Alternativen
▨ Bücherkoffer (S. 49)
▨ Büchernacht/Lesenacht (S. 52)
▨ Lesescouts (S. 56)

Hinweise zur Weiterarbeit
▨ Lesekampagne (S. 55)
▨ Briefe an den Autor

Bücherkoffer/Lesekampagne

Stiftung Lesen
Römerwall 40
55131 Mainz
www.stiftung-lesen.de

Sozialformen:	Plenum, Einzelarbeit
Dauer:	mehrere Wochen
Medien:	Bücher
Klassen:	5 – 10

Didaktisches Potenzial
Die S. erhalten in der Schule Anregungen für ihre häusliche Lektüre.
Alle S. einer Klasse – auch die bisher eher leseabstinenten – begegnen Büchern
ungezwungen.

Vorbereitungen und Ablauf
Die Klassen einer Jahrgangsstufe erhalten nacheinander für jeweils einige Wochen einen
Bücherkoffer, der von Lehrkräften zusammengestellt (und z. B. vom Förderverein der Schule finanziert) worden ist. Alle Bücher werden bei Eintreffen des Koffers klassenöffentlich
präsentiert und können dann ausgeliehen werden. Ausleiher tragen sich in eine Liste ein;
die Lehrperson achtet darauf, dass sowohl Bücherausleihe als auch -rückgabe konsequent
vermerkt werden. Nach einem festgelegten Zeitraum wird der Bücherkoffer komplett an
die nächste Klasse weitergegeben.

Didaktische Hinweise
Ein Bücherkoffer sollte um die 30 Bücher enthalten. Die Stiftung Lesen (s. o.) bietet ver-
schiedene themen- oder altersorientierte Lesekoffer an.
Außer deutschsprachigen kann der Koffer auch fremdsprachige Titel enthalten. Dies setzt
allerdings voraus, dass sich die Fachkonferenzen der entsprechenden Fremdsprachen an
dem Projekt beteiligen.
Bücherkoffer können auch in Vertretungsstunden sinnvoll eingesetzt werden, indem z. B.
Klappentexte vorgelesen, Spekulationen zu den Titeln angestellt (→ Antizipation) und
Klassen-Hitlisten der interessantesten Titel zusammengestellt werden.

Alternativen
- Büchernacht/Lesenacht (S. 52)
- Lesescouts (S. 56)
- Büchertauschbörse (S. 54)
- Autorenlesung (S. 48)

Hinweise zur Weiterarbeit
- Büchervorstellungen in der Klasse

Literatur
Stiftung Lesen (Hrsg.): Lesen. Grundlagen,
Ideen, Modelle zur Leseförderung. Mainz
1996, B 8 und L 7

Büchermischpult

Beispiel	**Sozialformen:** Einzelarbeit, Plenum
Krimi mit Agentin, Liebe,	**Dauer:** 45 – 90 Min.
einer Katastrophe …	**Medien:** Arbeitsblatt
	Klassen: 5 – 7

Didaktisches Potenzial

Die S. machen sich ihre Lektüreschwerpunkte bewusst.

Sie vergegenwärtigen sich Kriterien, nach denen Lektüren ausgewählt werden können, und klären damit ihre Rezeptionsgewohnheiten ab.

Vorbereitungen

Die S. bekommen ein Arbeitsblatt, auf dem verschiedene Merkmale alterstypischer Lektüren systematisch zusammengestellt sind. Dieses kann folgendermaßen aussehen:

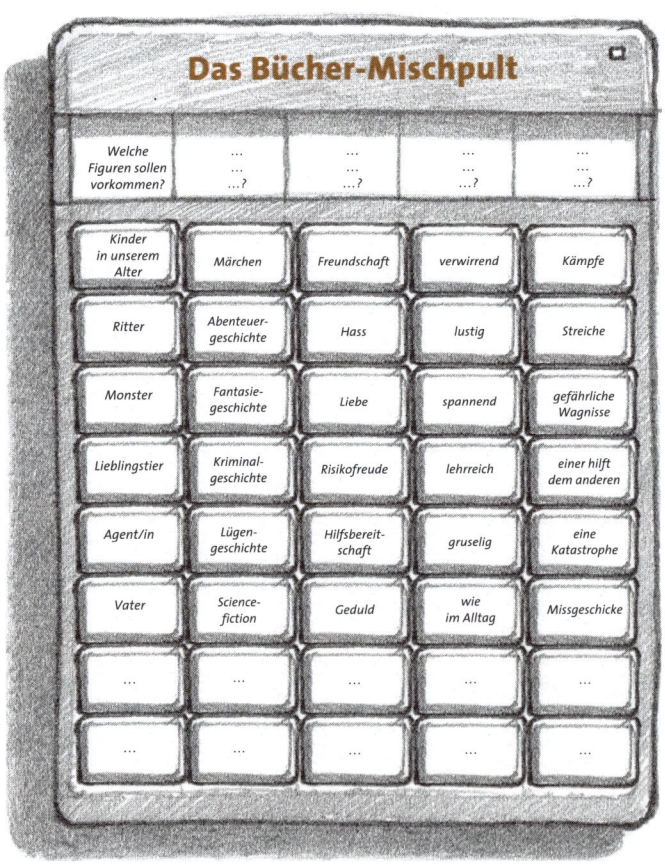

Ablauf

Die S. erhalten dazu die folgenden Arbeitsaufträge:

- Prüft, um was es in den Spalten 2 bis 5 geht. Ergänzt dann die Kopfleiste des Mischpultes entsprechend. (Ergänzt werden könnten die folgenden Fragen: Welche Art von Text soll es sein? Mit welchem Thema soll sich das Buch befassen? Welche besonderen Eigenschaften wünschst du dir für ein Buch? Welche Handlungen sollen im Mittelpunkt stehen?)
- Füllt noch einige weitere Zeilen aus.
- Jeder markiert in dem Büchermischpult seine Lieblingstasten.
- Jeder kann in der Klasse unter Rückgriff auf die markierten Tasten vortragen, welche Eigenschaften sein Lieblingsbuch haben sollte. Andere können dann überlegen, ob ihnen ein passender Titel einfällt, und ihn dann nennen. Es können auch Bücher genannt werden, die nur einigen der genannten Kriterien entsprechen.

Didaktischer Kommentar

Das Verfahren lädt dazu ein, die unterschiedlichen Lektürevorlieben in einer Klasse zu dokumentieren. Zugleich machen sich die S. bewusst, dass ihre Lektüreauswahl von bestimmten, benennbaren Kriterien gesteuert wird. Mit dem Mischpult bekommen die S. ein Beschreibungsvokabular an die Hand, mit dem sie sich in Büchereien evtl. gezielter als bisher auf die Suche nach neuem Lesefutter begeben können.

Tipps zur Umsetzung

Mit dem Mischpult können in der Klasse weitere Aktivitäten angestoßen werden:

- So kann für jede Spalte des Mischpultes ein Klassen-Favorit festgestellt werden. Dazu wird ein Mischpult-Blatt ausgehängt. Alle können im Laufe von drei Tagen auf diesem Blatt an den entsprechenden Stellen einen Strich machen. Die Markierungen werden am Ende zusammengezählt und die Favoriten werden bekanntgegeben.
- Die S. können unter Rückgriff auf ihr Mischpult einen Bücher-Steckbrief schreiben, der die Eigenschaften erwünschter Lektüren zusammenfasst. Diese Steckbriefe können – mit dem Namen des Absenders/der Absenderin – in der Klasse kursieren, bis jemand einen entsprechenden Titel angeben kann.

Alternativen

- Büchertauschbörse (S. 54)
- Bücherkoffer (S. 49)
- Lesekampagne (S. 55)

Hinweise zur Weiterarbeit

- Büchernacht/Lesenacht (S. 52)
- Lesescouts (S. 56)

Literatur

Bernd Schurf/Andrea Wagener (Hrsg.): Deutschbuch 5. Neue Ausgabe. Berlin 2004, S. 172

Büchernacht/Lesenacht

Sozialformen: Plenum, Einzelarbeit
Dauer: bis ca. 12 Std.
Medien: Bücher
Klassen: 5 – 6

Didaktisches Potenzial

Die S. entdecken in einer anregenden Umgebung neue Lektüren.
Sie gestalten Lesen gemeinsam als kulturelle Tätigkeit; dabei kombinieren sie konzentriertes individuelles Lesen mit verschiedenen Formen des gemeinschaftlichen Erlebens.

Vorbereitungen

Für eine Lesenacht erarbeitet die Lehrperson mit den S. Spielregeln. Sie könnten so lauten:
- Im Lesesaal herrscht gedämpftes Licht; man kann mithilfe von Taschenlampen lesen.
- Jeder darf lesen, was er will und solange er will.
- Jeder darf jederzeit schlafen. (Dazu gibt es in mehreren Räumen der Schule Möglichkeiten. Luftmatratze und Schlafsack werden dann in den Schlafraum gebracht.)
- Keiner darf im Lesesaal beim Lesen gestört werden.
- Wer sich über Flüstern hinaus unterhalten möchte, verlässt den Lesesaal und begibt sich in einen anderen Raum. Auch auf den Fluren herrscht Ruhe.

Ablauf

Die S. begeben sich nach dem Abendessen, das in der Regel in Räumen der Schule von den Eltern organisiert wird, mit Luftmatratzen, Schlafsäcken, Büchern und Taschenlampen in einen Lesesaal, z. B. in die Schülerbibliothek. Dort kann das Programm – in beliebiger Reihenfolge – die folgenden Elemente umfassen:
- Die S. sichten den Bestand der Schülerbibliothek und holen sich einige Bücher, die sie in der Büchernacht (an)lesen möchten.
- Im Bibliothekssaal können sie zusätzlich zum Lesen auch Texte zu gelesenen Büchern schreiben (z. B. → Titel-Cluster, → Figurenäußerung, → Anschlusstext , → Traumkette).
- Die S. stellen sich in einem gesonderten Raum wechselseitig ihre aktuellen Lieblingsbücher vor.
- Dort können S. und Lehrpersonen auch aus vorher ausgewählten Büchern vorlesen.
- Um Mitternacht kann ein Geist (zusätzliche Lehrkraft, Vater oder Mutter, älterer Schüler/ältere Schülerin) erscheinen und eine Geistergeschichte vorlesen.
- An einer Wand hängt eine Lesenacht-Hitliste, auf der die beliebtesten Bücher eingetragen und angekreuzt werden können.
- Zudem können Postenläufe durch die leere Schule zu Koffern mit anregenden Inhalten zu bestimmten Büchern organisiert werden.

Didaktischer Kommentar

Das Verfahren unterstreicht den Wert und den Reiz des Lesens, und zwar auch für diejenigen S., die ansonsten wenig mit interessanter Lektüre in Kontakt kommen. Bei Lesenächten haben S. die Gelegenheit, ohne Ablenkung durch Fernseher und Radio und ohne nervende jüngere Geschwister aus einem breiten Angebot mitgebrachter Bücher auszuwählen und sich in Ruhe und im Rahmen der Klassengemeinschaft einige Lesestunden zu gönnen.
In der Schweiz ist das Verfahren als „Schweizer Erzählnacht" institutionalisiert. Träger ist das Schweizerische Institut für Kinder- und Jugendmedien in Zürich (vgl. Mensch 2004; weitere Informationen unter www.sikjm.ch).

Tipps zur Umsetzung

Lesenächte werden am besten für die Nacht von Freitag auf Samstag organisiert (falls der Samstag unterrichtsfrei ist). Sie können außer von Lehrpersonen auch von Oberstufenschülerinnen und -schülern (Mentoren, Schülervertretung etc.) organisiert und betreut werden. Eltern sind oft für die Verpflegung zuständig, organisieren das Frühstück nach der Lesenacht und evtl. auch ein Abendessen.
Es gibt Jugendbücher, in denen S. die Idee der Lesenacht auf interessante Weise nahegebracht wird (s. Flegel 2000, Knister 2002). Aus diesen kann zur Motivation und Vorbereitung der Aktion in der Klasse vorgelesen werden.
Literarische Suchspiele und Schreibaktivitäten (vgl. weitere Verfahren des kreativen Schreibens, S. 168 ff.) können das Programm der Lesenacht ergänzen.

Alternativen

- Lesescouts (S. 56)
- Bücherkoffer (S. 49)
- Autorenlesung (S. 48)
- Vorlesewettbewerb (S. 57)

Hinweise zur Weiterarbeit

- Büchertauschbörse (S. 54)
- Büchervorstellungen im Unterricht

Literatur

Gerd Brenner (Hrsg.): Fundgrube Deutsch. Neue Ausgabe. Berlin 2006, S. 244 f.
Sissi Flegel: Gruselnacht im Klassenzimmer. Stuttgart 2000
Heidi Geißdörfer: Lesenächte als Thema von Kinder- und Jugendbüchern. In: Beiträge Jugendliteratur und Medien, 2/2004, S. 129 – 131
Knister (alias *Ludger Jochmann*): Yoko und die Gruselnacht im Klassenzimmer. Würzburg 2002
Barbara Jakob Mensch: „... Machen wir das wieder?". Die Schweizer Erzählnacht. In: Beiträge Jugendliteratur und Medien, 2/2004, S. 120 – 123
Claudia Mutter: Zum Lesen verführen. Schulische Leseförderung zwischen Event und Ritual. In: Deutschmagazin, 1/2007

Büchertauschbörse

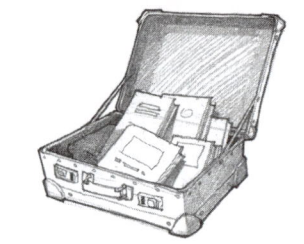

Sozialformen:	schulöffentlich
Dauer:	2 – 3 Std.
Medien:	Bücher
Klassen:	ab 5

Didaktisches Potenzial

Die S. besorgen sich kostenlos Lektüren.
Sie lernen die Lesegewohnheiten anderer S. kennen und teilen Leseerfahrungen mit.

Vorbereitungen und Ablauf

Die S. werden gebeten, aus ihrem eigenen Bücherbestand Titel auszuwählen, die sie gegen andere Bücher eintauschen möchten. Zusätzlich kann angeregt werden, bei älteren und jüngeren Geschwistern, Freunden/Freundinnen und Verwandten geeignete Bücher, die nicht mehr benötigt werden, einzusammeln.
Die Schule organisiert bei bestimmten Gelegenheiten (z. B. bei Schulfesten) eine Tauschbörse. Dort kann jeder S. seine zur Abgabe gesammelten Bücher ausstellen und gegen die anderer S. eintauschen. Jeder S. sollte auf den Fluren der Schule für eine gewisse Zeit seinen „Stand" eröffnen, dann aber auch mit seinem Tauschmaterial die „Stände" anderer besuchen. Nicht getauschte Bücher werden wieder mit nach Hause genommen oder versteigert.

Didaktische Hinweise

Tauschbörsen lassen sich auch klassenintern organisieren. Allerdings besteht dabei der Nachteil, dass die Auswahl an Titeln deutlich kleiner ist. In Klassen können Tauschbörsen auch als Ausleihverfahren organisiert werden: Dazu notieren die S. auf einer mehrspaltigen Wandzeitung, wer welche Bücher wann an wen ausgeliehen hat. Bei Rückgabe wird der Vorgang abgehakt. Läuft dieses *Ausleihverfahren* über längere Zeit, können für die ausgeliehenen Bücher Klassen-Hitlisten erstellt werden.

Alternativen

■ Lesescouts (S. 56)
■ Bücherkoffer (S. 49)

Hinweise zur Weiterarbeit

■ Büchernacht/Lesenacht (S. 52)
■ Büchervorstellungen in der Klasse

Literatur

Maik Philipp: Lesen empeerisch. Eine Längsschnittstudie zur Bedeutung von peer groups für Lesemotivation und -verhalten. Wiesbaden 2010

Lesekampagne

> ### Zur Ausstellung
> „Die Schatzinsel"

Sozialformen:	Plenum
Dauer:	mehrere Wochen
Medien:	Bücher
Klassen:	5 – 8

Didaktisches Potenzial

Die S. erarbeiten sich literarische Texte zu einem Thema und gehen kreativ mit ihnen um.
Sie lesen eine oder mehrere Lektüren und stellen ein themenbezogenes Produkt her.

Vorbereitungen und Ablauf

Die S. wählen im Rahmen eines vorgegebenen Lesekampagnen-Themas zusammen mit der Lehrperson eine Lektüre aus, lesen sie zu Hause und erarbeiten im Unterricht deren Inhalt.
Zu Lektüre und Thema sammeln sie parallel Ideen für kreative Verarbeitungen wie
→ Buchseitenquiz, → Lexikon, → Figurenpaten, → Standbild, → Lesebaum, → Diskontinuierliche Umwandlung, → Biografischer Kompass, → Innerer Monolog, → Rückerinnerung oder → Traumkette.
Einige dieser Ideen wählen sie aus und gestalten damit einige Produkte.

Didaktische Hinweise

Die bekannteste Lesekampagne war viele Jahre lang der inzwischen eingestellte Bundeswettbewerb „Das lesende Klassenzimmer", der vom Börsenvereins des deutschen Buchhandels (www.boersenverein.de) und der Arbeitsgemeinschaft von Jugendbuchverlegern organisiert und von den Kultusministerien der Länder unterstützt wurde. Lesekampagnen werden inzwischen von einzelnen Schulen bzw. von deren Fachkonferenzen Deutsch etc. organisiert. Dabei kann mit örtlichen Buchhandlungen zusammengearbeitet werden. Zum Teil haben Schulen bzw. Klassen die Möglichkeit, mit ihren Produkten Schaufenster von Buchhandlungen zu gestalten oder auf andere Weise an die Öffentlichkeit zu gehen.

Alternativen

- Bücherkoffer (S. 49)
- Büchernacht (S. 52)
- Büchertauschbörse (S. 54)
- Lesescouts (S. 56)

Hinweise zur Weiterarbeit

- Ausstellung der Kampagne-Produkte in der Schule (Schautafeln oder -kästen), in einer Sparkasse/Bank oder auf der Homepage der Schule

Literatur

Cornelia Rosebrock/Daniel Nix: Grundlagen der Lesedidaktik. Baltmannsweiler 2008, S. 47 ff.

Lesescouts

www.stiftung-lesen.de
(Projekte/Lehrerservice)

Sozialformen:	schulöffentlich und Klassenplena
Dauer:	laufend im Schuljahr
Medien:	Schwarzes Brett u. a.
Klassen:	ab 5

Didaktisches Potenzial

S. bringen ihren (etwas) jüngeren Mits. Bücher nahe.
Sie übernehmen Verantwortung für die Lesekultur an der Schule und entwickeln dabei ihr Organisationstalent.

Vorbereitungen und Ablauf

S. ab der 7. Klasse veranstalten für jüngere S. der eigenen Schule kreative Aktionen rund um Bücher, indem sie z. B.
- eine Bücherrallye organisieren,
- in jüngeren Klassen Vorlesestunden abhalten,
- mit jüngeren S. → Paarlesen veranstalten,
- in der Schule ein Literaturbrett betreuen, an dem über interessante Neuerscheinungen informiert wird und eigene → Rezensionen ausgehängt werden,
- für eine jüngere Jahrgangsstufe eine → Büchertauschbörse organisieren,
- die Schülerbücherei der Schule mitbetreuen,
- jüngere S. in andere Büchereien mitnehmen, um ihnen die dortigen Buchbestände zu zeigen, und
- bei ihren Aktionen mit einer lokalen Buchhandlung zusammenarbeiten.

Didaktische Hinweise

Ein Projekt „Lesescouts – Schüler/innen motivieren Schüler/innen zum Lesen" wurde 2005 von der Stiftung Lesen zusammen mit der Geschäftsstelle Hessische Leseförderung ins Leben gerufen. Die Scouts sollten von einer Lehrkraft der Schule unterstützt werden und sich am Anfang ihrer Tätigkeit nicht zu viele Projekte auf einmal vornehmen.

Alternativen
- Büchernacht (S. 52)
- Bücherkoffer (S. 49)
- Autorenlesung (S. 48)

Hinweise zur Weiterarbeit
- Auszeichnung der Lesescouts bei Weihnachtsfeiern oder Feiern zum Schuljahresende

Literatur
Katrin Börm: Große lesen für Kleine. In: Deutschmagazin, 4/2009
Nicole Masanek: Fördern durch Vorlesen. Seelze 2010

Vorlesewettbewerb

www.vorlesewettbewerb.de
www.lesewelt.org

Sozialformen:	klassen-, schulöffentlich
Dauer:	Termine über mehrere Tage und Wochen
Medien:	Bücher
Klasse:	6

Didaktisches Potenzial
Die S. trainieren, Texte sinngestaltend vorzutragen.
Sie üben Techniken der Texterschließung und des mündlichen Präsentierens (klare Artikulation, angemessenes Lesetempo, sinngemäß rhythmisierende Vortragsweise).

Vorbereitungen und Ablauf
Zur Vorbereitung des Wettbewerbs finden in allen 6. Klassen einer Schule Lesetrainings statt (→ Gestaltendes Vorlesen).
In Klassenwettbewerben werden dann die Vorlese-Sieger und -Siegerinnen ermittelt. Bewertet wird dabei u. a. der flüssige und angemessen sinnerschließende Vortrag einer selbst ausgewählten sowie einer unbekannten Textstelle. Die besten Vorleser und Vorleserinnen aus den Klassen lesen anschließend bei einem Schulentscheid. Schulen, die an dem Wettbewerb offiziell teilnehmen und sich beim Börsenverein des deutschen Buchhandels (s. u.) anmelden, können ihre Schulsieger für Wettbewerbe auf höherer Ebene (Stadt- und Kreisentscheid etc.) nominieren. Es folgen Bezirks-, Landes- und Bundesentscheid. Lehrpersonen erhalten vom Börsenverein Bewertungsunterlagen zugeschickt.
Variante: Die S. nehmen an einem Plattlesewettbewerb teil; solche Wettbewerbe werden regional ausgeschrieben (Kontakte u. a. über die Redaktionen von Heimatbuchverlagen).

Didaktische Hinweise
Träger des „Vorlesewettbewerbs des deutschen Buchhandels", der seit 1959 existiert und unter der Schirmherrschaft des Bundespräsidenten steht, ist der Börsenverein des deutschen Buchhandels (www.boersenverein.de). Der Wettbewerb wird für die 6. Klassen aller Schularten jährlich neu ausgeschrieben. Bundesweit beteiligt sich insgesamt etwa ein Drittel der Schulen.

Alternativen
▪ Schreibwettbewerb

Literatur
Norbert Groeben/Bettina Hurrelmann (Hrsg.): Lesesozialisation in der Mediengesellschaft. Weinheim 2004, S. 211 ff.
Cem Özdemir (Hrsg.): Abenteuer Vorlesen. Hamburg 2002

Aufschauendes Sprechen *(Read-and-look-up)*

Sozialformen: Partnerarbeit
Dauer: 5 – 10 Min.
Medien: Textvorlage
Klassen: ab 5

Didaktisches Potenzial

Die S. trainieren das aufmerksame Lesen und das reproduzierende Sprechen.
Das Verfahren aktiviert alle S. gleichzeitig in einer realen Kommunikationssituation und
bringt sie zu immer wieder neuen Sprechakten. Die S. trainieren ihre Merkfähigkeit und
eine sinngestaltende Textwiedergabe.

Vorbereitungen und Ablauf

Die S. sitzen zu zweit zusammen. Ein S. liest einen ihm bereits bekannten Text stumm Satz
für Satz, schaut nach jedem Satz auf und trägt dem Partner den Satz halblaut vor. Mit den
folgenden Sätzen wird ebenso verfahren. Ist der Textvortrag beendet, werden die Rollen
getauscht: Der Zuhörer trägt nun Satz für Satz vor.

Didaktische Hinweise

Das Verfahren der *mass practice* ist insbesondere für den Fremdsprachenunterricht von
Belang, da alle S. in einem relativ kurzen Zeitraum die Gelegenheit erhalten, einen kompletten Text vorzutragen und sich dabei mit dessen Inhalt intensiv zu befassen. Ein Vorteil
dabei ist, dass die S. das Lesetempo individuell gestalten können. Um die reale Kommunikationssituation zu gewährleisten, sollten sich die S. beim Textvortrag jeweils ansehen.
Handelt es sich um dialogische Texte, kann nach dem gleichen Prinzip abwechselnd vorgetragen werden.

Alternativen

- Lesegemurmel (S. 61)
- Paarlesen (S. 66)

Hinweise zur Weiterarbeit

- Textvortrag im Plenum

Literatur

Jörg Siebold (Hrsg.): Let's Talk:
Lehrtechniken. Berlin 2004, S. 37 ff

Gestaltendes Vorlesen

Sozialformen:	Einzelarbeit, Plenum
Dauer:	2 – 5 Min.
Medien:	Buch/Textvorlage
Klassen:	ab 5

Didaktisches Potenzial

Die S. kommen verschiedenen Sinnebenen des Textes auf die Spur und setzen sie gezielt in eine Präsentation um.

Sie treffen textangemessene artikulatorische Entscheidungen und entwickeln im Hinblick auf Sprechtempo, Stimmlage, Lautstärke etc. eine textadäquate Gestaltung des Vortrags.

Vorbereitungen

Das gestaltende Vorlesen kann trainiert werden, indem die S.

- Textpassagen probeweise in unterschiedlicher Lautstärke vortragen;
- die Sprechgeschwindigkeit variieren;
- für verschiedene Passagen bzw. Textstellen unterschiedliche Stimmhöhen wählen;
- erkunden, an welchen Stellen kurze oder längere Pausen sinnvoll sind;
- in ihrem Vortrag bestimmte Artikulationsweisen (entspanntes Sprechen, gepresste Sprechweise etc.) ausprobieren;
- den Vortrag durch passende Mimik und Gestik unterstützen und lebendig gestalten.

Mithilfe solcher Trainings bereiten die S. in einer *Experimentierphase* einen Textvortrag vor.

Ablauf

Die S. legen dann ein *Regiekonzept* für den Vortrag des vereinbarten Textes fest, in dem zu allen oben genannten Aspekten kurze Aussagen gemacht werden. Mehrere S. versuchen dann, das Regiekonzept umzusetzen und den ausgewählten Text entsprechend vorzutragen. Danach wird folgendermaßen vorgegangen:

- Mithilfe von Verfahren wie Zielscheibe (vgl. Methoden I, S. 292), Blitzlicht (ebd., S. 305) oder Votumei (ebd., S. 297) kann jeder Vortrag einfach evaluiert werden.
- Anschließend findet ein gründliches Auswertungsgespräch statt, in dem insbesondere Verbesserungsmöglichkeiten erörtert werden sollten.
- Daran kann sich ein zweiter Durchgang der Textvorträge anschließen.

Didaktischer Kommentar

Sinngebendes, gestaltendes Vorlesen ist ein komplexer Verstehens- und Präsentationsprozess, der in der Sekundarstufe I und II geübt werden muss und bei S. nicht einfach vorausgesetzt werden kann. Diese Art des Vortrags ist deshalb so anspruchsvoll, weil Kompetenzen des sinnerschließenden Textverstehens und der Präsentation gleichzeitig gefragt sind.

Die Eigensprache von S. wird durch bewusst sinngestaltendes Vorlesen besonders dichterischer Texte deutlich gefördert. Der Textvortrag entwickelt sich dabei oft zu einer sprechgestaltenden Interpretation.

Tipps zur Umsetzung

Den S. können Betonungs- und Pausenzeichen an die Hand gegeben werden, mit denen sie ihre Texte für einen Vortrag präparieren können. Folgende Zeichen sind gängig:

_ = Betonung

= = starke Betonung

/ = kurze Sprechpause

// = längere Sprechpause

Außerdem können → Schlüsselwörter im Text farblich markiert werden.

Das genaue Artikulieren lässt sich durch die *Korkenübung* verbessern: Die S. nehmen beim Vorlesen einen Korken zwischen die Zähne und versuchen mit diesem Handicap so klar wie möglich zu artikulieren. Dabei kann der Abstand zwischen Sprechendem und Zuhörenden Schritt für Schritt vergrößert werden.

Zur Vorbereitung des Vortrags können mit den S. auch bestimmte Laute als Ausdrucksmittel erkundet werden; z. B. kann

- mit dem Laut „a" nacheinander Erstaunen, Angst, Überraschung, Erschrecken, Verstehen eines Sachverhalts oder eine Frage zum Ausdruck gebracht werden,
- mit dem Laut „i" nacheinander Ekel, Alarm, Albernheit etc. ausgedrückt werden.

Mögliche Arbeitsaufträge:

- Markiert Sinnabschnitte durch kurze Pausen und eine wechselnde Tonlage der Stimme.
- Lest so vor, dass das Dramatische (Bedrückende, Spannende) oder Lustige der Handlung oder eine besondere Gemütslage deutlich wird.
- Lest mit verteilten Rollen vor. Stellt dabei die beteiligten Personen durch Besonderheiten der Stimmführung (Lautstärke, Tonhöhe, Sprechtempo etc.) dar.
- Drückt Spannung durch gesteigertes Tempo und besondere Lautstärke aus. (An anderen Stellen solltet ihr den Vortrag dann wieder deutlich verlangsamen.)
- Wählt zu einzelnen Sinnabschnitten des Textes kurze Ausschnitte aus Musikstücken aus. Spielt sie während des Vortrags ein und lest dann die entsprechen Abschnitte (Strophen etc.) des Textes dazu vor.

Alternativen

- Aufschauendes Sprechen (S. 58)
- Lesegemurmel (S. 61)
- Impuls-Lesen (S. 76)

Hinweise zur Weiterarbeit

- Vorlesewettbewerb (S. 57)
- Textinterpretation

Literatur

Norbert Groeben/Bettina Hurrelmann (Hrsg.): Lesekompetenz. München, Weinheim 2002

Cem Özdemir (Hrsg.): Abenteuer Vorlesen. Hamburg 2002

Lesegemurmel *(Buzz reading)*

Sozialformen:	Einzelarbeit
Dauer:	3 – 5 Min.
Medien:	Buch, Textblatt
Klassen:	5 – 7

Didaktisches Potenzial
S. bereiten sich auf einen Textvortrag vor.
Alle S. einer Lerngruppe werden aktiviert, indem sie durch lautes Lesen zügige Sinnerfassung, Aussprache und Intonation üben. Dabei können sie ihrem eigenen Lesetempo folgen. Die *Warming-up*-Übung bereitet auf einen individuellen Textvortrag vor und wird insbesondere in der Fremdsprachendidaktik empfohlen.

Vorbereitungen und Ablauf
Die Übung erfordert keine Vorbereitung. Alle S. einer Lerngruppe werden aufgefordert, einen ihnen bekannten Text halblaut vor sich hin zu lesen.
Als Variante ist das *Shadowing* möglich: Die Lehrperson liest einen Text in ganz kurzen Abschnitten vor bzw. spielt ihn über Tonträger ein; alle S. der Lerngruppe sprechen den Abschnitt halblaut nach.

Didaktische Hinweise
Um den S. den Zweck der Übung zu erklären, kann die Lehrperson darauf hinweisen, dass auch Sportler ihre Muskeln „aufwärmen", bevor sie ihr Können zeigen. Tatsächlich dient die Übung auch der Lockerung der Sprechwerkzeuge.
Falls der Geräuschpegel im Raum die S. stört, können sie sich beim Lesen die Ohren zuhalten. Eventuell sollte die Lehrperson dafür sorgen, dass nur noch im Murmelton gesprochen wird. Allerdings sollte jeder dabei artikuliert sprechen können.

Alternativen
▨ Abschnittweises Vorlesen im Plenum
▨ Aufschauendes Sprechen (S. 58)
▨ Paarlesen (S. 66)

Hinweise zur Weiterarbeit
▨ Vorlesen im Plenum

Literatur
Jörg Siebold (Hrsg.): Let's Talk:
Lehrtechniken. Berlin 2004, S. 35 ff.

Fünf-Schritt-Lesemethode *(SQ3R method)*

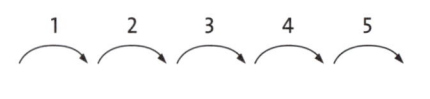

Sozialformen:	Einzel-, Partnerarbeit
Dauer:	15 – 45 Min.
Medien:	Arbeitsblatt
Klassen:	ab 7

Didaktisches Potenzial
S. erarbeiten sich systematisch einen Text.
Die Lesemethode verbindet Techniken des beschleunigten bzw. diagonalen mit solchen des intensiven Lesens. Die Schrittfolge ist lernpsychologisch so aufgebaut, dass eine effektive und nachhaltige Informationsaufnahme und -verarbeitung möglich ist.

Vorbereitungen
Die S. können ein Arbeitsblatt erhalten, auf dem die Lesemethode übersichtlich dargestellt und begründet wird (s. u.).

Ablauf
Beim Lesen eines Textes halten die S. die folgende Schrittfolge ein:
1. *Den Text überfliegen (diagonal lesen):* Die S. erfassen das *Thema* des Textes, indem sie Titel, Untertitel und – bei Zeitungstexten – den Vorspann aufeinander beziehen. Sie orientieren sich, welche *Aussageschwerpunkte* der Text hat, indem sie Zwischenüberschriften, evtl. Randglossen oder sonstige Hervorhebungen zur Kenntnis nehmen.
2. *Fragen an den Text stellen:* Die S. bauen einen Erwartungshorizont auf, indem sie ihr Vorwissen zum Thema in Erinnerung rufen (z. B. in einem Cluster) und sich kurze Fragen notieren, auf die der Text eine Antwort geben könnte. Sie legen so Leseziele fest.
3. *Den Text aktiv lesen:* Auf dieser Basis ist nun erstmals ein gründliches Durcharbeiten des Textes sinnvoll. Die S. nutzen dabei Markierungsverfahren wie → Schlüsselwörter oder → Randmarkierungen, um *wichtige Daten* (Angaben zu Zeiten, Orten, Personen etc.) festzuhalten, wichtige von weniger wichtigen Aussagen zu unterscheiden und so *zentrale Aussagen* des Textes hervorzuheben. Die Reaktionen auf den Text werden durch Randzeichen (→ Impuls-Lesen) festgehalten. Durch „Rückwärtslesen" in das Textumfeld hinein versuchen die S., unklare Stellen zu verstehen. Aus Gestaltungsbesonderheiten ziehen sie Rückschlüsse auf Absichten des Autors/der Autorin (→ Entscheidungsbaukasten).
4. *Die gedankliche Verarbeitung des Textes schriftlich festhalten:* Mit Verfahren wie Abschnittsüberschriften, → Marginalien, → Konspekt oder Flussdiagramm (vgl. Methoden I, S. 160) verarbeiten die S. die gedankliche Substanz des Textes.
5. *Den Text einordnen und werten:* Die S. gehen kritisch prüfend mit der Textaussage um, indem sie diese auf ihr Vorwissen und ihren Erwartungshorizont (s. Schritt 2) beziehen und für sich festlegen, welche neuen Einsichten zum Thema der Text geliefert hat, was offen geblieben ist und welche interessanten neuen Fragen der Text aufgeworfen hat.

Didaktischer Kommentar

Das Leseverfahren geht auf die 1948 publizierte SQ3R-Methode (survey, question, read, recite, review) von Francis Robinson zurück. Sie berücksichtigt den lernpsychologischen Befund, dass S. komplexe Texte in der Regel nicht in einem Durchgang erfassen können. Veranlasst man S., komplexe Texte direkt im ersten Durchgang intensiv zu lesen und gedanklich zu verarbeiten, schalten sie oft mitten im Leseprozess ab und lesen nur noch mechanisch weiter, ohne die Textaussagen tatsächlich aufzunehmen. Bei der Fünf-Schritt-Lesemethode wird der Leseprozess daher in lernpsychologisch sinnvolle Durchgänge gegliedert. Dabei geht es zunächst um ein überblickartiges Erfassen des Textes und eine persönliche Positionierung zur Textaussage, bei der auch das Vorwissen zum Thema des Textes aktiviert wird; auf dieser Basis sollen dann Textdetails und gedankliche Zusammenhänge auf das Vorverständnis bezogen werden. Das Gehirn ist aufnahmebereiter für neue Informationen, wenn diese in vorhandene „Netze" eingefügt werden können. Im Interesse eines nachhaltigen Lernens ist es am Ende des Leseprozesses wichtig, die neuen Informationen in den bisherigen Wissenshorizont der S. zu integrieren und diesen zu erweitern.

Tipps zur Umsetzung

Die Fünf-Schritt-Lesemethode kann durch das → Impuls-Lesen vorbereitet werden. Auch Vorübungen zum diagonalen, überfliegenden Lesen, bei dem die Fixierungen des Auges pro Zeile bzw. Seite reduziert werden, sind sinnvoll. Für eine Klasse 8, in der eine einfache Form dieser Methode eingeführt werden soll, könnte eine Aufgabenstellung z. B. lauten:

Bearbeite den Text nach der Fünf-Schritt-Lesemethode:
a) Überfliege den Text und notiere in einem Satz, um was es geht.
b) Gestalte eine Mindmap, in der du alle dir bisher bekannten Aspekte des Themas stichwortartig zusammenfasst.
c) Unterstreiche im Text Schlüsselwörter (möglichst in jedem Ansatz ein oder zwei).
d) Schreibe zu jedem Absatz eine Zwischenüberschrift, die den Inhalt zusammenfasst.
e) Ordne die im Text neu genannten Aspekte des Themas in deine Mindmap ein.

Alternativen
▦ Reziprokes Lesen (S. 67)
▦ Paarlesen (S. 66)

Hinweise zur Weiterarbeit
▦ Inhaltsangabe
▦ Schriftliche Textinterpretation

Literatur
Gerd Brenner: Die Facharbeit: Von der Planung zur Präsentation. Berlin 2002, S. 44 – 48
Gerd Brenner u. a.: Texte, Themen und Strukturen. Arbeitsheft 3 – Umgang mit Sachtexten: Analyse und Erörterung. Hrsg. von B. Schurf und A. Wagener, Berlin 2004 (vorderer Einbanddeckel)
Liane Paradies/Hans Jürgen Linser: Üben, Wiederholen, Festigen. Berlin 2003, S. 161 ff.

Lesetagebuch/Lesejournal *(Reading log)*

Sozialformen: Einzelarbeit
Dauer: mehrfach 10 – 30 Min.
Medien: Tagebuch
Klassen: ab 5

Didaktisches Potenzial

Die S. unterstützen ihre Textlektüre mit einem kreativ aktivierenden Verfahren.
Während der Lektüre eines Textes (in der Regel einer Ganzschrift) setzen sich die S. mehrfach schriftlich mit dem Gelesenen auseinander.

Vorbereitungen

Vor Beginn des Journal-Prozesses vereinbart die Lehrperson mit den S., wie mit den Eintragungen später verfahren werden soll. Dabei ist insbesondere zu klären, inwiefern die geschriebenen Texte anderen zugänglich gemacht werden sollen (s. u.).

Ablauf

Die Lehrperson stellt den S. verschiedene Möglichkeiten vor, sich im Rahmen eines Lesejournals *kreativ* mit einer Lektüre auseinanderzusetzen. Dabei können Verfahren wie
→ Denkblase, → Telefonat (s. Figurenäußerung), → Figurenbrief, → Innerer Monolog, → Namenzusätze, → Verzweigung, → Rückwärtsgeschichte, → Traumkette, → Sprachmusterverschiebung, → Stilisierung oder Subtext (vgl. Methoden I, S. 190) vorgeschlagen werden.
Die S. werden angeregt, an Stellen der Lektüre, die für sie besonders aussagekräftig sind, das Lesen zu unterbrechen und eine Eintragung ins Lesejournal zu machen. Bei jeder Eintragung soll die Bezugsseite der Lektüre angegeben werden.
Weitere Möglichkeiten für Notate sind:
- Die S. zitieren Textstellen, die sie besonders aussagekräftig oder wichtig fanden.
- Sie können eine Stellungnahme zu dem Verhalten einer Figur abgeben.
- Zusatzinformationen zu Aspekten des Textes können recherchiert und in das Tagebuch eingeklebt werden.

Die Eintragungen der S. gehen anschließend folgendermaßen in den Unterricht ein: Die Lehrperson ruft ein bestimmtes Kapitel oder einen Abschnitt des Textes auf und bittet alle S., die dazu etwas in ihr Lesejournal eingetragen haben, diese persönlichen Notizen zu dem Text vorzutragen. Auf der Basis dieser Präsentation beginnt eine vertiefende Interpretation von Textstellen.
Soll das Lesen von Texten zusätzlich metakognitiv unterstützt werden, können die S. in ihrem Lesetagebuch die folgenden Fragen beantworten:
- Welche geistigen Werkzeuge, die du im Unterricht kennengelernt hast (z. B. → Antizipation oder → Entscheidungsbaukasten) haben dir geholfen, den Text zu verstehen?
- Für welche Situationen könntest du weitere geistige Werkzeuge benötigen?

Didaktischer Kommentar

Lesetagebücher bieten die Möglichkeit, das Lesen individuell zu fördern und zu begleiten. Persönliche Notizen zu einem Text bekommen für die S. mehr Gewicht und werden zugleich so dokumentiert, dass sie für den Unterricht fruchtbar gemacht werden können. Diese Form der Lesebegleitung stellt zugleich eine Möglichkeit der Differenzierung in leistungsheterogenen Lerngruppen dar (vgl. Schoenbach u. a., S. 38 ff.).

Wenn Lesetagebücher genutzt werden, um in Lerngruppen einen *metakognitiven Diskurs* über Lesestrategien und Leseerfahrungen in Gang zu setzen (s. o.), wird der Aufbau von Lesekompetenzen nachhaltig unterstützt. Die S. werden sich der Faktoren bewusst, die ihre geistigen Aktivitäten beim Lesen steuern. Sie lernen, ihre Leseroutinen zu beschreiben und zu differenzieren. Solche Gespräche über das Lesen und was dabei passiert sind besonders für unerfahrene Leser hilfreich.

Tipps zur Umsetzung

Für ein Lesejournal können auch – evtl. arbeitsteilig – Inhaltsangaben zu den Kapiteln/ Szenen der Lektüre vereinbart werden. Der Prozess des Tagebuchschreibens wird gestützt, wenn die S. am Anfang erste Ergebnisse in kleineren Gruppen austauschen.

Ein alternatives Verfahren zur Einbringung der Lesejournal-Eintragungen in den Unterricht: Die S. legen ihre Lesetagebücher auf ihren Tischen aus. In einem vereinbarten Zeitraum (z. B. 30 Minuten) können alle aufstehen, zu einem anderen Platz gehen und Eintragungen anderer lesen. Die Plätze können in der vereinbarten Zeit mehrmals gewechselt werden. Man kann sich jederzeit auf einen freiwerdenden Platz setzen. Anschließend kann jeder einen Vorschlag machen, welche Eintragung klassenöffentlich vorgetragen werden soll, weil sie besonders beeindruckend war.

Im Englischunterricht kann ein *Reading log* folgendermaßen angeregt werden:
„Keep a reading log. It is the reader's record of thoughts while reading a long text, for example a novel or a drama. A reading log reflects the reader's experience with the text. It is a kind of dialogue with the text."

Alternativen

- Fünf-Schritt-Lesemethode (S. 62 f.)
- Paarlesen (S. 66)
- Reziprokes Lesen (S. 67)

Hinweise zur Weiterarbeit

- Individuelle Gestaltung des Tagebuch-Covers im Kunstunterricht

Literatur

Ute Fenske u. a. (Hrsg.): Deutschbuch 7/8. Ideen für den Unterricht. Berlin 2002, S. 137 ff.
Ingrid Hintz: Das Lesetagebuch. Intensiv lesen, produktiv schreiben, frei arbeiten. Baltmannsweiler 2005
Ingrid Kaiser/Friedlinde Mann: Auf Schatzsuche: Lesetagebücher. In: Pädagogik, 6/2001, S. 10 – 13
Ruth Schoenbach u. a.: Lesen macht schlau. Berlin 2006

Paarlesen

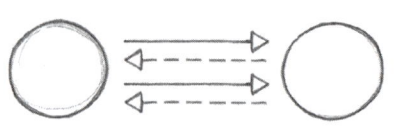

Sozialformen:	Partnerarbeit
Dauer:	10 – 20 Min.
Medien:	Bücher, Arbeitsblätter
Klassen:	5 – 8

Didaktisches Potenzial

Die S. konzentrieren sich in wechselnden Rollen auf den Inhalt eines Textes.
In einem kooperativen Prozess eignen sie sich dabei intensiv die Aussage des Textes an.

Vorbereitungen und Ablauf

Ein zu lesender Text wird in Abschnitte unterteilt und in einem ersten Durchgang von beiden Partnern still gelesen. Anschließend tragen sich beide den Text abwechselnd abschnittsweise vor: Während der eine liest, legt der andere den Text zur Seite und hört möglichst aufmerksam zu, damit er anschließend in der Lage ist, den Inhalt des Gehörten möglichst genau wiederzugeben. Der Vorleser kontrolliert mithilfe des Textes, ob alles korrekt wiederholt wird. Dann werden die Rollen getauscht. Mit den folgenden Abschnitten wird ebenso verfahren.

Didaktische Hinweise

Die S.-Paare sollten heterogen zusammengesetzt sein. Die Methode eignet sich besonders auch für das Lesen anspruchsvollerer Sachtexte, deren Erschließung S. oft schwerer fällt als die Rezeption erzählender Texte. Die S. behalten in der Regel mehr Textinformationen als beim Vorlesen durch einen S. im Klassenplenum. Ein weiterer Vorteil ist, dass Verständnisschwierigkeiten mit dem Partner bald geklärt werden können und die weitere Textrezeption nicht erschweren.

Alternativen

- Reziprokes Lesen (S. 67)
- Fünf-Schritt-Lesemethode (S. 62 f.)

Hinweise zur Weiterarbeit

- Verfahren des Textverstehens (S. 89 ff.)

Literatur

Klaus Konrad/Silke Traub: Kooperatives Lernen. Baltmannsweiler 2001
Heike Rest: Intelligentes Üben mit kooperativen Lesemethoden. In: Pädagogik, 11/2005, S. 16 – 19
Margrit Weidner: Kooperatives Lernen im Unterricht. Seelze 2003

Reziprokes Lesen

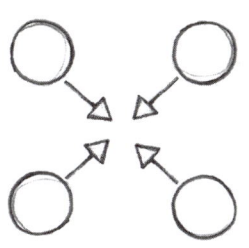

Sozialformen: Gruppenarbeit
Dauer: 10 – 20 Min.
Medien: Bücher bzw.
Arbeitsblätter
Klassen: ab 5

Didaktisches Potenzial
Die S. organisieren einen intensiven kooperativen Leseprozess.
Sie stützen ihre Verstehensleistung durch Fragen an den Text, die Klärung schwieriger Stellen, Teilzusammenfassungen und die Äußerung von Erwartungen an den Textfortgang.

Vorbereitungen und Ablauf
Ein in Abschnitte unterteilter Text wird in Vierergruppen gelesen. Dabei wird folgendermaßen verfahren:
- Alle S. lesen den ersten Textabschnitt leise. Jeder S. erhält dann eine spezielle Rolle:
- Der erste S. liest den Abschnitt laut vor und stellt anschließend Fragen, die von den anderen unter Rückgriff auf den Text beantwortet werden.
- Der zweite S. konzentriert sich auf schwierige Wörter und Textstellen und fragt nach, wie die anderen sie verstanden haben.
- Der dritte S. fasst den Textabschnitt mündlich in eigenen Worten zusammen.
- Der vierte S. äußert Erwartungen, was im folgenden Abschnitt stehen könnte.
- Bei den nächsten Abschnitten wechseln die Rollen jeweils im Uhrzeigersinn.

Didaktische Hinweise
Es handelt sich um eine relativ zeitaufwändige Lesemethode, die zudem im Klassenraum eine gewisse Lautstärke produziert, da immer mehrere S. gleichzeitig lesen. Die S. sollten daher nur mit gedämpfter Stimme vorlesen und sprechen, allerdings auch so laut, dass sie von ihren Mits. verstanden werden.

Alternativen
- Paarlesen (S. 66)
- Fünf-Schritt-Lesemethode (S. 62 f.)

Hinweise zur Weiterarbeit
- Verfahren des Textverstehens (S. 89 ff.)

Literatur
Heike Rest: Intelligentes Üben mit kooperativen Lesemethoden.
In: Pädagogik, 11/2005, S. 16 – 19
C. Rosebrock/D. Nix: Grundlagen der Lesedidaktik. Baltmannsweiler 2008, S. 66 ff.
Margrit Weidner: Kooperatives Lernen im Unterricht. Seelze 2003

Antizipation *(Anticipation)*

Beispiel	**Sozialformen:**	Partner-/Gruppenarbeit

Beispiel
Ich wohne seit gestern einen Stock tiefer.
...

Ilse Aichinger: Wo ich wohne

Sozialformen:	Partner-/Gruppenarbeit
Dauer:	20 – 30 Min.
Medien:	–
Klassen:	ab 6

Didaktisches Potenzial

Die S. ziehen Schlüsse aus ersten Textsignalen.
Aufgrund des Titels und anderer markanter Aussagen und Textstrukturen stellen die S. begründete Vermutungen über den Fortgang eines Textes bzw. Films an.

Vorbereitungen und Ablauf

Die S. untersuchen den Titel und/oder den Anfang eines Textes, indem sie jeweils mit Angabe der auslösenden Textsignale
- auf die zu erwartende *Textsorte* schließen;
- vermutliche *thematische Schwerpunkte* und *Problemstellungen* des Gesamttextes ableiten;
- mögliche *Handlungsfäden* spinnen;
- die Entwicklung einer *Figur* skizzieren (literarische Texte).

Didaktische Hinweise

Als Methode des verstehenden Lesens trainiert die Antizipation, Textanfänge genau auf die Festlegungen hin zu untersuchen, die der Autor/die Autorin zu Beginn eines Textes getroffen hat und die aller Voraussicht nach für den weiteren Fortgang des Textes von Bedeutung sein werden. Dabei können sowohl inhaltliche als auch strukturelle Festlegungen betrachtet werden. Bei diesem Verfahren aktivieren die S. zunächst ihr Vorwissen und ihre Rezeptionsschemata, die sich in der Auseinandersetzung mit vergleichbaren Texten gebildet haben. Eine solche Aktivierung von Vorwissen findet in jedem Leseprozess ohnehin statt, läuft im Rahmen einer Antizipation aber kontrolliert ab. Die genaue Analyse des Textanfangs eröffnet den S. die Möglichkeit, eher unpassende Aspekte, die von den Textsignalen aktiviert wurden, früh genug zu revidieren.

Alternativen
- Entscheidungsbaukasten (S. 69)

Hinweise zur Weiterarbeit
- Ganztextlektüre

Literatur
Ruth Schoenbach u. a.: Lesen macht schlau. Berlin 2006, S. 108 ff.

Entscheidungsbaukasten

Sozialformen: Partner-/Gruppenarbeit
Dauer: 10 – 20 Min.
Medien: Arbeitsblatt
Klassen: ab 8

Didaktisches Potenzial

Die S. verarbeiten Textsignale systematisch.

Sie klären, welche Entscheidungen der Autor/die Autorin zu Beginn eines Textes getroffen hat, welche Optionen gewählt und welche verworfen wurden, und ziehen daraus Schlüsse im Hinblick auf ein erwartetes Textmuster.

Vorbereitungen

Entscheidungen, die ein Autor/eine Autorin treffen muss:

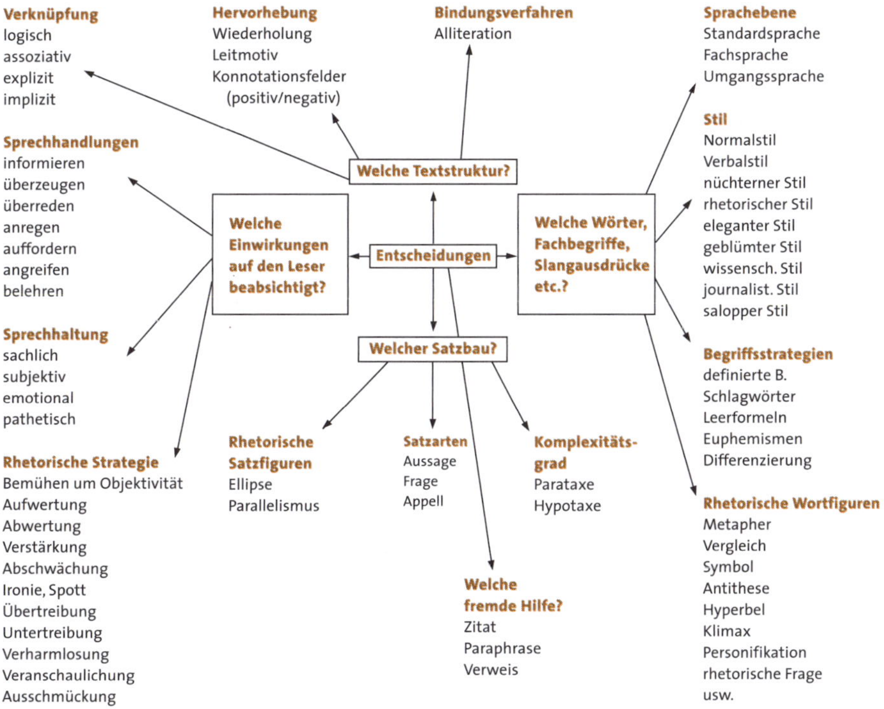

Verknüpfung
logisch
assoziativ
explizit
implizit

Hervorhebung
Wiederholung
Leitmotiv
Konnotationsfelder
(positiv/negativ)

Bindungsverfahren
Alliteration

Sprachebene
Standardsprache
Fachsprache
Umgangssprache

Stil
Normalstil
Verbalstil
nüchterner Stil
rhetorischer Stil
eleganter Stil
geblümter Stil
wissensch. Stil
journalist. Stil
salopper Stil

Sprechhandlungen
informieren
überzeugen
überreden
anregen
auffordern
angreifen
belehren

Welche Textstruktur?

Welche Einwirkungen auf den Leser beabsichtigt?

Entscheidungen

Welche Wörter, Fachbegriffe, Slangausdrücke etc.?

Sprechhaltung
sachlich
subjektiv
emotional
pathetisch

Welcher Satzbau?

Begriffsstrategien
definierte B.
Schlagwörter
Leerformeln
Euphemismen
Differenzierung

Rhetorische Strategie
Bemühen um Objektivität
Aufwertung
Abwertung
Verstärkung
Abschwächung
Ironie, Spott
Übertreibung
Untertreibung
Verharmlosung
Veranschaulichung
Ausschmückung

Rhetorische Satzfiguren
Ellipse
Parallelismus

Satzarten
Aussage
Frage
Appell

Komplexitäts-grad
Parataxe
Hypotaxe

Welche fremde Hilfe?
Zitat
Paraphrase
Verweis

Rhetorische Wortfiguren
Metapher
Vergleich
Symbol
Antithese
Hyperbel
Klimax
Personifikation
rhetorische Frage
usw.

Ablauf

Zu Beginn einer Textlektüre, wenn die Überschrift und ein, zwei Abschnitte gelesen worden sind, klären die S. ihre erste Gesamtwahrnehmung des Textes.

▨ Die S. markieren in ihrem Entscheidungsbaukasten die Elemente, die ihrer Meinung nach auf den Text zutreffen.

▨ Sie überlegen dann, ob ihnen die vom Autor/von der Autorin gewählte Kombination der Optionen bekannt vorkommt, und benennen evtl. ein ihnen bekanntes Textschema (s. u.), das sie damit verbinden.

▨ Sie spekulieren darüber, warum bestimmte Optionen gewählt bzw. verworfen worden sind.

Didaktischer Kommentar

Beim Lesen, so Schoenbach u. a., aktivieren Leser – ausgelöst durch bestimmte inhaltliche oder strukturelle Signale – ihr Wissen im Hinblick auf Texte (S. 52 ff.). Nur in dieser Interaktion zwischen einem Vorwissen, das im Gehirn in Form von Schemata gespeichert ist, und dem neuen Text erschließt sich dessen Sinn. „Schemata, bestehend aus einer Fülle von Text- und Weltwissen, sind als Assoziationsnetzwerke organisiert, die durch ein einziges Wort aktiviert werden können" (Schoenbach, S. 53). Solche Schemata sind lernpsychologisch unerlässlich, um Wissen zu speichern.

Ein Entscheidungsbaukasten kann die Textschemata, die in den Köpfen von S. mehr oder weniger differenziert vorhanden sind, externalisieren und verfügbar machen. Die schematischen Vorstellungen, die S. von Texten im Kopf haben, können so gezielt abgerufen und reflektiert werden. Zugleich flexibilisiert der Entscheidungsbaukasten die Schemata, indem er verschiedene Optionen für Textgestaltungen nebeneinanderstellt. S. begeben sich mit solchen Reflexionsprozessen auf den Weg zum kompetenten Leser, denn dieser nutzt seine „Kenntnisse der Textstrukturen, um die wesentlichen Punkte" eines Textes zu verstehen. Andererseits haben weniger erfahrene Leser, „die sich offensichtlich der Textstrukturen nicht bewusst sind", Probleme, „die Textinformation zu organisieren und ihrem Stellenwert entsprechend einzuordnen" (ebd., S. 55).

Tipps zur Umsetzung

Entscheidungsbaukästen können am Ende von Unterrichtsreihen auch als Sicherung zentraler analytische Begriffe gemeinsam an der Tafel entwickelt oder von S. erstellt werden.

Alternativen
▨ Antizipation (S. 68)
▨ Impuls-Lesen (S. 76)

Hinweise zur Weiterarbeit
▨ Schriftliche Analyse
▨ Textvergleich

Literatur
Ruth Schoenbach u. a.: Lesen macht schlau. Berlin 2006
Gerd Brenner: Kurzprosa: Kreatives Schreiben und Textverstehen. Berlin 2000, S. 55

Fälschung *(Fake)*

Beispiel	**Sozialformen:** Einzel-, Partnerarbeit

Beispiel

Es gibt zwei Sorten Ratten:

Die hungrigen und satten.

Die hungrigen bleiben vergnügt zu Haus,

Die satten aber wandern aus.

…

H. Heine, Die Wanderratten

Sozialformen: Einzel-, Partnerarbeit
Dauer: 5 – 20 Min.
Medien: Arbeitsblatt
Klassen: ab 5

Didaktisches Potenzial
Die S. erfassen die inhaltliche Aussage eines Textes, indem sie ihn auf Manipulationen hin durchsuchen.
Das Verfahren leitet S. an, eine Textaussage genau zu prüfen, um eine gefälschte Aussage von authentischen Textteilen unterscheiden zu können. Die S. denken sich intensiv in alle Einzelaussagen und die Gesamtaussage des Textes hinein, um Widersprüche aufzudecken. Zugleich trainieren sie das kritische Hinterfragen von Textquellen.

Vorbereitungen und Ablauf
Die Lehrperson tauscht einige wenige Angaben in einem Text durch Fehlinformationen aus. Dabei kann es sich z. B. um
- falsche Raum- oder Zeitangaben,
- die Umkehrung einer wichtigen Aussage in ihr Gegenteil oder
- frei erfundene, mehr oder weniger in den Kontext passende Zusätze

handeln. Die S. erhalten den „gefälschten" Text und sollen durch einen genauen Abgleich aller Teilaussagen herausfinden, wo die Fehler stecken.

Didaktische Hinweise
Fälschungen sind am leichtesten und unauffälligsten in digitalisierten Texten unterzubringen. In höheren Klassen können die Fälschungen außer auf der inhaltlichen z. B. auch auf der stilistischen Ebene vorgenommen werden.
Den S. kann die Anzahl der „Fehler" mitgeteilt werden. Schwieriger ist die Textprüfung, wenn diese Zahl nicht mitgeteilt wird.

Alternativen
- Lückenrätsel (S. 73)
- Antizipation (S. 68)

Hinweise zur Weiterarbeit
- Mündliche oder schriftliche Textanalyse

Literatur
Bernd Janssen: Kreative Unterrichtsmethoden. Braunschweig 2004, S. 20 f.

Kontrastbilder

Sozialformen:	Einzel-, Partner-, Gruppenarbeit
Dauer:	15 – 30 Min.
Medien:	Fotos, Gemäldereproduktionen
Klassen:	ab 5

Didaktisches Potenzial
Die S. drücken die innere Spannung eines literarischen Textes bildlich aus.
Sie dokumentieren ein erstes Textverständnis, indem sie die gedanklichen Pole eines Textes mit aktuellem Bildmaterial unterlegen.

Vorbereitungen und Ablauf
Die S. markieren zunächst Textaussagen, die für sie die gedankliche Polarität einer Textaussage beinhalten. Für das expressionistische Gedicht „Städter" von Alfred Wolfenstein (1914) könnten dies z. B. die folgenden Zeilen sein:

> Dicht wie die Löcher eines Siebes stehn
> Fenster beieinander, drängend fassen
> Häuser sich so dicht an …
>
> …
> Und wie still in dick verschlossner Höhle
> Ganz unangerührt und ungeschaut
> Steht ein jeder fern und fühlt: alleine.

Anschließend schneiden die S. (evtl. als Hausarbeit) Fotos aus Zeitungen und Zeitschriften aus, die ihrer Meinung nach die beiden Aussagepole auf interessante Weise darstellen. Textaussagen und Bilder arrangieren sie schließlich zu einer Kontrast-Collage und hängen sie im Klassen-/Kursraum aus.

Didaktische Hinweise
Das Verfahren ist eine Möglichkeit, den oft verkopften Literaturunterricht durch visuelle Reize zu ergänzen. Die Collagen der S. können in einem Galeriegang (vgl. Methoden I, S. 240) betrachtet werden.

Alternativen
▦ Antizipation (S. 68)

Hinweise zur Weiterarbeit
▦ Textdeutung

Lückenrätsel/Stolperwörter

Beispiel

Die ... verrätselt eine Textaussage ansatzweise, indem sie aus der Textdatei einige wenige sinntragende Wörter löscht und durch ... ersetzt. Es sollte sich um Wörter handeln, die aus dem ... jeweils mit einiger Plausibilität erschlossen werden können.

Sozialformen:	Einzel-, Partner- oder Gruppenarbeit
Dauer:	5 – 10 Min.
Medien:	Arbeitsblatt
Klassen:	ab 5

Didaktisches Potenzial

Die S. erfassen die inhaltliche Aussage eines Textes durch Komplettierung.
Das Verfahren der Enträtselung leitet S. an, eine Textaussage genau zu prüfen, um eine Textlücke vom Textumfeld her überlegt zu schließen.

Vorbereitungen und Ablauf

Die Lehrperson verrätselt eine Textaussage ansatzweise, indem sie aus der Textdatei einige wenige sinntragende Wörter löscht und durch Lücken-Punktierung ersetzt. Es sollte sich um Wörter handeln, die aus dem Textumfeld jeweils mit einiger Plausibilität erschlossen werden können.
Die S. erhalten den Lückentext (z. B. ein Gedicht mit drei Auslassungen). Ihre Aufgabe besteht darin, für die Lücken Wortfüllungen vorzuschlagen und die Wahl mit Verweis auf das Textumfeld möglichst genau zu begründen. Dabei können auch mehrere Optionen vorgeschlagen werden, sofern sie plausibel sind. Die Vorschläge werden im Plenum vorgestellt und diskutiert. Anschließend wird der komplette Originaltext bekanntgegeben.
Alternative: Die Lehrperson baut *Stolperwörter* in den Text ein, d.h. zusätzliche Wörter, die nicht in den Text hineingehören. Die S. werden aufgefordert, diese Stolperwörter durchzustreichen.

Didaktische Hinweise

Eine Variante ist, für die Textlücken auf dem Arbeitsblatt in zugeordneten Kästen jeweils mehrere Optionen anzubieten. Die S. haben dann die Aufgabe, durch intensive Prüfung des Textumfeldes die Plausibilität der Optionen zu erörtern und sich für eine der vorgeschlagenen Lösungen zu entscheiden. Die Argumente für die Entscheidung werden im Plenum vorgetragen.

Alternativen
■ Fälschung (S. 71)

Hinweise zur Weiterarbeit
■ Mündliche oder schriftliche Textanalyse

Literatur
Bernd Janssen: Kreative Unterrichtsmethoden. Braunschweig 2004, S. 20 f.

Textpuzzle *(Jumbled story/poem)*

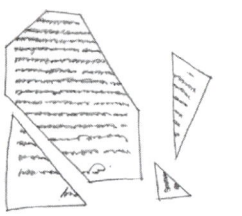

Sozialformen:	Partner-, Gruppenarbeit, Plenum
Dauer:	10 – 30 Min.
Medien:	Arbeitsblatt, Puzzleteile
Klassen:	ab 5

Didaktisches Potenzial

Die S. erfassen den inhaltlichen Aufbau eines Textes durch Rekonstruktion gedanklicher Zusammenhänge.

Sie setzen Teile eines ihnen unbekannten Textes zusammen und erfassen dabei dessen Sinnzusammenhang. Das Verfahren der Enträtselung macht sie auf spielerisch-kreative und intensive Weise mit der Textaussage vertraut und leitet die Textinterpretation ein.

Vorbereitungen

Die Lehrperson löst die Anordnung eines Textes auf. Dazu werden z. B. die Strophen oder Zeilen eines Gedichts in eine andere, unpassende Reihenfolge gebracht, ungeordnet auf einem Blatt arrangiert oder auseinandergeschnitten und dann als lose Schnipsel präsentiert. Auch Kurzgeschichten oder Sachtexte lassen sich in Abschnitte auflösen. Dasselbe gilt für die Wortfolge eines Zitats.

Ablauf

Die S. erhalten den zerlegten Originaltext, dessen Teile auf einem Arbeitsblatt in falscher Reihenfolge zu lesen sind. Ihre Aufgabe besteht darin, in Gruppen- oder Partnerarbeit die Bausteine des Textes genau zu prüfen und eine Reihenfolge festzulegen. Alle Entscheidungen sollen begründet werden. Die Ergebnisse werden im Plenum vorgetragen.

Variante I: In Gruppen von fünf bis acht S. erhält jeder auf einem Papierstreifen einen Auszug aus dem Ursprungstext. Jeder trägt den Inhalt seines Schnipsels vor; alle beraten dann, wie die richtige Reihenfolge der Textteile ist. Für einen Gesamtvortrag wird dann die Abfolge der Vortragenden festgelegt. In der Gruppe wird mit einem Vortrag des Gesamttextes geprüft, ob die gewählte Reihenfolge stimmig ist.

Variante II: Die Rekonstruktion des Textes in Gruppen wird stumm vorgenommen. Der zerstückelte Text wird in diesem Fall in Form eines Puzzles zur Verfügung gestellt, das auf der Tischplatte zusammengesetzt werden soll. Die S. müssen durch das Arrangieren von Puzzleteilen und das Zeigen von Wörtern oder Sätzen ihre Optionen den anderen plausibel machen. Diese Variante trainiert in besonderer Weise das Kooperationsverhalten.

Variante III: Im Rahmen eines der oben vorgestellten Verfahren wird zusätzlich ein Textelement vorgelegt, das nicht aus dem Ursprungstext stammt. Darüber können die S. informiert werden – oder auch nicht.

Variante IV: Die S. erhalten die Textschnipsel und prägen sich den Inhalt gut ein. Dann werden die Puzzleteile wieder abgegeben, die S. tragen die Inhalte mündlich vor und entscheiden auf dieser Basis über eine Reihenfolge der Textpassagen. Die Textaussage wird dann in dieser festgelegten Reihenfolge im Plenum mündlich wiedergegeben. Anschließend wird der Originaltext verlesen.

Variante V: Die Puzzleteile werden als Folien-Schnipsel mithilfe eines Tageslichtprojektors sortiert. Dabei machen einige S. im Plenum nacheinander Vorschläge zur Änderung des Arrangements, die jeweils von den Mits. auf ihre Schlüssigkeit hin geprüft werden. (Diese Variation eignet sich zur Rekonstruktion eines Gedichts, jedoch nicht für längere Prosa- oder Sachtexte.)

Didaktische Hinweise

Das Verfahren des Textpuzzles schließt an Bild-Puzzles an (vgl. die Methode „Puzzleteile" bei der Zusammensetzung von Zufallsgruppen, Methoden I, S. 68). In der Regel werden gedankliche Zusammenhänge der Textaussage im Verlauf des Verfahrens so gründlich erschlossen, dass nahezu alle S. bei einer nachfolgenden Analyse über passable Textkenntnisse verfügen.
Die Prozesslogik einer Textaussage ist bei Sachtexten oder Prosa in der Regel zwingend; bei Lyrik kann es zu Varianten kommen, die ebenfalls eine innere Schlüssigkeit aufweisen und nicht verworfen werden sollten.

Tipps zur Umsetzung

Das Verfahren kann manchmal nicht angewendet werden, weil einige S. den zu rekonstruierenden Text bereits kennen. Ist der Lehrperson dieser Sachverhalt früh genug bekannt, kann sie die bereits textkundigen S. bitten, ihr Wissen zunächst nicht preiszugeben. Im Sinne einer inneren Differenzierung erhalten diese S. dann eine andere Aufgabe (z. B. Entwerfen eines Flussdiagramms zu dem zu bearbeitenden Text; vgl. Methoden I, S. 160).

Alternativen
- Lückenfüllung (S. 134)
- Fälschung (S. 71)

Hinweise zur Weiterarbeit
- Mündliche Textanalyse
- Diskontinuierliche Umwandlung (S. 114)
- Lesebaum (S. 109)
- Spinnwebanalyse (S. 46)
- Schriftliche Interpretation

Literatur
Bernd Janssen: Kreative Unterrichtsmethoden. Braunschweig 2004, S. 20 ff.
Frank Müller: Lesetraining. Weinheim und Basel 2009, S. 34 ff. u. S. 75

Impuls-Lesen/Randmarkierungen

Als Methode des verstehenden Lesens trainiert die Antizipation, Textanfänge genau auf die Festlegungen hin zu untersuchen, die der Autor zu Beginn ! eines Textes getroffen hat und die aller Voraussicht nach für den weiteren Fortgang des Textes von Bedeutung ?! sein werden. Dabei können sowohl inhaltliche als auch strukturelle Festlegungen betrachtet werden. Bei diesem Verfahren aktivieren die Schüler zu- ?? nächst ihr Vorwissen und ihre Rezeptionsschemata, die sich in der Ausein-

Sozialformen:	Einzel-, Gruppenarbeit
Dauer:	20 – 30 Min.
Medien:	Textblatt
Klassen:	ab 5

Didaktisches Potenzial
Die S. registrieren während des Lesens differenziert ihre Reaktionen auf einen Text.
Sie machen sich zeitökonomisch Notizen zum Text und bereiten so ein Gruppengespräch über ihr Textverständnis vor.

Vorbereitungen und Ablauf
Das Verfahren setzt voraus, dass Texte kopiert vorliegen, damit sie markiert werden können. Die S. überfliegen den ihnen unbekannten Text zunächst. Anschließend lesen sie ihn noch einmal gründlich und versehen ihn dabei am Rand mit Markierungen, die spezifische Reaktionen auf den Text ausdrücken sollen:

1. Das war neu für mich. !
2. Das war mir bekannt. ✓
3. Das verstehe ich nicht. ??
4. Dazu will ich eine Frage stellen. ?!
5. Darüber möchte ich in der Gruppe sprechen. „…"

In kleinen Gruppen werden dann die verschiedenen Markierungen nacheinander aufgerufen und abgeglichen. Die Punkte 4 und 5 werden am ausführlichsten behandelt.

Didaktische Hinweise
Die S. leisten mit diesem Verfahren eine strukturierte Texterarbeitung in Selbststeuerung. Die Punkte 1 und 2 können in Gruppen schnell abgearbeitet werden. In den Bereichen 3, 4 und 5 kann die Gruppe versuchen, Klärungen herbeizuführen. Offene Fragen werden für ein anschließendes Plenum notiert und dort eingebracht. Bei diesem Verfahren handelt sich um eine Vorform der → Fünf-Schritt-Lesemethode.

Alternativen
▦ Schlüsselwörter (S. 78)

Hinweise zur Weiterarbeit
▦ Plenumsgespräch

Literatur
Astrid Müller/Ingrid Roebbelen: Verstehenshorizonte nutzen. In: Praxis Deutsch, H. 187, 2004, S. 32 – 34

Farbmarker

Sozialformen: Einzelarbeit
Dauer: 5 – 15 Min.
Medien: Textvorlage
Klassen: ab 5

Didaktisches Potenzial

Die S. lesen einen Text aktiv und handlungsorientiert, indem sie beim Lesen Textelemente nach vorher definierten Gesichtspunkten mit unterschiedlichen Farben markieren.

Vorbereitungen und Ablauf

Bei Klassenarbeiten, Klausuren usw. legen die S. mehrere Marker mit unterschiedlichen Farben bereit. Nach einem ersten Überfliegen des Textes bereiten sie das genaue Lesen des Textes systematisch vor, indem sie zunächst einige Gesichtspunkte definieren, denen Einzelaussagen des Textes zugeordnet werden sollen. In der Regel können sie sich dabei an der Aufgabenstellung der Klausur orientieren. Bei der Analyse eines Sachtextes können dies z. B. verschiedene Textebenen (These, Erläuterung, Beispiel) sein. Jedem Gesichtspunkt wird eine bestimmte Farbe zugeordnet; eine entsprechende Legende wird kurz auf dem Arbeitsblatt notiert, um die Übersicht zu gewährleisten und Verwechslungen zu vermeiden. Der Text wird dann durchgearbeitet und mithilfe der verschiedenen Farben sachlogisch gegliedert.

Didaktische Hinweise

Farbleitsysteme sind augenfälliger als andere Formen der Markierung wie Einkreisungen, Unterstreichungen, Unterschlängelungen usw. Den S. sollten helle Farben wie Gelb und Hellblau empfohlen werden, damit der markierte Text gut lesbar bleibt. Die Bearbeitung eines Textes mit Farbmarkern schafft für nachfolgende Schreibprozesse eine entlastende Situation. Das Farbleitsystem gibt die Möglichkeit, die in einem Interpretations- bzw. Analyseaufsatz darzustellenden Sachverhalte nacheinander in geordneter Weise abzuarbeiten und dabei gezielt auf Textelemente zuzugreifen.

Alternativen

- Impuls-Lesen/Randmarkierungen (S. 76)
- Schlüsselwörter (S. 78)
- Exzerpte (S. 115)
- Marginalien (S. 116 f.)

Hinweise zur Weiterarbeit

- Aufsatzformen wie der Interpretationsaufsatz oder die schriftliche Sachtextanalyse

Schlüsselwörter *(Keywords)*

Beispiel	**Sozialformen:** Einzel-, Partnerarbeit
Die Festlegung von Schlüsselwörtern ist ein wichtiges Verfahren auf dem Weg zur Textgliederung.	**Dauer:** 10 – 15 Min.
	Medien: –
	Klassen: ab 5

Didaktisches Potenzial

Die S. finden und markieren in einem Text die zentralen Begriffe.
Sie identifizieren die gedanklichen Schwerpunkte in einem Text und machen diese an möglichst wenigen Wörtern (Nomen) fest. Die S. organisieren so sinnentnehmendes Lesen.

Vorbereitungen und Ablauf

Die S. werden aufgefordert, nach einem ersten Lesedurchgang die wichtigsten Aussagen eines Textes herauszufinden. Dazu sollen nur *drei bis zehn Begriffe* markiert werden, die einen Schlüssel für das Verständnis des Textes bieten. Diese Schlüsselwörter sollen einheitlich (z. B. mit einer Farbe, durch Unterstreichung) markiert werden.

Didaktische Hinweise

Wenn man S. veranlasst, die wichtigsten Aussagen in einem Text zu unterstreichen, markieren sie nicht selten bis zur Hälfte aller Wörter. Es gelingt nicht, die Komplexität des Textes zu reduzieren und die Einzelaussagen in ihrer Wichtigkeit zu hierarchisieren.
Das Schlüsselwort-Verfahren mit seinen strengeren Vorgaben erzieht zur notwendigen Reduktion. Die Festlegung von Schlüsselwörtern ist ein wichtiges Verfahren auf dem Weg zur Textgliederung.
Ungeübte Leserinnen und Leser in der Lerngruppe können evtl. darauf hingewiesen werden, dass es sich bei Schlüsselwörtern in der Regel um Nomen handelt, weil mit ihnen Begriffliches besser ausgedrückt werden kann als z. B. mit Verben. Fällt den S. die Hierarchisierung von Aussagen insgesamt schwer, können zunächst Hilfestellungen gegeben werden wie: „Streiche Beispiele durch, auch wenn sie länger sind. In Beispielen findest du keine zentrale Aussage."
Liegt der Text digitalisiert vor, können Schlüsselwörter auch am PC markiert werden.

Alternativen	**Hinweise zur Weiterarbeit**
▨ Abschnittüberschriften	▨ Gegliederte Wiedergabe des Inhalts
▨ Lesebaum (S. 109)	▨ Konspekt (S. 106)
▨ Flussdiagramm (vgl. Methoden I, S. 160)	▨ Mindmap (vgl. Methoden I, S. 163)

Sinnabschnitte

Als Methode des verstehenden Lesens trainiert die Antizipation, Textanfänge genau auf die Festlegungen hin zu untersuchen, die der Autor zu Beginn eines Textes getroffen hat und die aller Voraussicht nach für den weiteren Fortgang des Textes von Bedeutung sein werden. / Dabei können sowohl inhaltliche als auch strukturelle Festlegungen betrachtet werden. Bei diesem Verfahren aktivieren die Schüler zunächst ihr Vorwissen und ihre Rezeptionsschemata, die sich in

Sozialformen: Einzelarbeit
Dauer: 5 – 15 Min.
Medien: Textvorlage
Klassen: ab 5

Didaktisches Potenzial
Die S. identifizieren in einem Text voneinander abgrenzbare Teilaussagen.
Sie machen im Text gedankliche Schritte fest und markieren die gedanklichen Übergänge.

Vorbereitungen und Ablauf
Die S. lesen einen Text aufmerksam durch und entscheiden – evtl. mithilfe vorher markierter ➔ Schlüsselwörter –, welche Aussagen sinngemäß zusammengehören und wo ein neuer gedanklicher Schritt eingeleitet wird. An diesen Stellen grenzen sie Textteile durch gut erkennbare Schräg- oder Querstriche voneinander ab.

Didaktische Hinweise
Die S. sollten darauf hingewiesen werden, dass Sinnabschnitte nicht immer mit den Absätzen eines Textes identisch sind. Vielmehr gehören oft mehrere Absätze zu einem Sinnabschnitt; andererseits kann ein Absatz auch mehrere Sinnabschnitte umfassen.
Die Abschnitte sollten insgesamt nicht zu kleinschrittig festgelegt werden.
Die Unterteilung in Sinnabschnitte ist auch sinnvoll, wenn einem S. ein Textverständnis insgesamt schwerfällt. Er sollte dann verstandene Abschnitte von unverstandenen trennen, das Verstandene durch Verfahren wie ➔ Konspekt gedanklich verarbeiten und sich dann auf die bislang unverstandenen Aussagen konzentrieren. Oft lässt sich so ein Leseverständnis herstellen (vgl. Schoenbach, S. 49).
Variante: Das Verfahren ist auch auf der Satzebene anwendbar: Die S. zerlegen komplexe Sätze in kleinere Abschnitte und gehen beim sinnerschließenden Lesen von Subjekt und Prädikat aus.

Alternativen
▨ Marginalien (S. 116)
▨ Abschnittsüberschriften
▨ Impuls-Lesen (S. 76)
▨ Flussdiagramm
  (vgl. Methoden I, S. 160)

Hinweise zur Weiterarbeit
▨ Inhaltsangabe

Literatur
Ruth Schoenbach u. a.: Lesen macht schlau. Berlin 2006, S. 49 ff. u. 115

Text-Index

Schlüsselwort	Beleg	Fund-stelle

Sozialformen: Einzel-, Partner-, Gruppenarbeit
Dauer: 10 – 20 Min.
Medien: –
Klassen: ab 7

Didaktisches Potenzial
Die S. erarbeiten die gedankliche Struktur eines Textes.
Sie identifizieren begriffliche Kerne der Textaussage und stellen diese indexartig zusammen.

Vorbereitungen und Ablauf
Die S. lesen einen – umfangreichen – Text zur Vorbereitung aufmerksam durch und verarbeiten ihn mit dem Verfahren ➜ Schlüsselwörter. Sie stellen dann in einer dreispaltigen Tabelle Aussagen des Textes systematisch zusammen, indem sie
- in einer ersten Spalte die gefundenen Schlüsselwörter notieren und auch weitere Begriffe, unter die sich Aussagen des Textes fassen lassen;
- in der zweiten, etwas breiteren Spalte dann kurz festhalten, was der Text zu den Schlüsselwörtern bzw. den gefundenen Zusatzbegriffen sagt, und
- in der dritten Spalte notieren, auf welchen Seiten bzw. in welchen Zeilen sich entsprechende Aussagen finden lassen.

Didaktische Hinweise
Den S. kann zunächst anhand eines Sachbuches mit Index gezeigt werden, wie sich ein längerer Text begrifflich gliedern lässt.
Bei der Arbeit mit diesem Verfahren tritt für die S. oft das Problem auf, dass sich Aussagen zu einem Schlüsselwort bzw. Begriff an mehreren Stellen des Textes finden lassen. Die S. erhalten deshalb den Hinweis, dass nach jedem Schlüsselwort bzw. Begriff einige Leerzeilen gelassen werden sollten, damit mehrere Textaussagen zugeordnet werden können. Wird der Text-Index am Computer erstellt, können jederzeit neue Zeilen ergänzt und die Stichwörter leicht alphabetisch sortiert werden.

Alternativen
- Marginalien (S. 116)
- Lesebaum (S. 109)
- Flussdiagramm (vgl. Methoden I, S. 160)

Hinweise zur Weiterarbeit
- Konspekt (S. 106)

Literatur
Robert Kleinschroth: Garantiert lernen lernen. Reinbek 2005, S. 92

Buchseitenquiz

Sozialformen: Plenum, Gruppenarbeit
Dauer: 5–10 Min.
Medien: Ziffernkarten
Klassen: 5–7

Didaktisches Potenzial

Die S. weisen zu einer Lektüre Textkenntnisse nach.
Zugleich bekommen sie Impulse, sich in Folgesituationen noch intensiver mit einem Text zu beschäftigen.

Vorbereitungen und Ablauf

Die Klasse wird in zwei, drei oder vier Gruppen aufgeteilt. Die Gruppen bekommen mehrere Sätze von Zahlenkarten mit Ziffern von null bis neun.
Die Lehrperson hat zu einer Reihe von Buchseiten einer Lektüre Fragen vorbereitet, die auf dort dargestellte Ereignisse, Mitteilungen, Beschreibungen etc. zielen. Die Fragen werden nacheinander gestellt, und unmittelbar nach jeder neuen Fragestellung suchen alle S. intensiv in ihren Lektüren, um die entsprechende Seite zu finden. Sobald diese ermittelt worden ist, nehmen je nach Höhe der Seitenzahl ein bis drei S. einer Gruppe je eine entsprechende Zahlenkarte in die Hand und laufen vor die Klasse. Die Gruppe, die als erste die richtige Seitenzahl vor der Klasse präsentieren kann, bekommt einen Punkt. Ist der Spielleiter – in der Regel die Lehrperson – mit einer Seitenzahl nicht (ganz) einverstanden, kann gewartet werden, welche Gruppe der eigentlich gemeinten Seite am nächsten kommt. Auch in diesem Fall wird ein Punkt vergeben. Dann beginnt die nächste Runde.

Didaktische Hinweise

Ein Quiz dieser Art lässt sich schnell vorbereiten. Die Überprüfungssituation wird spielerisch gestaltet, und eine Korrektur – z. B. eines schriftlichen Tests – entfällt. Die Prozesslogik des Spiels bewirkt, dass S. motiviert werden, Texte in Zukunft (noch) intensiver zu lesen, um für weitere Spielrunden gewappnet zu sein.

Alternativen

- Lückentest zur Kontrolle der Leseintensität
- Schriftliche Beantwortung von Testfragen
- Lesetagebuch (S. 64)

Hinweise zur Weiterarbeit

- Inhaltsangabe

Literatur

Theo Kaufmann: Lesen-Schreiben-Handeln. Würzburg 2003

Figuren-Rallye

Sozialformen:	Partnerarbeit, Plenum
Dauer:	ca. 10 Min.
Medien:	–
Klasse:	5 – 8

Didaktisches Potenzial
Die S. charakterisieren Figuren eines Dramas/Romans/Films spielerisch.
Sie entwickeln erste Schritte einer Interpretation.

Vorbereitungen und Ablauf
In Partnerarbeit stellen die S. für einen ausgewählten Charakter, der in einem Drama/Roman/Film eine zentrale Rolle spielt, charakterisierende Adjektive zusammen, die die Vielschichtigkeit des Charakters möglichst umfassend kennzeichnen. Dabei sollen die S. auch Adjektive suchen, die nicht in ihrem aktiven Wortschatz sind. Die Adjektive werden einzeln auf kleinformatigen Zetteln notiert. Auf der Rückseite wird jeweils der Name der zugehörigen Figur festgehalten.
Die Zettel werden eingesammelt, gemischt und mit den Adjektiven nach oben abgelegt. Die Klasse wird nun in zwei Gruppen geteilt. Für die erste beginnt eine dreiminütige Rallye. Ein Spieler der Gruppe läuft nach vorne. Der Spielleiter (Lehrperson) zeigt ihm verdeckt eines der charakterisierenden Adjektive, das er nun spontan pantomimisch umsetzen soll. Die eigene Gruppe ruft mögliche Lösungen in den Raum. Sobald jemand aus der Gruppe das Wort erraten hat, muss er die zugehörige Figur aus dem Drama/Roman/Film nennen. Bestimmt er diese richtig, läuft er nach vorne und lässt sich ein neues Adjektiv zeigen usw. Anschließend bekommt die zweite Gruppe ebenfalls drei Minuten Zeit, um möglichst viele Adjektive und die zugehörigen Figuren zu erraten. Die richtigen Nennungen werden laufend an der Tafel vermerkt. Weitere Durchgänge des Spiels sind möglich.

Didaktische Hinweise
Bei der Zusammenstellung der Adjektive können die S. evtl. auf ein → Charakterprofil zurückgreifen.

Alternativen
▨ Figuren-/Personen-Steckbrief (S. 93)
▨ Anspiel (S. 98)
▨ Figuren-Konferenz
   (vgl. Methoden I, S. 186)
▨ Figuren-Soziogramm (ebd., S. 188)

Hinweise zur Weiterarbeit
▨ Vorformen des
   Interpretationsaufsatzes

Lexikon

Als Methode des verstehenden Lesens trainiert die Antizipation. Textanfänge genau auf die Festlegungen hin zu untersuchen, die der Autor zu Beginn eines Textes getroffen hat und die aller Voraussicht nach für den weiteren Fortgang des Textes von Bedeutung sein werden. Dabei können sowohl inhaltliche als auch strukturelle Festlegungen betrachtet werden. Bei diesem Verfahren aktivieren die Schüler zunächst ihr Vorwissen und ihre Rezeptionsschemata, die sich in der Ausein- →

Sozialformen:	Einzel-, Gruppenarbeit
Dauer:	laufend während einer Lektüre
Medien:	evtl. Computer und Internet
Klassen:	ab 5

Didaktisches Potenzial
Die S. stellen zu einer Lektüre oder einem Film lexikonartig viele Fakten zusammen.
Sie definieren einzelne Stichwörter und machen hierzu kompakte Angaben.

Vorbereitungen
Die S. werden darauf vorbereitet, dass sie die Lektüre eines literarischen Textes intensiv durch Zusatzrecherchen begleiten sollen. Sie richten dazu eine Tabelle ein, in der in einer ersten Spalte Stichwörter eingetragen und in einer zweiten Spalte lexikonartige Einträge ergänzt werden. Richten die S. dazu eine Datei am PC ein, werden die Einträge am besten durch Tabulatoren abgesetzt.

Ablauf
Die S. legen nach der Lektüre der ersten Seiten eine erste Liste von Stichwörtern (Lemmata) an, zu denen sie in Lexikonart kurze Einträge formulieren. Die Einträge werden mit Seitenverweisen versehen. Im Fortgang der Lektüre werden Stichwortliste und Eintragungen laufend ergänzt. Stichwörter sind sinnvoll zu den folgenden *Kategorien:*
- zu im Text vorkommenden Figuren;
- zu im Text erwähnten Orten;
- zu im Text erwähnten ungewöhnlichen Gegenständen, zu denen Zusatzinformationen sinnvoll sind;
- zu Wörtern und Formulierungen, die die S. für erklärungsbedürftig halten;
- zum Autor und zu weiteren Werken des Autors;
- evtl. zu der Zeit, in der das Buch geschrieben wurde.

Das Lexikon kann arbeitsteilig erstellt werden, und zwar in der folgenden Weise (vgl. Spinner):
- Einzelne S. betreuen bestimmte Stichwörter und ergänzen Eintragungen, wenn neue Informationen auftauchen oder wenn sie selbst dazu weiter recherchiert haben (vgl. dazu Bibliotheksrecherche, Methoden I, S. 115 f., Index-Recherche, ebd., S. 107, Sachverständigenbefragung, ebd., S. 124 f., Operatorenabfrage im Internet, ebd., S. 128 f.; Web-Quest, ebd., S. 131 f.).
- Für die einzelnen Stichwort-Kategorien sind *Lektorate* zuständig, die jeweils aus mehreren S. bestehen. In diesen Lektoraten beraten sich die S. wechselseitig, ergänzen sich und überprüfen Texte der anderen.

- Eine *Zentralredaktion* bekommt laufend fertiggestellte Einträge, stellt sie alphabetisch zusammen und fügt evtl. ergänzende Verweise auf andere Stichwörter des Lexikons ein. Die Zentralredaktion druckt die Sammlung außerdem in zuvor bestimmten Abständen für alle anderen aus (z. B. insgesamt dreimal während des Lektüre- und Interpretationsprozesses).

Didaktischer Kommentar

Ein Lexikon dieser Art ersetzt das im traditionellen Unterricht übliche Beantworten von Verständnisfragen durch die Lehrperson bzw. das Nachschlagen im Anmerkungsapparat zu einer Schullektüre. Es regt die S. an, Text- und Hintergrundinformationen selbstständig zu erschließen. Das aktivierende Verfahren stärkt die Leselust und unterstützt zugleich das gründliche Lesen eines umfangreichen Textes, da die S. sich wie Detektive auf die Suche nach Zusatzinformationen begeben. Bei der Erstellung eines Lexikons zu einer Lektüre können die S. sich an vorhandenen Mustern orientieren. Verlage haben immer wieder Lexika zu einzelnen literarischen Werken publiziert (vgl. z. B. Michaelis 1983 oder Schneidewind 2000). Einbezogen werden können auch Internetseiten, die S. zu ihren Erfahrungen mit bestimmten Lektüren (z. B. zu „Harry Potter") eingerichtet haben.

Tipps zur Umsetzung

Die S. sollten darauf hingewiesen werden, dass alle Einträge in das Lexikon mit Verweisen auf Seiten der Lektüre versehen sein sollten, damit ein schnelles Auffinden der jeweiligen Bezugsstelle möglich ist.

Bei älteren und anspruchsvollen literarischen Texten, die viele Annotationen erfordern, kann auf vorhandene *Glossare* (Wörterbücher zur Erklärung altertümlicher, mundartlicher oder in anderer Weise unverständlicher Wörter) zurückgegriffen werden. Diese Glossare, die schulischen Lektüren oft beigefügt sind, können von den S. dann ergänzt werden.

Alternativen
- Text-Index (S. 80)
- Lesetagebuch (S. 64)
- Marginalien (S. 116)
- Diskontinuierliche Umwandlung (S. 114)

Hinweise zur Weiterarbeit
- „Herausgabe" von „annotierten" Seiten einer Lektüre durch die S.
- Buchseitenquiz (S. 81)
- Portfolio (vgl. Methoden I, S. 155 f.)
- Internet-Wissensdepot (ebd., S. 151 f.)
- Klassenarbeit/Klausur zur Lektüre

Literatur

Rolf Michaelis: Kleines Adressbuch für Jerichow und New York. Frankfurt/M. 1983 (zu Uwe Johnsons Roman „Jahrestage")

Friedhelm Schneidewind: Das ABC rund um Harry Potter. Berlin 2000

Kaspar H. Spinner: Ein Lexikon zum Buch. Eine Anregung zum Leseunterricht. In: Praxis Deutsch. Sonderheft. Methoden & Arbeitstechniken Klassen 5 – 7, hrsg. von Tilman von Brand. Seelze 2010, S. 70 f.

Rezension *(Book review/Film review)*

www.lesebar.uni-koeln.de
www.lesepunkte.de

Sozialformen:	Einzelarbeit
Dauer:	30 – 90 Min.
Medien:	–
Klassen:	ab 9

Didaktisches Potenzial

Die S. stellen in kompakter Form ein literarisches Werk oder einen Film vor und werten es/ ihn; dabei verarbeiten sie ihre Hintergrundkenntnisse.
Sie teilen in sprachlich ausgefeilter Weise wichtige einordnende Fakten mit und messen das Werk mithilfe offen ausgewiesener Kriterien.

Vorbereitungen

Zur ersten Information können die S. sich im Internet unter einschlägigen Adressen wie www.literaturkritik.de, www.libri.de (unter Extras/Rezensionen schreiben) oder www.lesen-in-deutschland.de kundig machen, was unter einer Rezension zu verstehen ist. Hingewiesen werden kann auch auf das Projekt „Lesebar" (s.o.), eine Internet-Rezensionszeitschrift für Kinder- und Jugendliteratur der Arbeitsstelle für Leseforschung und Kinder- und Jugendliteratur der Universität Köln (ALEKI).
Die S. recherchieren dann alle Daten, die für ihre Rezension von Belang sein könnten (s. Ablauf), und lesen bzw. betrachten einige vergleichbare Werke. Dabei können Verfahren wie Bibliografieren (vgl. Methoden I, S. 104), Index-Recherche (ebd., S. 107), Bibliotheksrecherche (ebd., S. 115 f.), Sachverständigenbefragung (ebd., S. 124 f.), Operatoren-Abfrage im Internet (ebd., S. 128 f.) und Portfolio (ebd., S. 155 f.) sinnvoll genutzt werden. Auf dieser Basis stellen die S. eine Liste von *Kriterien* zusammen, nach denen der von ihnen erarbeitete literarische Text bzw. der Film gewertet werden soll.

Ablauf

Die S. schreiben einen zugleich informierenden und wertenden Text, der möglichst viele der folgenden Elemente enthält:

- Angaben zu Autor und Titel des Werkes, Verlag, Erscheinungsort und -jahr;
- Einordnung des Werkes in ein Genre und in die jüngste Entwicklung dieses Genres;
- Angabe des Themas;
- kurze Inhaltsangabe oder zumindest Einblicke in den Inhalt;
- Darstellung der mit dem Werk vermittelten Botschaft an den Leser/Betrachter;
- Auseinandersetzung mit der Art und Weise, wie der Autor/die Autorin bzw. der Regisseur/die Regisseurin mit dem dargestellten Problem umgeht und welche Lösung er/sie anbietet;
- persönliche Wertung des Werkes (Benennung von Schwächen und Stärken anhand ausgewiesener Kriterien).

Didaktischer Kommentar

Eine Rezension (von lat. recensio = Musterung, recensere = prüfend betrachten), oft auch *Kritik* (Filmkritik, Theaterkritik) genannt, behandelt im Feuilleton einer Zeitung oder an anderer Stelle ein aktuelles kulturelles Ereignis (meist eine Buchpublikation oder einen neuen Film). Dargestellt wird über die Wiedergabe werkbezogener Fakten hinaus immer auch die subjektive Meinung des Rezensenten/der Rezensentin; er/sie äußert sich zur Qualität des vorgestellten Werkes. Dabei sollen die angelegten Wertmaßstäbe nachvollziehbar und transparent sein. Die Sprache der Rezension ist in der Regel am Gegenstand der Besprechung und an der Adressatengruppe ausgerichtet.

Rezensionen von S. für S. sind ein besonders geeignetes Instrument der Leseförderung; zunehmend wird dabei das für Jugendliche interessante Medium des Internets genutzt (s. die oben aufgeführten Adressen). In dem Projekt „lesepunkte" arbeiten dabei Jugendliche, Schulen, eine Universität und Jugendbuchverlage zusammen. Aus der Sicht von S. ist eine Rezension allerdings ein anspruchsvolles Vorhaben, da den S. in der Regel mehrere vergleichbare Gegenstände der Wertung bekannt sein sollten. Sie sollten zudem über ein angemessenes Fachwissen verfügen; denn nur so können Bezüge hergestellt werden, die deutlich machen, dass der Rezensent keine beliebigen Urteile gefällt hat.

Tipps zur Umsetzung

Die S. können darauf hingewiesen werden, dass die bibliografischen Angaben zu einem Buch – bzw. die filmografischen Informationen zu einem Film – in Zeitungsrezensionen oft aus dem Text herausgestellt und fett gedruckt werden, um dem Leser eine schnelle Information über das besprochene Werk zu erlauben.

Im Englischunterricht könnten die Aufgaben folgendermaßen lauten:

- „Give the author's name, the title of the book, place and date of its publication, and the publisher's name.
- State what kind of book it is (novel, drama, etc.). State its topic or theme.
- Give a short outline of what happens in the book showing the development of e.g. a problem or a conflict, its solution and its impact on the character(s).
- Put the book in a wider context, discuss the problem and relate it to a specific readership.
- Explain why you like or do not like it, what it does (not) deal with, why you would recommend or not recommend it, etc." (Hinz, S. 115).

Alternativen

- Smileys (S. 87)

Hinweise zur Weiterarbeit

- Interpretationsaufsatz mit Wertung
- Facharbeit
- Lesescouts (S. 56)

Literatur

Gerd Brenner (Hrsg.): Fundgrube Deutsch. Neue Ausgabe. Berlin 2006, S. 211
Klaus Hinz (Hrsg.): Discover …
The World around you. Paderborn 2001, S. 115

Smileys *(Smileys)*

Sozialformen:	Plenum, Einzel-, Partnerarbeit
Dauer:	1 – 2 Min.
Medien:	evtl. Smiley-Punkte
Klassen:	ab 5

Didaktisches Potenzial
Die S. bewerten Aspekte eines Textes mithilfe von Symbolen.
Dabei wird jeder veranlasst, sich beurteilend zu verschiedenen Aspekten zu äußern.

Vorbereitungen und Ablauf
Die S. stellen – evtl. mithilfe der Lehrperson – *Aspekte* eines Textes wie Figuren, Handlung, Sprache, Spannung, Textlänge etc. zusammen. Zu jedem Aspekt wird in verschiedenen Bereichen des Klassen- bzw. Kursraums ein Blatt Papier ausgehängt, auf das die S. in einem Rundgang je nach persönlichem Urteil eines der folgenden Gesichter malen:

(Sehr) gut gelungen.   *Gemischter Eindruck.*   *Fand ich nicht gut.*

Alternativ können von der Lehrperson Haft-Smileys mitgebracht werden, die nur noch aufgeklebt werden müssen.
Nach dieser spontanen Beurteilung werden die Ergebnisse zu allen bewerteten Aspekten nacheinander im Plenum hochgehalten und herumgezeigt. Es folgt jeweils ein kurzes Gespräch, warum das Ergebnis so ausgefallen ist.

Didaktische Hinweise
Smileys (von engl. to smile = lächeln) sind den S. unter anderem aus dem Internet (E-Mails) bekannt und können ohne lange Erklärung eingesetzt werden. Bei diesem Spontanverfahren neigen einige S. dazu, sich Trends, die sich auf den Bewertungsblättern abzeichnen, anzuschließen.

Alternativen
▦ Votumei (vgl. Methoden I, S. 297)

Hinweise zur Weiterarbeit
▦ Rezension (S. 85)
▦ Schriftliche Wertung als Teil eines Interpretationsaufsatzes

4 Texte verstehen

Untersuchungsverfahren

- Charakterprofil 89
- Figurenpate 91
- Figuren/Personen-Steckbrief 93
- Vier Ohren 94
- W-Fragen 96

Gesprächs- und Inszenierungsverfahren

- Abhören 97
- Anspiel 98
  Fragend-entwickelndes Verfahren 38
- Gewissenskonflikt 99
- Lautes Denken 100
- Standbild 102
- Szenisches Interpretieren 103

Texte verstehen

Grafisch unterstützende Verfahren

- *Figurenkonstellation (Methoden I, 187)*
- *Flussdiagramm (Methoden I, 160)*
- Historisches Balkendiagramm 105
- Konspekt 106
- Kontrast-Cluster 108
- Lesebaum 109
- *Matrix (Methoden I, 169)*
- *Mindmap E (Methoden I, 163)*
- *Spinnwebanalyse 46*

Charakterprofil

Sozialformen:	Partner-, Gruppenarbeit
Dauer:	20 – 40 Min.
Medien:	Arbeitsblatt
Klassen:	ab 7

Didaktisches Potenzial

Die S. kennzeichnen Charaktereigenschaften einer Figur/Person präzise.
Sie erweitern ihren Wortschatz im Bereich der Personencharakterisierung.

Vorbereitungen

Die S. erhalten eine Liste mit charakterisierenden Adjektiven. Diese umfasst verschiedene
Kategorien, z. B. (nach Brenner, S. 30 ff.):

Persönliche Dynamik:

aktiv/tatkräftig/rege/energisch/tüchtig	lethargisch/passiv/antriebslos/träge
beharrlich/ausdauernd/ hartnäckig	willensschwach
anspruchsvoll	anspruchslos/bescheiden
gierig/begehrlich/lüstern	zufrieden
leichtsinnig/leichtfertig	kontrolliert
draufgängerisch	vorsichtig/umsichtig
ehrgeizig/strebsam	resigniert
erfolgreich	gescheitert/erfolglos

Gemütslage:

leidenschaftlich/lebhaft/ temperamentvoll	phlegmatisch/leidenschaftslos
ausgeglichen/beherrscht/besonnen	cholerisch/launenhaft/aufbrausend
heiter/vergnügt/fröhlich	melancholisch/schwermütig/missmutig

Selbstbewusstsein:

selbstständig/autonom	unselbstständig/abhängig
nervenstark	schreckhaft/nervenschwach
mutig/tapfer	feige/hasenherzig
selbstbewusst/selbstsicher/rebellisch	unterwürfig/willfährig/unsicher

Moralische Ausrichtung:

charakterfest/charakterstark	charakterlos
integer	verdorben
tugendhaft	verlottert
ehrlich/aufrichtig	verlogen/unehrlich
pflichtbewusst	pflichtvergessen

Soziale Aspekte:

gesellig	einzelgängerisch/vereinsamt
ausgleichend/integrierend	entzweiend/zersetzend/spalterisch
offen/offenherzig	verschlossen/hinterhältig/intrigant
neidisch/missgünstig	gönnerhaft
bescheiden	angeberisch/selbstherrlich/arrogant
gnadenlos	mitleidig
aufgeschlossen/verständnisvoll	engstirnig/kleinlich/borniert
großzügig/freigebig	knauserig
freundlich/liebenswürdig/nett	unfreundlich/garstig
friedlich	aggressiv/feindselig
empfindsam/gefühlvoll/sentimental	unsentimental/empfindungslos

Ablauf

Die S. erhalten den Auftrag, die Liste charakterisierender Adjektive durch weitere Adjektiv-Oppositionen zu ergänzen. Anschließend arbeiten sie die Liste für eine literarische Figur oder für eine zu charakterisierende Person aus der realen Lebenswelt durch und unterstreichen passende Adjektive. Handelt es sich um die Charakterisierung einer literarischen Figur, werden zu den unterstrichenen Charaktereigenschaften im Text Belegstellen gesucht. Im Falle einer (lebenden) Person werden Verhaltensbeispiele benannt. Die Gruppenergebnisse werden abschließend im Plenum vorgetragen.

Didaktischer Kommentar

Charakterprofile dienen u. a. dazu, S. mit dem Beschreibungsvokabular vertraut zu machen, das sie für Charakterisierungen literarischer Figuren oder auch von Filmfiguren benötigen. Durch ein aktives Anlegen ausführlicher Adjektiv-Listen (s. o.) wird ihr Vokabular auf Dauer vielschichtiger. Zugleich erschließen sich den S. mit solchen Listen weitere Dimensionen literarischer Figuren.

Tipps zur Umsetzung

Wenn mehrere Figuren charakterisiert werden sollen, können die Adjektive in verschiedenen Farben markiert bzw. jeweils herausgeschrieben werden. Beim Erstellen bzw. Ergänzen von Adjektiv-Listen sind Synonym-Wörterbücher hilfreich.

Alternativen

- Figuren-/Personen-Steckbrief (S. 93)

Hinweise zur Weiterarbeit

- Figurenbiografie (S. 126)
- Schriftliche Charakterisierung
- Figurenäußerung (S. 124)

Literatur

Gerd Brenner: Kurzprosa: Kreatives Schreiben und Textverstehen. Berlin 2000, S. 30 – 32
Dudenredaktion (Hrsg.): Duden. Das Synonymwörterbuch. 5. Aufl., Mannheim 2010

Figurenpate *(Adoption/Shadowing)*

Sozialformen: Einzelarbeit
Dauer: laufend bei der Lektüre
Medien: –
Klassen: ab 5

Didaktisches Potenzial

Die S. lesen und verstehen einen literarischen Text aus der Sicht einer Figur.
Sie begleiten diese Figur durch das literarische Geschehen und halten Eindrücke und
Erkenntnisse schriftlich fest.

Vorbereitungen

Zu Beginn einer längeren Lektüre (Drama, Roman, Novelle) oder einer Filmanalyse erhalten
die S. den Auftrag, sich eine der in dem Werk vorgestellten Figuren als „Patenkind" auszu-
suchen. Dabei sollte darauf geachtet werden, dass alle wichtigen Rollen einen „Paten"
finden. In größeren Lerngruppen müssen Rollen mehrfach besetzt werden.

Ablauf

Die S. sollen beim Lesen der Ganzschrift dann ein besonderes Augenmerk auf diese Figur
richten und alles Geschehen aus ihrer Perspektive wahrzunehmen versuchen. Sie sollen
Abläufe aus der Sicht der Figur so intensiv wie möglich miterleben. In regelmäßigen Abständen bzw. an wichtigen Stellen der Handlung sollen sie sich um ihre Figur kümmern
und deren Sicht der Ereignisse schriftlich festhalten. Dazu erhalten die S. mehrmals Hinweise, welche ➜ Figuräußerungen in Ich-Form möglich sind. Angeregt werden können
hier folgende Verfahren: ➜ Traumkette, ➜ Tagebucheintrag, ➜ Innerer Monolog, ➜ Biografischer Kompass, ➜ Figureneinkleidung, ➜ Rückerinnerung, ➜ Rückwärtsgeschichte
oder ➜ Anschlusstext.
Variante: Die Figur wird nicht mithilfe von Empathie erschlossen, sondern aus kritischer
Distanz detektivisch beobachtet *(Shadowing).* Dabei können nicht-empathische Verfahren
eingesetzt werden, z. B. ➜ Regieanweisung, ➜ Charakter-Profil, ➜ Botenbericht oder
➜ Teichoskopie.

Didaktischer Kommentar

Figurenpate – auch *Rollenpatenschaft* oder *Figurenbegleiter* genannt – ist ein Verfahren
aus dem Bereich der *while reading activities,* die die Motivation zum Weiterlesen stabilisieren bzw. steigern. Insbesondere bei problematischen Figuren erfordert die Methode allerdings ein besonderes Einfühlungsvermögen bzw. trägt dazu bei, die Fähigkeit zur Empathie weiterzuentwickeln. Während der Lektüre sollten die S. immer wieder Aufträge (s. o.)
erhalten, die ihre Patenschaft beleben.

Die Äußerungen, die S. der literarischen Figur zuschreiben, können

- an eine andere Figur gerichtet sein (Verfahren der → Figurenäußerung wie z. B. Brief an eine andere Figur, Abschiedsbrief oder Telefonat) oder
- der Selbstverständigung der Figur dienen (z. B. → Innerer Monolog).

Tipps zur Umsetzung

Zu dem Verfahren finden sich in der Fremdsprachendidaktik u. a. die folgenden Aufgabenstellungen:

„There are several occasions when your person might need to speak his or her mind to some of the other persons, or where a phone call would be a good idea. Your person could also feel the urge to write a letter to someone. Whenever you come across such a passage, invent such a text! You are expected to have at least one letter written!" (Schallhorn/Peschel, S. 29).

„Your person keeps a diary. So after each chapter, or even right after an interesting event, take notes. You should show in this way that you have covered the main facts of the novel" (ebd.).

„Always be prepared to be your person's mouthpiece. When your person is asked to take part in a discussion or is in trouble and has to defend himself or herself, speak up for him or her and have good arguments ready to deliver. When doing so, make sure that you follow your person's actions and reflect on the reasons for him or her to behave in the given way" (ebd.).

Alternativen
- Figuren-/Personen-Steckbrief (S. 93)
- Figurenbiografie (S. 126)
- Perspektivisches Schreiben (S. 164)

Hinweise zur Weiterarbeit
- Identifikationskreis (S. 130)
- Lesebaum (S. 109)
- Schriftliche Charakterisierung einer Figur

Literatur
Karola Schallhorn/Alexandra Peschel:
Method Guide. Paderborn 2004, S. 28 – 30

Figuren/Personen-Steckbrief

Woyzeck	
Alter	
Größe	
Gestalt	

Sozialformen: Einzel-, Partnerarbeit
Dauer: 10 – 15 Min.
Medien: –
Klassen: ab 5

Didaktisches Potenzial
Die S. fassen wichtige Textaussagen zu einer Person bzw. Figur stichpunktartig zusammen.
Das Verfahren stützt eine komplexitätsreduzierende Texterschließung. Die S. trainieren, die Gesamtaussage eines Textes gedanklich zu gliedern und Informationen nach bestimmten Vorgaben systematisch darzustellen. Sie erfassen so die Sinnstruktur eines Textes.

Vorbereitungen und Ablauf
Die S. erhalten die Aufgabe, Informationen zu einer Person (Sachtext) oder einer Figur (literarischer Text, Film) in Tabellenform zusammenzustellen. Sie arbeiten den Text Schritt für Schritt durch und entnehmen ihm alle Informationen, sie sich in eine Tabelle der folgenden Art einordnen lassen:

Geschlecht Alter Größe Gestalt Gesichtsform Augen- und Haarfarbe besondere äußere Merkmale Kleidung besondere Verhaltensweisen	 z. B. kräftig, schlank, untersetzt, zierlich z. B. rund, länglich, breit, eckig, knochig z. B. Narben, Sommersprossen z. B. beschwingter Gang

Didaktische Hinweise
In den Klassen 5 und 6 kann ein Steckbrief auch zu Tieren bzw. Tierarten angefertigt werden (z. B. nach folgenden Gesichtspunkten: Tierfamilie, Vorkommen, Größe, Gewicht, Farbe, sonstige körperliche Merkmale, Ernährung, Besonderheiten des Verhaltens).

Alternativen
▪ W-Fragen (S. 96)
▪ Sitzproben (S. 33)

Hinweise zur Weiterarbeit
▪ Figuren-/Personen- bzw. Tierbeschreibung

Vier Ohren *(Four ears model)*

Sozialformen: Einzel-, Partner-, Gruppenarbeit und Plenum
Dauer: 5 – 15 Min.
Medien: Arbeitsblatt
Klassen: ab 7

Didaktisches Potenzial

Die S. erschließen sich die Bedeutungsebenen von Dialogen.
Sie erarbeiten Dialoge in dramatischen Texten bzw. Filmen oder die Figurenrede in erzählenden Texten intensiv, indem sie prinzipiell vier Ebenen (Sachinhalte, Beziehungsbotschaften, Appelle und Selbstoffenbarungen von Sprecherinnen und Sprechern) unterscheiden und damit eine Äußerung vielschichtig erschließen.

Vorbereitungen

Die S. sollten darüber informiert sein (werden), dass man in einem Nachrichtenmodell zwischen Sender, Empfänger und Nachricht (Sachebene) unterscheiden kann. Rekapituliert bzw. erstmals vorgestellt werden kann dann mithilfe der Tafel oder durch die Präsentation einer Folie die aus der Kommunikationslehre bekannte Unterscheidung zwischen:

- Sachinhalt (worüber der Sender informiert),
- Beziehungsbotschaft (wie der Sender den Empfänger persönlich sieht und wie er sein Verhältnis zu ihm sieht),
- Selbstoffenbarung (was der Sender über sich selber verrät) und
- Appell (was der Sender beim Empfänger bewirken möchte).

Aus einem Dialog wird dann eine bestimmte Äußerung ausgewählt, die eingehend analysiert werden soll.

Ablauf

Die S. werden angeregt, sich in die Person/Figur hineinzuversetzen, die im Dialog gerade angesprochen worden ist. Für die Detailanalyse dieser Äußerung erhalten sie dann die folgenden *Wahrnehmungsstützen:*

- Ich bin das Ohr, das hört, worüber du mich informieren willst.
  Ich höre hier ...   SACHINHALT
- Ich bin das Ohr, das hört, was du über mich persönlich und
  deine Beziehung zu mir sagst.
  Ich höre hier ...   BEZIEHUNGSBOTSCHAFT
- Ich bin das Ohr, das hört, was du über dich persönlich sagst.
  Ich höre hier ...   SELBSTOFFENBARUNG
- Ich bin das Ohr, das hört, wozu du mich bewegen willst.
  Ich höre hier ...   APPELL

Vor die vier Wahrnehmungsstützen können evtl. vier Ohren gezeichnet werden.
Die S. führen die angefangenen Sätze jeweils fort.

Didaktischer Kommentar

Friedemann Schulz von Thun u. a. weisen darauf hin, dass jede Nachricht im Prinzip viele
Botschaften gleichzeitig enthält; Schulz von Thun typisiert sie mithilfe des Vier-Ohren-Modells, mit dem er die vier Ebenen des Sachinhalts, der Selbstoffenbarung, der Beziehungs-
definition und des Appells kennzeichnet. Diese Differenzierung ist in allen Texter-
schließungssituationen, in denen es um Äußerungen realer Personen (Sachtexte) oder
fiktiver Figuren (literarische Texte) geht, sehr hilfreich. Oft nehmen S. bei solchen Äußerungen nur die *dominante* Äußerungskomponente wahr. Mithilfe des Vier-Ohren-Modells
kommen sie weiteren Anteilen der Äußerung auf die Spur, die in ihr angelegt sind, die aber
durch Interpretation bzw. genaue Analyse des Situationszusammenhangs zunächst noch
erschlossen werden müssen.
Die S. können darauf hingewiesen werden, dass die zu untersuchenden Personen/Figuren
– wie Menschen im realen Leben – die vier Ebenen einer Nachricht oft sehr unterschiedlich
intensiv wahrnehmen und dass es aufgrund dieser Tatsache oft zu Kommunikations-
störungen kommt, die selten im Horizont dieser Kommunikationen selbst, sondern in der
Regel nur durch Metakommunikation (Kommunikation über die Kommunikation; Wechsel
auf eine andere Ebene) bewältigt werden können.

Tipps zur Umsetzung

Variante: Die vier Wahrnehmungsstützen werden auf Moderationskarten geschrieben, die
arbeitsteilig von vier verschiedenen Gruppen in der Klasse/im Kurs im Hinblick auf eine Fi-
guren-/Personenäußerung ergänzt werden. Die vier Wahrnehmungsebenen der Äußerung
werden dann erst im Plenum zusammengefügt bzw. hintereinander verlesen, wobei es oft
zu interessanten Konstellationen kommt.
Weitere Variante: Untersucht wird ein kurzer Dialogausschnitt aus einem Drama. In diesem Fall wird die Klasse/der Kurs in Gruppen unterteilt. Jede Gruppe untersucht den Dialogausschnitt aus der Sicht einer der beteiligten Figuren, und zwar mit allen „vier Ohren".

Alternativen

- Rollenspiel (vgl. Methoden I, S. 146)
- Subtexte (ebd., S. 190)
- Figuren-Konstellation (ebd., S. 187)

Hinweise zur Weiterarbeit

- Szenisches Interpretieren (S. 103)
- Figurencharakterisierung
- Interpretationsaufsatz

Literatur

Friedemann Schulz von Thun: Miteinander
reden. 3 Bde., Reinbek 1981 ff.
Friedemann Schulz von Thun: Miteinander
reden: Fragen und Antworten, Reinbek
2007
Christina Zitzmann: Alltagshelden.
Schwalbach/Ts. 2004, S. 65 ff. u. 83 ff.

W-Fragen

Wer?

Was?

Wie?

Wo?

Wann?

Warum?

Sozialformen:	Einzel-, Partnerarbeit
Dauer:	10 – 15 Min.
Medien:	Arbeitsblatt
Klassen:	ab 5

Didaktisches Potenzial

Die S. entnehmen einem Text aspektorientiert einige Basisinformationen.
Mithilfe eines standardisierten Verfahrens trainieren die S., Texte gedanklich zu erschließen und zu gliedern. Sie eignen sich so eine Basismethode der Texterarbeitung an.

Vorbereitungen und Ablauf

Die S. erhalten die Aufgabe, einen Text mithilfe der oben aufgelisteten Fragen zu untersuchen. Dies erfolgt in vier Schritten:

1. Die S. verschaffen sich einen ersten Überblick über den Text.
2. Sie erhalten dann ein Arbeitsblatt, auf dem die W-Fragen aufgeführt und jeweils mit einigen Schreiblinien versehen sind.
3. Die S. markieren im Text dann Wörter, die Antworten auf die W-Fragen geben.
4. Die Informationen werden aus dem Text in das Arbeitsblatt übertragen. Dabei werden ganze Sätze formuliert.

Didaktische Hinweise

W-Fragen sind ein erstes, einfaches Verfahren der Texterschließung, das sich in leistungsdifferenzierten Arbeitsprozessen besonders an leistungsschwächere S. richtet.
Wird mit Lehrbüchern gearbeitet, die an die S. nur ausgeliehen wurden, in denen also nichts markiert werden kann, können die S. Folien erhalten, die über den zu bearbeitenden Text gelegt werden. Darauf können dann mit wasserlöslichen Stiften Markierungen angebracht werden.
In der Deutschdidaktik werden W-Fragen auch im Beschreibungstraining eingesetzt.
Oft wird darauf hingewiesen, dass Zeitungsredakteure die W-Fragen nutzen, um nach dem sog. *Lead-Stil* die Einleitung eines Zeitungsberichts zu gestalten.

Alternativen

▨ Konspekt (S. 106)
▨ Lesebaum (S. 109)
▨ Flussdiagramm (vgl. Methoden I, S. 160)

Hinweise zur Weiterarbeit

▨ Inhaltsangabe
▨ Bericht

Abhören

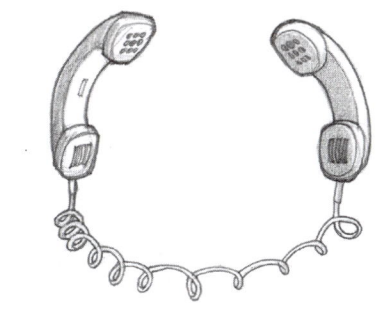

Sozialformen: Partnerarbeit, Plenum
Dauer: 5 – 10 Min.
Medien: –
Klassen: ab 5

Didaktisches Potenzial
Die S. entwickeln redend Interpretationsideen zu einem literarischen Text.
Sie arbeiten sich dialogisierend in eine Interpretationsaufgabe hinein.

Vorbereitungen und Ablauf
Sechs bis zwölf S. beteiligen sich an diesem Verfahren. Diese S. ordnen sich im Klassen-/
Kursraum paarweise einander zu und bleiben auf ihren Plätzen sitzen. Zu einer vorher definierten Interpretationsaufgabe beginnen die Paare dann gleichzeitig und lautstark einen
Dialog in Form eines Telefongesprächs. Dabei versuchen sie unterschiedliche Interpretati-
onsansätze abzuwägen. Auf ein Signal der Lehrperson oder eines Spielleiters hin (z. B.
Klopfen an der Tafel) verstummen alle sofort und nur ein Paar, auf das gezeigt wird, redet
weiter. Das nächste Signal gibt das Telefongespräch wieder für alle beteiligten Paare frei,
bis eine neue Unterbrechung eintritt und ein anderes Paar allein übrig bleibt. Die Ge-
sprächsserie endet, wenn das letzte Paar „abgehört" worden ist.

Didaktische Hinweise
Das Verfahren ermöglicht es S., sich erst gemeinsam „frei" zu sprechen, bevor sie dann In-
terpretationsideen einzeln vortragen. In den Phasen, in denen alle reden, können auch
Ideen anderer Paare aufgeschnappt und weiterentwickelt werden.
Bei der Zuordnung sollten sich Paare finden, die nicht nebeneinander, aber auch nicht zu
weit voneinander entfernt sitzen.

Alternativen
▦ Szenisches Interpretieren (S. 103)
▦ Anspiel (S. 98)
▦ Lautes Denken (S. 100)

Hinweise zur Weiterarbeit
▦ Schriftliche Fixierung von
  Interpretationsthesen

Literatur
Josef Broich: Sprechen, hören, streiten.
Köln 2002, S. 83

Anspiel

Sozialformen: Gruppenarbeit, Plenum
Dauer: 1–3 Min.
Medien: –
Klassen: ab 5

Didaktisches Potenzial
Die S. entwickeln spontan die szenische Umsetzung einer (literarischen) Situation.
Sie denken sich mit verteilten Rollen in einen vorgegebenen Handlungskern hinein,
gestalten ihn aktional aus und gelangen so zu Interpretationsansätzen.

Vorbereitungen und Ablauf
Die S. erhalten die Aufgabe, sich in Gruppen zu einer vorgegebenen Situation, die einem
literarischen Text oder einem Sachtext entnommen sein kann,
- eine Verteilung von Rollen zu überlegen,
- mit dieser Rollenaufteilung vor die Klasse/den Kurs zu treten und
- spontan eine dialogische Handlung zu entwickeln, in der die im Text vorgegebene
  Situation in wenigen Minuten möglichst intensiv erschlossen werden soll.

Anspiele können von mehreren Gruppen als Alternativen vorgeführt und dann im Klassen-
bzw. Kursplenum ausgewertet werden.

Didaktische Hinweise
Diese Sonderform des → Szenischen Interpretierens setzt anders als das Rollenspiel
(vgl. Methoden I, S. 146 f.) keine zeitaufwändige Vorbereitung voraus. Wichtig ist, dass die
S. zunächst keine langen Überlegungen anstellen, sondern sich auf die Entwicklung von
Ideen im Handlungsprozess und auf ihr spielerisches Erkundungsvermögen verlassen,
bevor erst im zweiten Schritt eine gründliche Reflexion einsetzt.

Alternativen
- Fragend-entwickelndes Verfahren
  (S. 38)
- Aquarium (vgl. Methoden I, S. 204)
- Lawinengespräch (ebd., S. 214)

Hinweise zur Weiterarbeit
- Textanalyse/-interpretation

Literatur
Gerd Brenner: Methodentraining:
Projekt Medien und Meinungsbildung.
Berlin 2002, S. 12 u. 17

Gewissenskonflikt *(Good angel – bad angel)*

Sozialformen:	Partnerarbeit
Dauer:	3 – 10 Min.
Medien:	–
Klassen:	ab 5

Didaktisches Potenzial

Die S. stellen den inneren Konflikt einer literarischen Figur oder Filmfigur szenisch dar.
Sie agieren den Konflikt durch Übertragung auf zwei widerstreitende Figuren aus.

Vorbereitungen und Ablauf

Die S. wählen in einem literarischen Text eine Konfliktsituation aus, in der eine literarische
Figur nicht leicht eine Lösung finden kann. Sie übertragen diesen Gewissenskonflikt dann
auf zwei Figuren, die gegeneinander argumentieren und die beiden Gewissensseiten darstellen. Beide Seiten äußern sich in Ich-Form. Eine Präsentation kann in einem schriftlich
fixierten Dialog vorbereitet werden.
Variante: Die Figur wird von zwei weiteren Figuren, einem „Engel/good angel" und einem
„Teufel/bad angel", mit Argumenten und Handlungsaufforderungen bedrängt. Sie muss
sich am Ende dann für eine der beiden Seiten entscheiden und die Entscheidung begründen.
Mögliche Aufgabenstellung im Englischunterricht: „You and your partner should write a
'conversation of conscience' and later perform it (as if she was speaking to either her *alter
ego* or her reflection in the mirror). You can also pretend that your conscience is being
attacked by a bad angel. The good angel has to fight against the great temptation"
(nach Schallhorn/Peschel, S. 42).

Didaktische Hinweise

Das Verfahren zählt zu den *while reading activities* und veranlasst die S., sich ihre Textkenntnisse zu vergegenwärtigen und sie aktional umzusetzen; dabei wird die Situation
einer Figur intensiv begriffen.

Alternativen

▪ Standbild (S. 102)
▪ Anspiel (S. 98)

Hinweise zur Weiterarbeit

▪ Schriftliche Figurencharakterisierung

Literatur

Karola Schallhorn/Alexandra Peschel:
Method Guide. Paderborn 2004, S. 41 – 43

Lautes Denken

Im Text steht, dass …

Sozialformen:	Partnerarbeit
Dauer:	5 – 10 Min.
Medien:	Impulsliste
Klassen:	ab 5

Didaktisches Potenzial

Alle S. einer Lerngruppe entwickeln spontan Deutungsideen zu einem Text.
In einem regelgeleiteten Verfahren üben sie Strategien des aktiven Lesens ein und intensivieren ihre geistige Beteiligung beim Lesen und Verstehen. In einem kleinen sozialen Kontext (Partnerarbeit) entwickeln sie eine intensive, beteiligungsorientierte Interaktion, in der ein erstes, vorläufiges Textverstehen differenziert formuliert werden kann.

Vorbereitungen

Als Vorbereitung präsentiert die Lehrperson wichtige Elemente des Lauten Denkens (s. u.) am Beispiel eines eigenen Textvortrags. Dazu wird der Vortrag nach jedem Abschnitt unterbrochen und in Form des Lauten Denkens kommentiert. Die dabei benutzten Denkimpulse werden den S. vorab in Form einer Liste zur Verfügung gestellt, die die Kategorien Textaussage, persönliche Assoziationen, Unklarheiten, Antizipationen umfasst:

Was der Text mir gesagt hat:
- Im Text steht, dass …
- Klar ist auch, dass …

Woran ich dabei gedacht habe:
- Das erinnert mich an …
- Beim Lesen habe ich auch gedacht an …
- Das ruft in mir Erinnerungen wach an …

Was im Moment noch unklar ist:
- Ich weiß nicht, was der Autor/die Autorin sagen will mit …
- Ich habe nicht ganz verstanden, wieso …
- Verwirrt hat mich, dass …

Was ich in den nächsten Abschnitten erwarte:
- Ich glaube, bald wird …
- Der Autor/die Autorin könnte …
- Interessant wäre, wenn bald …

Ablauf

Die S. verfahren jeweils zu zweit so:
- Einer liest einen Textabschnitt vor,
- woraufhin der andere anhand der Impulsliste „laut denkt".
- Dann wird umgekehrt verfahren.

Didaktischer Kommentar

Eine Reihe von S. hat insbesondere bei der Interpretation literarischer Texte durchaus Anfangsideen zur Deutung von Textaussagen; diese kommen aber oft gar nicht zur Sprache, weil ein Plenumsgespräch in Form des fragend-entwickelnden Verfahrens meist von der Lehrperson und nur wenigen teilnehmenden S. vorangetrieben wird. Viele S. gewöhnen sich dabei schnell an, andere in der Klasse/im Kurs, die sie für leistungsstärker bzw. redegewandter halten, die Deutungsarbeit für die gesamte Lerngruppe erledigen zu lassen. Das „Laute Denken" stellt sicher, dass alle S. am Deutungsgeschehen aktiv beteiligt sind und dass alle Mitglieder einer Lerngruppe sich als strategische Leser weiterentwickeln.

Tipps zur Umsetzung

Alternativ kann auch so verfahren werden, dass die S. in der Partnerarbeit einen Textabschnitt vorlesen und ihn dann unmittelbar danach *selbst* für ihren Partner/ihre Partnerin laut kommentieren. Dann erst werden die Rollen getauscht.
Zusätzlich zu den o.g. Kategorien (Textaussage, persönliche Assoziationen, Unklarheiten, Antizipationen) können S., die mit dem Verfahren bereits vertraut sind, auch Problemlösungsstrategien im Umgang mit Unklarheiten entwickeln.
Mögliche Denkimpulse:
- Welche Sätze im letzten Abschnitt sollte ich noch einmal lesen?
- Wo im bisherigen Text könnte ich nachlesen, um eine unklare Aussage zu verstehen?
- Welche Wörter sollte ich in einem Wörterbuch oder Lexikon nachschlagen?
- Welche Frage sollte ich dem Lehrer/der Lehrerin stellen, um mir mehr Klarheit zu verschaffen?

Die S. sollten ausdrücklich darauf hingewiesen werden, dass auch und gerade die irritierenden Leseerfahrungen (vgl. „Was im Moment noch unklar ist") für Verstehensprozesse und Deutungen von besonderer Bedeutung sind und keineswegs unterdrückt werden sollten. Hingewiesen werden kann in diesem Zusammenhang darauf, dass die Leserirritation besonders in der moderneren Literatur ein weit verbreitetes literarisches Verfahren ist, das vom Leser ausgehalten und produktiv gewendet werden sollte.

Alternativen
- Lesetagebuch/Lesejournal (S. 64)
- Fragend-entwickelndes Verfahren (S. 38)
- Anspiel (S. 98)

Hinweise zur Weiterarbeit
- Leises Denken, bei dem die S. mithilfe der Impulsliste in Einzelarbeit einen Text(abschnitt) bearbeiten
- Verfahren des kreativen Schreibens zur Textinterpretation (S. 122 ff.)

Literatur

Eva Gläser/Gitta Franke-Zöllner: Lesekompetenz fördern von Anfang an. Baltmannsweiler 2005
Cornelia Rosebrock: Informelle Sozialisationsinstanz peer group. In: Norbert Groe-ben/Bettina Hurrelmann: Lesesozialisation in der Mediengesellschaft. Weinheim, München 2004, S. 250 – 279
Ruth Schoenbach u. a.: Lesen macht schlau. Berlin 2006, S. 94 f.

Standbild *(Freeze frame)*

Sozialformen:	Gruppenarbeit
Dauer:	10 – 20 Min.
Medien:	Digitalkamera
Klassen:	ab 5

Didaktisches Potenzial
S. bringen mit der Gestaltung einer Körper-Skulptur eine Situation zum Ausdruck.
Sie begreifen eine Situation (z. B. eine Situation in einem literarischen Text), indem sie die Konstellation von Figuren mit ihren Körpern nachstellen und die Empfindungen der Figuren in Körperhaltung, Gestik und Mimik möglichst intensiv ausdrücken.

Vorbereitungen und Ablauf
Die S. tauschen sich in Gruppen über ihre Sichtweise einer darzustellenden Situation aus einem Drama oder Erzähltext aus; anschließend verteilen sie im Hinblick auf ein Standbild zunächst die Rollen von „Baumeister" und „Modellen". Jedes Modell stellt eine literarische Figur dar. Aufgabe des Baumeisters ist es, die dem Text entnommene Situation mithilfe der Modelle möglichst ausdrucksstark nachzubilden. Er weist den Modellen nach seinen Vorstellungen Plätze zu und legt so die Abstände zwischen den Modellen fest. Dann gibt er Anweisungen zu Körperhaltung, Gestik und Mimik, die von den Modellen stumm umgesetzt werden sollen. Am Ende seiner „bildhauerischen" Arbeit gibt der Baumeister den Befehl „Einfrieren!" aus; nun müssen alle Modelle im Standbild für etwa eine Minute regungslos verharren. In dieser Zeit kann der Baumeister mit einer Digitalkamera aus verschiedenen Perspektiven ein paar Fotos aufnehmen.

Didaktische Hinweise
Das Verfahren bringt einen aktionalen Akzent in das oft sehr verkopfte Interpretationsgeschehen.

Alternativen
▨ Szenisches Interpretieren (S. 103)
▨ Anspiel (S. 98)
▨ Figurenkonstellation
  (vgl. Methoden I, S. 187)

Hinweise zur Weiterarbeit
▨ Einzelne S. gehen nach Fertigstellung des Standbilds als „Hilfs-Ich" zu einer Figur, legen ihr die Hand auf die Schulter und sprechen in Ich-Form ihre Gedanken aus. Anschließend wird die Angemessenheit von Standbild und Hilfs-Ich-Äußerungen diskutiert.

Sozialformen:	Gruppenarbeit
Dauer:	45 – 90 Min.
Medien:	–
Klassen:	ab 7

Didaktisches Potenzial

Die S. interpretieren einen literarischen Text mit einem handlungsorientierten und spielerischen Verfahren, das Kreativität fördert und fordert.

Sie trainieren ihre Empathie, Spontaneität, Sensibilität, Gestaltungskraft und Kommunikationsfähigkeit in Spielsituationen, die literarische Situationen erschließen.

Vorbereitungen

Die S. ermitteln in Gruppen, welche szenischen Höhepunkte der zu interpretierende Text enthält und welche für sie von besonderem Interesse sind.

Ablauf

Die S. bereiten eine spielerische Umsetzung eines ausgewählten Höhepunktes vor, indem sie zunächst prüfen, ob der ausgewählte Handlungshöhepunkt dialogische Anteile enthält oder nicht. Gibt es dialogische Passagen (die im Drama in der Regel gegeben sind), kann folgendermaßen verfahren werden:

- Die S. entwickeln den Dialog, indem sie Redeweisen erproben und in einem Spielplan für die beteiligten Figuren gestische und mimische Besonderheiten festlegen (→ Gestaltendes Vorlesen).
- Dann überlegen sie, wie der Dialog durch Denkblasen bzw. Gedankenströme der Figuren ergänzt werden kann (→ Figurenäußerung).
- Jeder schreibt dann einige Sätze für einen solchen Gedankenstrom/eine Denkblase.
- Die interessantesten Sätze werden in der Gruppe ausgewählt und zu einem Text zusammengefügt.
- Bei der folgenden szenischen Umsetzung der ausgewählten Textstelle wird der Dialog möglichst ausdrucksstark gespielt und der Gedankenstrom – evtl. in mehreren Abschnitten – aus dem Off (also von einem für die Zuschauer unsichtbaren Sprecher) vorgetragen.

Gibt es in der ausgewählten Textstelle keine dialogischen Passagen (z. B. in Romanen oder Novellen), können die S.

- zunächst Ideen für einen Dialog sammeln, indem sie aus dem Textumfeld schließen, was die beteiligten Figuren in der gegebenen Situation sagen könnten und wie sie es sagen würden;
- Dialoge entwerfen und in kurzen → Anspielen erproben;
- eine Textfassung für den Dialog festlegen;
- den Dialog schließlich spielerisch profilieren (s. o.) und
- das Ergebnis im Plenum der Lerngruppe vorführen.

Didaktischer Kommentar

Szenisches Interpretieren beschäftigt nicht nur den Intellekt der S., sondern auch ihre Imaginationskraft, ihre Emotionen, ihren körperlichen Ausdruck und ihre stimmliche Ausdruckskraft. Es handelt sich also um ein ganzheitliches Arbeitsverfahren, bei dem die S. in gesteigertem Maße innerlich beteiligt sind. Szenisches Interpretieren ist besonders dann sinnvoll, wenn der zu deutende Text Leerstellen aufweist, wenn der Autor/die Autorin also Handlungsschritte bewusst ausgelassen hat oder wenn Gedanken, Empfindungen und Beweggründe von Figuren im Text nicht ausformuliert, sondern höchstens angedeutet sind. Wenn die S. mit ihrem szenischen Spiel diese Leerstellen füllen möchten, sollten sie zuvor das Textumfeld sorgsam in den Blick nehmen, damit die Füllung in die Entwicklungslogik des Textes möglichst nahtlos hineinpasst. Die S. müssen sich mit dem zu deutenden Text also gut vertraut gemacht haben, wenn sie spielerisch auf ihn reagieren wollen. Diese Anforderung sollte den S. verdeutlicht werden.

Tipps zur Umsetzung

Vorbereitet bzw. begleitet werden kann das szenische Interpretieren durch

- → Figurenpaten während der vorbereitenden Textlektüre;
- → Figurenbiografien;
- szenische Lesungen der ausgewählten Textpassagen (→ Gestaltendes Vorlesen).

Im Prozess des szenischen Interpretierens können die folgenden Teilverfahren hinzukommen (vgl. Biermann/Schurf, S. 174):

- Vorbereitung der Sprecherrollen durch probeweises *Präsentieren ausgewählter Sätze* (z. B. unterstützt durch Gestik, Mimik, spezifische Körperhaltung und Stimmlage). Diese Rollen können ergänzt werden durch ein *Einfrieren* in Posen, die für die jeweilige Figur typisch sein könnten.
- → Rolleninterviews oder sonstige → Figurenäußerungen.
- Die Rollenprofile *pantomimisch* entwickeln. Mögliche Arbeitsanregung: Stellt euch intensiv vor, wie eine Person dasteht, wie sie geht, wie sie sitzt, welche Tätigkeiten für ihren Alltag typisch sind und wie sie diese verrichtet. Das alles führt ihr dem Kurs pantominisch vor; dabei muss konzentrierte Stille herrschen. Ihr bekommt dann Rückmeldungen; andere Kursteilnehmer führen vor, wie sie sich Haltungen und Bewegungen der Person vorstellen, und alle können in einer zweiten Präsentation die erhaltenen Anregungen einarbeiten.

Alternativen

- Standbild (S. 102)
- Fragend-entwickelndes Verfahren (S. 38)

Hinweise zur Weiterarbeit

- Interpretationsaufsatz
- Inszenierung eines Theaterstücks

Literatur

Bernd Schurf/Andrea Wagener (Hrsg.): Texte, Themen und Strukturen. Berlin 2009, S. 173 – 174
Kersten Reich: Konstruktivistische Didaktik. Weinheim 2008 (CD)

Historisches Balkendiagramm

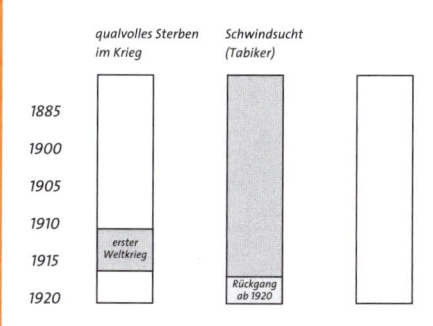

Sozialformen: Einzel-, Partnerarbeit
Dauer: 15 – 90 Min.
Medien: –
Klassen: ab 8

Didaktisches Potenzial

Die S. erweitern bei der Textlektüre ihren Verstehenshorizont.
Sie nehmen (kultur)historische Informationen auf und beziehen sie systematisch auf die Aussage eines (älteren) Textes.

Vorbereitungen und Ablauf

Zunächst erkennen die S. – bzw. werden von der Lehrperson darauf hingewiesen –, dass sich hinter einer Textaussage bestimmte Lebenserfahrungen des Autors/der Autorin verbergen können, die ihnen selbst evtl. nicht zugänglich sind. Sie erarbeiten sich diesen Verstehenshorizont, indem sie

- in Lexika und Fachbüchern zeit- bzw. kulturgeschichtliche Vorgänge recherchieren, die für den Autor/die Autorin Erfahrungsbasis seiner/ihrer Darstellung gewesen sein können;
- diese (kultur-)historischen Tatsachen in einer Zeitleiste und einem zugeordneten Balkendiagramm darstellen.

Didaktische Hinweise

Das Verfahren unterfüttert das hermeneutische Erschließen älterer Texte – oder zeitgenössischer Texte aus einem anderen Kulturkreis – mit Informationen, die gezielt recherchiert werden. Die S. können darauf hingewiesen werden, dass dieses Verfahren sinnvoll ist, wenn man als heutiger Leser vermuten muss, dass sich in einem zu untersuchenden Text historische (oder fremde kulturelle) Lebenserfahrungen niedergeschlagen haben, die man in einer Analyse leicht aus dem Blick verlieren könnte.

Alternativen

- Kontrast-Cluster (S. 108)
- Fragend-entwickelndes Verfahren (S. 38)
- Subtexte (vgl. Methoden I, S. 190)

Hinweise zur Weiterarbeit

- Mündliche oder schriftliche Darstellung der Zugänglichkeitsproblematik des zu interpretierenden Textes
- Schriftliche Interpretation

Konspekt

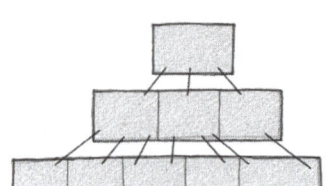

Sozialformen:	Partner-, Einzelarbeit
Dauer:	20 – 45 Min.
Medien:	–
Klassen:	ab 8

Didaktisches Potenzial

Die S. verarbeiten Grundinformationen eines Textes in grafisch unterstützter Form.
Sie geben den Inhalt und die gedankliche Struktur eines Textes wieder, indem sie Stichworte und grafische Elemente einander zuordnen und auf diese Weise ihr Textverständnis visualisieren.

Vorbereitungen

Um einen Konspekt zu erstellen, der die Grundinformationen eines Textes in einer übersichtlichen Form darstellt, arbeiten die S. den Text zunächst gründlich durch – z. B. mithilfe der Verfahren → Schlüsselwörter oder → Sinnabschnitte. Sie konzentrieren sich dabei auf wesentliche inhaltliche Entwicklungen und den Textaufbau.

Ablauf

Die Einsichten zum gedanklichen Aufbau des Textes stellen die S. dann mithilfe von Stichworten und grafischen Gestaltungselementen (z. B. Symbolen, Pfeilen) übersichtlich dar. Vorstellbar sind z. B. die folgenden Gestaltungen:

- *Treppenmethode:* Diese Methode hierarchisiert die Aussagen eines Textes. Grafisch wird mit Quadraten gearbeitet, die aufeinandergestapelt werden (s. o.). In die Quadrate werden stichwortartig Textaussagen eingetragen. Die S. ordnen die Quadrate so an, dass jeweils einige Stichworte auf der untersten Ebene einem darüberliegenden Stichwort zugeordnet werden können. Auf der obersten Stufe kann das Thema des Gesamttextes notiert werden.
- *Dynamisches Flussdiagramm/Dynamische Mindmap:* Einige interaktive Methodentrainer zur Texterschließung (z. B. Scheimann/Volz 2002) bieten Formatvorlagen für dynamische Flussdiagramme an. Mit ihrer Hilfe können S. selbst festgelegte Schlüsselbegriffe, die jeweils Teilaussagen eines Textes abdecken, probeweise in eine sinnvolle grafische Struktur bringen. Die Software gibt dabei Rückmeldungen, ob eine Platzierung an einer konkreten Stelle sinnvoll ist oder nicht. Eventuell können weitere Strukturierungen ausprobiert werden.
- *Schnittmengen-Grafik* (→ CD)
- *Stichwortbild:* Als visualisierende Form der Informationsverarbeitung stellt ein Stichwortbild in einer Zusammenschau wichtige Elemente eines Textes dar und bringt sie in einen bildlichen Zusammenhang. Wird ein literarischer Text erarbeitet, können dabei

auch Handlungsprozesse wiedergegeben werden. Das folgende Stichwortbild stellt z. B. das unterschiedliche kommunikative Gewicht der Figuren am Anfang und am Ende der Kurzgeschichte „Ein netter Kerl" von Gabriele Wohmann dar:

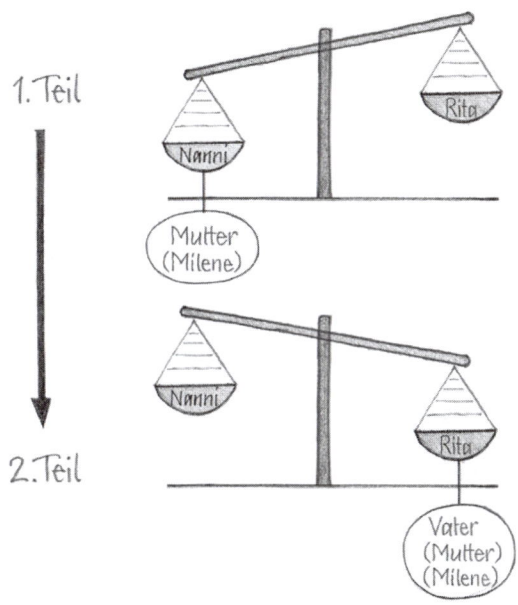

Didaktischer Kommentar

Ein Konspekt ist eine grafische Übersicht über den Gedankengang eines Textes in der Form eines Verlaufsdiagramms, das den gedanklichen Ablauf zeigt, oder in der Form eines Strukturdiagramms, das mit Pfeilen oder anderen grafischen Elementen die gedanklichen Bezüge darstellt.

Alternativen

- Flussdiagramm
  (vgl. Methoden I, S. 160)
- Baumdiagramm (ebd., S. 158)
- Mindmap (ebd., S. 163 f.)
- Modell (ebd., S. 175 f.)
- Soziogramm (ebd., S. 177 f.)

Hinweise zur Weiterarbeit

- Inhaltsangabe
- Textdeutung

Literatur

Gerd Brenner: Methodentraining: Projekt Medien und Meinungsbildung. Berlin 2002, S. 78, 81, 85 u. 88
Gerd Scheimann u. a.: Methodentraining. Textagenten – Texte erschließen im Deutschunterricht. Grünwald 2003

Kontrast-Cluster

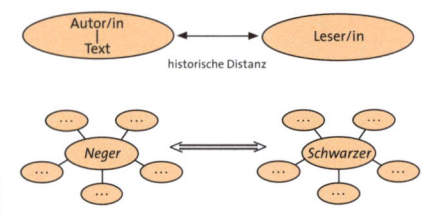

Sozialformen: Einzel-, Partnerarbeit
Dauer: 5 – 10 Min.
Medien: –
Klassen: ab 5

Didaktisches Potenzial

Die S. erarbeiten die Bedeutungsverschiebung eines Wortes.
Sie kombinieren zwei Assoziationshöfe zu zwei verschiedenen Verwendungen eines Wortes und machen sich damit semantische Verschiebungen klar.

Vorbereitungen und Ablauf

Die S. identifizieren in einem Text ein Wort, dessen Bedeutung sie bisher anders verstanden haben, als der Text es nahelegt.
Zu diesem Wort fertigen sie zwei Cluster (vgl. Methoden I, S. 167 f.) an:

- In einem ersten Cluster entwickeln sie ihr bisheriges Verständnis des Wortes.
- Das zweite Cluster erarbeiten sie, indem sie Bedeutungskomponenten des Wortes aus dem vorliegenden Kontext (Textzusammenhang) ableiten.
- Die Cluster werden einander gegenübergestellt; identische und voneinander abweichende Bedeutungskomponenten des Wortes werden in unterschiedlichen Farben markiert.

Didaktische Hinweise

Das Verfahren kann genutzt werden, um die Zugänglichkeitsproblematik von Texten zu lösen. Es ist geeignet, um literarische Bilder (Metaphern, Symbole) zu erschließen oder um die historische Distanz zu älteren Texten in einem hermeneutischen Prozess zu überbrücken und solche Texte in den Verstehenshorizont der S. hineinzuholen. Bei der Erstellung eines Kontrast-Clusters zu einem Wort aus einem älteren Text können die S. evtl. den Anmerkungsapparat nutzen, der Werken älteren Datums oft beigefügt ist.

Alternativen

- Historisches Balkendiagramm (S. 105)
- Lautes Denken (S. 100)
- Fragend-entwickelndes Verfahren (S. 38)
- Subtexte (vgl. Methoden I, S. 190)

Hinweise zur Weiterarbeit

- Mündliche Bildauslegung
- Schriftliche Deutung

Lesebaum

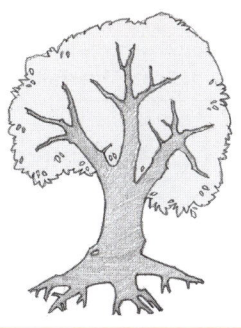

Sozialformen: Partner-, Gruppenarbeit
Dauer: 10 – 20 Min.
Medien: Arbeitsblatt mit Baumumriss
Klassen: ab 5

Didaktisches Potenzial
Die S. strukturieren das Textverstehen mithilfe einer Visualisierung.
Sie beziehen ihre Vorinformationen zum Thema des Textes und die Textinformationen aufeinander und hierarchisieren diese Informationen.

Vorbereitungen und Ablauf
Vorgegeben wird ein Arbeitsblatt mit einem Baumumriss, in den die S. verschiedene Schichten ihres Textverstehens gegliedert eintragen, und zwar
a) auf dem Stamm den Titel des Textes;
b) auf den Wurzeln stichwortartig alles, was die S. zum Thema des Textes bereits wissen;
c) auf den Ästen zentrale Aspekte der Textaussage;
d) im Laubdach Einzelaussagen des Textes, die sich diesen zentralen Aspekten zuordnen lassen. Dabei sollen jeweils die drei bis fünf wichtigsten Aussagen ausgewählt werden.
Alternative: Der Baum wird an die Tafel gezeichnet und die Eintragungen erfolgen zunächst im Plenum der Lerngruppe. Bei längeren Texten kann Schritt c in arbeitsteiliger Gruppenarbeit erfolgen. Die Ergebnisse werden dann im Plenum zusammengetragen und in dem Tafelbaum notiert. Die S. übertragen die Ergebnisse dann in ihre Hefte.

Didaktische Hinweise
Ähnlich wie der Fragenbaum bzw. Planungsbaum (vgl. Methoden I., S. 197) unterstützt dieses Verfahren insbesondere visuelle Lerntypen. Der Lesebaum ist besonders zur gedanklichen Erschließung von Sachtexten geeignet.

Alternativen
- Spinnwebanalyse (S. 46)
- Flussdiagramm (vgl. Methoden I, S. 160)
- Figuren-Konstellation (ebd., S. 187)

Hinweise zur Weiterarbeit
- Mündliche oder schriftliche Textanalyse

Literatur
Ruth Schoenbach u. a.: Lesen macht schlau. Berlin 2006, S . 131 f.

5 Texte schreibend erschließen

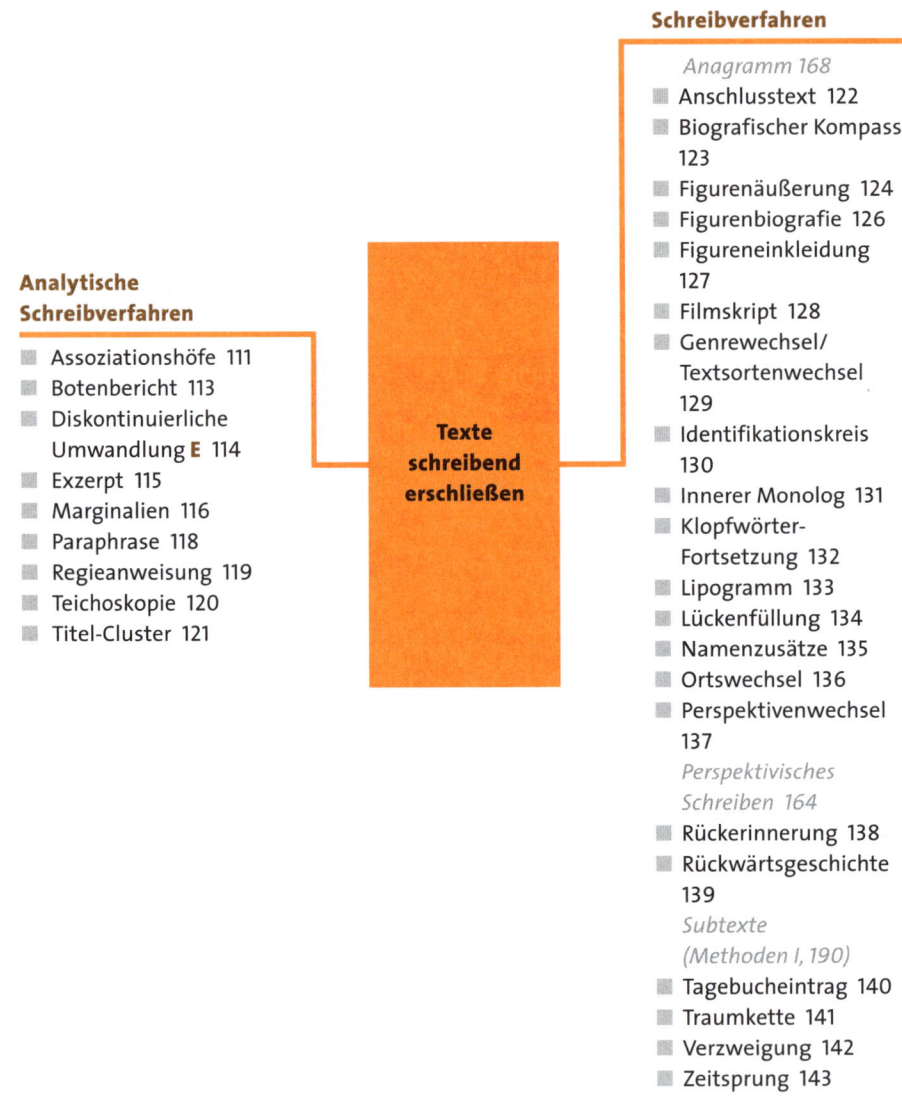

Kreative Schreibverfahren

Analytische Schreibverfahren

Texte schreibend erschließen

klatschnasse Musik

Sozialformen:	Einzel-, Partnerarbeit
Dauer:	5 – 15 Min.
Medien:	–
Klassen:	ab 5

Didaktisches Potenzial
Die S. erschließen den Sinn eines Textes durch Assoziationen.
Sie machen sich die Assoziationswelten bewusst, die sie als Leser in der gedanklichen In-
teraktion mit einem Text permanent wachrufen. Sie konzentrieren sich dabei auf einzelne
Wörter aus einem Text, die für sie ein besonderes Assoziationspotenzial aufweisen, und er-
schließen sich so den subjektiven Sinn einer Textaussage.

Vorbereitungen
Die S. werden darüber informiert, dass Assoziationshöfe zu ausgewählten Wörtern mithilfe von Clustern (vgl. Methoden I, S. 167 f.) oder Mindmaps (ebd., S. 163 f.) angelegt werden
können.

Ablauf
Die Lehrperson – in älteren Klassen auch die S. selbst – wählen zunächst einige Wörter aus,
die offensichtlich zu Assoziationen einladen (s. o.). Zu diesen Wörtern entwickeln sie nach
und nach Assoziationshöfe. Bei schwierigen Texten kann die Lehrperson fachliche und lebensweltliche Bereiche angeben (z. B. Geschichte, Jagdwesen, Sexualität), um die Assoziationen intensiver in Gang zu setzen. Während der Arbeit vertieft sich das Verständnis der
Textaussage, sodass die Notate in den Assoziationshöfen laufend erweitert werden können.

Didaktischer Kommentar
Assoziationshöfe ist ein Verfahren der produktiven Interpretation. In besonderer Weise
können lyrische Texte mit ihren kunstvollen sprachlichen Verdichtungen bei Lesern einen
assoziativen Schub auslösen, der sich dokumentieren lässt. Das folgende Beispiel bezieht
sich auf das Gedicht „wien: heldenplatz" von Ernst Jandl, das – wie viele andere – auf eine
assoziative Erschließung hin angelegt ist (vgl. Biermann/Schurf, S. 508):

wien: heldenplatz
der glanze heldenplatz zirka
versaggerte in maschenhaftem männchenmeere
drunter auch frauen die ans maskelknie
zu heften heftig sich versuchten, hoffensdick.
und brüllzten wesentlich.

verwogener stirnscheitelunterschwang
nach nöten nördlich, kechelte
mit zunummernder aufs bluten feilzer stimme
hinsensend sämmertliche eigenwäscher.

pirsch!
döppelte der gottelbock von Sa-Atz zu Sa-Atz
mit hünig sprenkem stimmstummel.
balzerig würmelte es im männechensee
und den weibern ward so pfingstig ums heil
zumahn: wenn ein knie-ender sie hirschelte.   *Ernst Jandl* (1962)

Tipps zur Umsetzung
Assoziationshöfe können auch in Form des ➜ Lauten Denkens entwickelt werden.

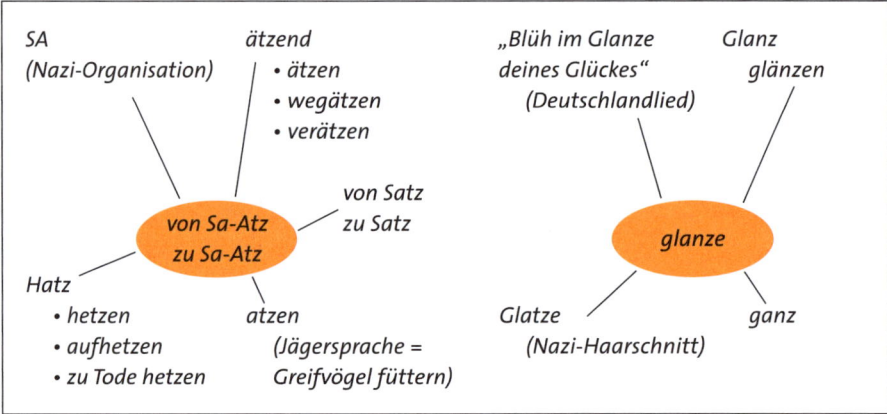

Die S. können darauf hingewiesen werden, dass sich oft interessante Assoziationen ergeben, wenn man für die im Text benutzten Wörter einen Wortartwechsel (z. B. von Nomen
zu Verb) oder eine Worterweiterung (z. B. im Hinblick auf ganze Redewendungen) vornimmt.

Alternativen
▨ Regieanweisung (S. 119)

Hinweise zur Weiterarbeit
▨ Interpretationsbaustein (S. 163)
▨ Mündliche bzw. schriftliche
  Interpretation

Literatur
Ruth Schoenbach u. a.: Lesen macht
schlau. Berlin 2006, S. 53 f.
Heinrich Biermann/Bernd Schurf (Hrsg.):
Texte, Themen und Strukturen. Deutsch-
buch für die Oberstufe. Berlin 1999

Botenbericht *(Report by messenger)*

Sozialformen:	Einzel-, Partnerarbeit
Dauer:	20 – 45 Min.
Medien:	–
Klassen:	ab 7

Didaktisches Potenzial

Die S. fassen eine Handlung in einer Außenperspektive zusammen.

Sie lassen eine von ihnen erfundene Zusatzfigur in einem Drama zeitversetzt vom Geschehen berichten. Die S. integrieren so eine (Teil-)Zusammenfassung der Handlung ins literarische Geschehen.

Vorbereitungen und Ablauf

Die S. erhalten bei der Erarbeitung eines Dramas den Auftrag,

▨ sich eine Zusatzfigur auszudenken, die einen Teil der Abläufe mit einiger Plausibilität beobachtet haben könnte und die in die späteren Abläufe integrierbar ist;

▨ einen Zeitraum festzulegen, den der Botenbericht dieser Figur abdecken soll;

▨ diese Figur an späterer Stelle im Drama auftreten und über die gesehenen Abläufe berichten zu lassen.

Didaktische Hinweise

Der Botenbericht ist wie die ➜ Teichoskopie seit dem antiken Drama ein Hilfsmittel des Theaters. Anders als die Teichoskopie gibt der Botenbericht ein Geschehen mit zeitlichem Abstand zu den tatsächlichen Abläufen wieder. Berichtet wurden auf der Bühne in der Regel technisch schwer darstellbare Ereignisse oder Begebenheiten mit einer besonderen ethisch-moralischen Problematik (z. B. besonders grausige Geschehnisse wie die Metzeleien der Kriegshelden in der 2. Szene des 1. Aktes von Shakespeares Drama „Macbeth" oder die Szene IV.10 in Schillers Drama „Wallenstein"). Den S. können Beispielszenen gegeben werden, um ihnen die Funktion von Botenberichten im Drama zu verdeutlichen.

Alternativen

▨ Inhaltsangabe
▨ Paraphrase (S. 118)
▨ Figurenpate (S. 91)
▨ Flussdiagramm
(vgl. Methoden I, S. 160)

Hinweise zur Weiterarbeit

▨ Perspektivenwechsel (S. 137)
▨ Klausur/Klassenarbeit

Diskontinuierliche Umwandlung

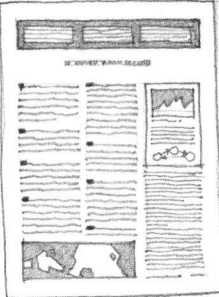

Sozialformen: Einzel-, Gruppenarbeit
Dauer: 30 – 45 Min.
Medien: Sachtextvorlage
Klassen: ab 8

Didaktisches Potenzial
Die S. lösen Teile eines längeren Sachtextes in mehrere diskontinuierliche Formen auf.
Sie machen sich die Struktur des Textes klar und lösen Elemente heraus, die allein gestellt werden können.

Vorbereitungen und Ablauf
Nach mehrmaligem gründlichen Lesen eines Sachtextes markieren die S. zunächst Informationsblöcke, die aus dem Fließtext herausgelöst und in andere Textformen umgeschrieben werden sollen. Dabei kann es sich handeln um:

mehrere Zeitangaben	→	Stichwort-Chronik oder Zeitleiste (vgl. Methoden I, S. 171 f.)
mehrere Ortsangaben	→	geographische Karte
Meinungsäußerungen	→	Kästen mit Zitaten oder Kurzinterviews
statistische Daten	→	Diagramme (vgl. Methoden I, S. 250 ff.)
Begriffserklärungen	→	Glossar
längere Sachinformation	→	kleine Serie von Info-Kästen

Hinzu kommen kann die Definition eines im Text verwendeten zentralen Begriffs.
Der Resttext wird dann durch neue Überleitungen verbunden; die herausgelösten Elemente werden – z. B. mit Raster hinterlegt oder umrahmt – in den Fließtext eingefügt.

Didaktische Hinweise
Die S. können mithilfe von Wochenmagazinen mit der Technik der diskontinuierlichen Information von Leserinnen und Lesern vertraut gemacht werden. Diese nichtlineare Darstellungsweise hat die Form eines Hypertextes.

Alternativen
■ Paraphrase (S. 118)
■ Konspekt (S. 106)

Hinweise zur Weiterarbeit
■ Umwandlung eines diskontinuierlichen Textes aus einem Magazin in einen kontinuierlichen Fließtext

Exzerpt *(Excerpt)*

Sozialformen: Einzelarbeit
Dauer: 15 – 90 Min.
Medien: –
Klassen: ab 8

Didaktisches Potenzial

Auf dem Weg vom Lesen zum Schreiben fassen die S. Textaussagen zusammen.
Sie machen so Textinformationen für eine übergeordnete, textübergreifende Aufgabe verfügbar.

Vorbereitungen und Ablauf

Die S. verfassen kurze Übernahmen aus einem Text und versehen sie jeweils mit einem inhaltlichen Stichwort. Festgehalten werden neben Autor, Titel, Fundort und Erscheinungsjahr des Textes

▨ das Thema des Gesamttextes in eigener Formulierung,
▨ Zitate mit genauen Seiten- bzw. Zeilenangaben und zugeordneten thematischen Stichwörtern (nur wenn die Aussage in einen eigenen Folgetext genau hineinpasst und wenn sie besonders dicht ist, z. B. im Fall von Definitionen),
▨ kurze Notizen zum Textzusammenhang, aus dem das jeweilige Zitat stammt,
▨ zusammenfassendes Herausschreiben sonstiger Hauptaussagen in Stichworten (ebenfalls mit Seitenangaben).

Didaktische Hinweise

Exzerpte können zur Primär- ebenso wie zur Sekundärliteratur angefertigt werden. Anders als andere Lesenotizen wie ➔ Marginalien lösen sich die S. beim Exzerpieren stärker vom Ausgangstext und gestalten selbst ein Produkt; sie verarbeiten den Ausgangstext intensiver und denken dabei an eine spätere Verwertung des Materials in einer größeren Arbeit (s. u.). Exzerpte sind selektiver als z. B. eine Inhaltsangabe und wählen – von einem bestimmten Interesse geleitet – Informationen aus.

Alternativen

▨ Konspekt (S. 106)
▨ Inhaltsangabe

Hinweise zur Weiterarbeit

▨ Facharbeit
▨ Jahresarbeit
▨ Referat (vgl. Methoden I, S. 233 f.)
▨ Vortrag (ebd., S. 238 f.)

Marginalien *(Notes in the margin)*

Als Methode des verstehenden Lesens trainiert die Antizipation, Textanfänge genau auf die Festlegungen hin zu untersuchen, die der Autor zu Beginn eines Textes getroffen hat und die aller Voraussicht nach für den weiteren Fortgang des Textes von Bedeutung sein werden. Dabei können sowohl inhaltliche als auch strukturelle Festlegungen betrachtet werden. Bei diesem Verfahren aktivieren die Schüler zunächst ihr Vorwissen und ihre Rezeptionsschemata, die sich in	Textanfänge untersuchen Vorwissen aktivieren

Sozialformen: Einzelarbeit
Dauer: 10 – 20 Min.
Medien: Textvorlage
Klassen: ab 7

Didaktisches Potenzial

Die S. fassen die Textaussage in mehreren Schritten am Rand zusammen oder verarbeiten sie auf andere Weise in Form von Randnotizen.

Sie reduzieren dabei die Informationen des Textes und intensivieren so die geistige Verarbeitung. Die Randbemerkungen (Marginalien) zu allen Abschnitten ergeben insgesamt ein Gerüst des Textverständnisses.

Vorbereitungen

Die S. erhalten ein Textblatt, das einen genügend breiten Rand aufweist, damit Notizen gemacht werden können.

Eine vorbereitende Übung kann das gedankliche Verarbeiten von Begriffen sein, z. B. mithilfe von Oberbegriffen (vgl. Methoden I, S. 20), Begriffshierarchien (ebd., S. 159), Mindmaps (ebd., S. 163 f.) oder Baumdiagrammen (ebd., S. 158).

Am vorgelegten Text selbst kann zunächst mit vorbereitenden Verfahren wie → Schlüsselwörter oder → Sinnabschnitte gearbeitet werden.

Ablauf

Die S. nutzen Vorarbeiten wie die Unterteilung eines Textes in mehrere Aussageschritte oder Markierungen im Text (S. 77 – 79), um am Rand des Textes zu jedem Abschnitt eine gedanklich bündelnde und verarbeitende Notiz zu machen, z. B. als

- *Abschnittüberschriften:* Zu jedem Textabschnitt formuliert der S. eine Überschrift, die den Inhalt gedanklich verarbeitet und zusammenfasst.
- *Schlagzeilen:* Die Abschnittüberschriften werden – wie in Zeitungen – sehr knapp gefasst und gedanklich zugespitzt.
- *Leitfragen:* Die S. notieren eine Frage, die für den Autor/die Autorin beim Schreiben des Abschnitts leitend gewesen sein könnte.
- *Herausgestelltes Zitat:* Die S. wählen ein wichtiges Zitat aus dem Abschnitt aus und schreiben es an den Rand.
- *Folgeideen:* Die S. notieren, welche weiterführenden Gedanken bzw. Fragen der Abschnitt bei ihnen ausgelöst hat.
- *Gegenthese:* Die S. mobilisieren ihr Vorwissen zum Thema bzw. ihre eigene Erfahrung und stellen einer zentralen Aussage des Abschnitts eine andere Aussage entgegen.

Diese Verfahren können auch kombiniert bzw. gemischt angewendet werden.

Didaktischer Kommentar

Marginalien (von lat. *margo* = Rand) sind Randbemerkungen, die eine gedankliche Verarbeitung des Textes dokumentieren. Bei S. sind sie durchaus üblich; oft kann das Verfahren aber noch optimiert werden.

Nach Schoenbach u. a. machen sich erfahrene Leser „im Laufe des Lesens eine Vorstellung über den Sinn des Textes, darüber, was er im Wesentlichen aussagt. Diese Vorstellung dient ihnen als sich entwickelnder Rahmen für das Verständnis folgender Textteile" (S. 33). Festhalten lassen sich solche Zwischenstationen des Textverstehens in Form von Marginalien, einem schreibgestützten Verfahren der Textanalyse, das vorbereitenden Charakter hat und relativ wenig Aufwand erfordert. Das Heraustreten aus dem Text und die Selbstvergewisserung des Textverstehens durch regelmäßige Randnotizen ermöglichen zudem ein laufendes „Rückwärtslesen" des gesamten Textes. Im Fortgang der Lektüre auftretende Widersprüche werden genutzt, um das bisherige Textverständnis zu revidieren bzw. zu erweitern. Marginalien stellen eine Form der *Informationsreduktion* dar, die die Informationsverarbeitung stützt und verbessert, da sie den Leser „aus der Rolle des mehr oder minder passiven Rezipienten in die Rolle des aktiven Problemlösers" bringt (Metzig/Schuster, S. 40).

Marginalien und ihre Funktionen können anhand vieler Lehrbücher und populärwissenschaftlicher Magazine aufgezeigt werden. Sie geben Lesern die Möglichkeit, entlang dieser Randnotizen kursorisch zu lesen und Stichworte am Rand zu nutzen, um im Fließtext selektiv Details nachzulesen.

Tipps zur Umsetzung

Die S. können darauf hingewiesen werden, dass markierte Schlüsselwörter manchmal als Marginalien übernommen werden können. Oft empfiehlt es sich aber, mehrere Aspekte (und Begriffe) unter einem Oberbegriff zusammenzufassen.

Die von S. verfassten Marginalien können in der Lerngruppe ausgetauscht und von Mits. auf ihre Schlüssigkeit hin überprüft werden. Sie können auch Teil der → Fünf-Schritt-Lesemethode sein.

Alternativen
- Sinnabschnitte (S. 79)
- Paraphrase (S. 118)
- Text-Index (S. 80)

Hinweise zur Weiterarbeit
- Schriftliche Zusammenfassung
- Konspekt (S. 106)
- Diskontinuierliche Umwandlung (S. 114)

Literatur
Werner Metzig/Martin Schuster: Lernen zu lernen. Berlin u. a. 2003, S. 39 f.
Ruth Schoenbach u. a.: Lesen macht schlau. Berlin 2006

Paraphrase

~~Eine löbliche Entscheidung ...~~
Ein positiver Beschluss ...

Sozialformen:	Einzel-, Partnerarbeit
Dauer:	5 – 20 Min.
Medien:	–
Klassen:	ab 5

Didaktisches Potenzial
Die S. geben einen Text in knapper Form und in eigenen Worten wieder.
Sie weisen damit ihr Verständnis des Textes nach.

Vorbereitungen und Ablauf
Die S. erhalten den Auftrag,
▓ in einem Text individuell die wichtigsten Aussagen zu markieren,
▓ sich in Partnerarbeit darüber auszutauschen und sich auf das Wichtigste zu einigen,
▓ diese Informationen in Einzelarbeit in eigenen Worten wiederzugeben und
▓ dabei den gedanklichen Zusammenhang des Ganzen deutlich zu machen.
Ausdrücklich sollten die S. darauf hingewiesen werden, dass wörtliche Wiederholungen des zu paraphrasierenden Textes unerwünscht sind.

Didaktische Hinweise
Eine Paraphrase (griech.: Umschreibung) eignet sich besonders, Textaussagen wiederzugeben, die nicht zitiert werden können oder sollen (➔ Zitat). Mit Paraphrasen lassen sich Teile komplexerer Texte (s. Hinweise zu Weiterarbeit) gestalten. Oft sind S. im Paraphrasieren, bei dem es gilt, Informationen auswählen und zugleich in der eigenen Sprache zu reformulieren, erstaunlich ungeübt (vgl. Schoenbach, S. 105 ff.).
Eine Vorübung für eine zusammenfassende Paraphrase kann sein, im Text genannte Beispiele und Einzelheiten zu übergeordneten Aussagen durchzustreichen, um die Aussagekerne herauszuarbeiten. Die Kooperation im zweiten Arbeitsschritt (s. o.) erzieht dazu, bei der Gewichtung von Teilaussagen mit Bedacht vorzugehen.

Alternativen
▓ Konspekt (S. 106)
▓ Leitfragen (S. 116)

Hinweise zur Weiterarbeit
▓ Gestaltung eines Interpretationsaufsatzes oder einer Sachtextanalyse

Literatur
Ruth Schoenbach u. a.: Lesen macht
schlau. Berlin 2006
Bernd Schurf/Andrea Wagener (Hrsg.):
Texte, Themen und Strukturen. Berlin
2009, S. 597

Regieanweisung *(Stage direction)*

Sozialformen: Einzel-, Partner- oder Gruppenarbeit
Dauer: 10 – 30 Min.
Medien: –
Klassen: ab 5

Didaktisches Potenzial

Die S. überlegen, wie sich Handlungen in einem Raum in Szene setzen lassen.
Sie versetzen sich so in die Situation von Personen (Realsituationen) bzw. Figuren (literarische Texte) hinein, dass sie genaue Angaben zu ihrer Körperhaltung, Gestik und Mimik und auch Angaben zu Bühnenbild, Kostümierung, passenden Requisiten und Lichteffekten machen können.

Vorbereitungen und Ablauf

Die S. sollen sich vorstellen, wie eine Situation auf einer Theaterbühne dargestellt werden könnte. Dazu machen sie in Stichwortlisten Angaben zu
- der Körperhaltung auftretender Figuren,
- der Redeweise der Figuren (z. B. laut, leise, forsch, stockend),
- der Gestik und Mimik der Figuren,
- Kostümierung und Requisiten der Figuren,
- der Art, wie die Bühne ausgeleuchtet ist.

Anschließend werden die Entscheidungen der S. auf die Textvorlage bzw. die Ausgangssituation bezogen und die interpretativen Implikationen eingehend reflektiert.

Didaktische Hinweise

Die zunächst auf eine aktionale Umsetzung gerichteten Entscheidungen der S. sollten auf Stimmigkeit und Treffsicherheit geprüft werden. Ist beides gegeben, lässt sich aus den Regieanweisungen ein Interpretationskonzept (literarischer Text) ableiten.

Alternativen
- Anschlusstext (S. 122)
- Rolleninterview (S. 125)
- Subtext (vgl. Methoden I, S. 190)

Hinweise zur Weiterarbeit
- Ableitung von Interpretationsthesen aus dem Regiekonzept

Teichoskopie *(Teichoscopy)*

Sozialformen: Einzel-, Partnerarbeit
Dauer: 15 – 30 Min.
Medien: –
Klassen: ab 7

Didaktisches Potenzial
Die S. spiegeln das Geschehen in einem literarischen Text aus festgelegter Perspektive.
Sie bringen es dabei von der aktionalen in die Berichtform.

Vorbereitungen und Ablauf
Bei der Erarbeitung eines dramatischen oder epischen Textes entscheiden sich die S. für eine handlungsintensive Sequenz, die in Form einer Teichoskopie (Mauerschau) aufgearbeitet werden soll. Dazu legen sie fest,

- welche der literarischen Figuren die Mauerschau vollziehen soll (oder welche Figur erfunden und als Berichterstatter in das Geschehen eingefügt werden soll);
- wie die Figur plausibel als Beobachter am Rand des Geschehens platziert werden kann.

Die Figur gibt das festgelegte Geschehen dann zeitgleich in lebendiger Form wieder, wobei die Zuschauer direkt angesprochen werden können. Tempus ist das Präsens.
Variante: Die Teichoskopie wird in Form eines → Anspiels spontan und aktional, also ohne erneute Betrachtung der Textvorlage umgesetzt.

Didaktische Hinweise
Die Teichoskopie ist seit dem antiken Drama eine übliche Form der Wiedergabe eines Geschehens, das sich zeitgleich außerhalb des Bühnenraums abspielt und das durch einen auf der Bühne anwesenden Berichterstatter mitgeteilt wird. Vom → Botenbericht unterscheidet sich die Teichoskopie dadurch, dass hier ein *gleichzeitig* ablaufendes Geschehen erzählt wird, während der Botenbericht Ereignisse *zeitversetzt* wiedergibt. Die Teichoskopie ist daher in der Regel lebendiger und spannungsgeladener als der Botenbericht, obwohl es – wie z. B. im 1. Akt von Shakespeares „Macbeth" – durchaus auch sehr emotional gefärbte und effektvolle Botenberichte gibt.

Alternativen
- Botenbericht (S. 113)
- Inhaltsangabe
- Paraphrase (S. 118)

Hinweise zur Weiterarbeit
- Szenisches Interpretieren (S. 103)
- Klassenarbeit oder Klausur

Titel-Cluster

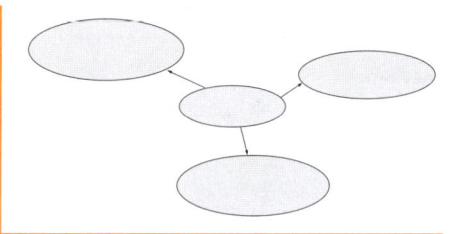

Sozialformen:	Gruppenarbeit
Dauer:	15–30 Min.
Medien:	–
Klassen:	ab 5

Didaktisches Potenzial
Die S. ordnen dem Titel eines Textes aussagekräftige Zitate und Interpretationen zu.
Sie beziehen so zentrale Textaussagen aufeinander und dokumentieren ihr Textverständnis.

Vorbereitungen und Ablauf
Ausgewählt wird der Titel eines von den S. gelesenen literarischen Textes, der zu Interpretationen einlädt (z. B. Rilkes „Leise Begleitung", vgl. Brenner, S. 27 ff.). Die S. erhalten den Auftrag, in dem Text Zitate zu finden, die geeignet sind, den Titel zu kommentieren und zu erklären. Außerdem sollen sie wichtige Vorgänge im Text jeweils in einem kommentierenden Satz prägnant zusammenfassen. Die Zitate und Kurzkommentare werden dann in Form eines Clusters dem Titel zugeordnet. Ein Beispiel:

Didaktische Hinweise
Das Verfahren ist umso anspruchsvoller, je länger der Ausgangstext ist.

Alternativen
▨ Paraphrase (S. 118)

Hinweise zur Weiterarbeit
▨ Schriftliche Titeldeutung

Literatur
Gerd Brenner: Kurzprosa. Kreatives Schreiben und Textverstehen. Berlin 2000, S. 29

Anschlusstext

Sozialformen: Einzel-, Gruppenarbeit
Dauer: 15 – 45 Min.
Medien: –
Klassen: ab 5

Didaktisches Potenzial
Die S. setzen einen literarischen Text oder Film über dessen Ende hinaus fort.
Sie greifen dabei die Prozesslogik der Handlung auf und gestalten eine Fortführung.

Vorbereitungen und Ablauf
Die S. überlegen in Gruppen, wie ein literarischer Text nach dem vom Autor/der Autorin
vorgesehenen Ende fortgesetzt werden könnte, und notieren kurz verschiedene Optionen.
In Einzelarbeit schreibt dann jeder eine Fortsetzung.
Die folgenden Varianten sind vorstellbar:
- *Anschluss-Dialog:* Nach Ende der Texthandlung trifft eine der beteiligten Figuren eine
  andere und reflektiert mit ihr das vergangene Geschehen.
- *Anschluss-Erzählung:* Eine Resonanz auf das Geschehen am Ende wird in Form eines
  erzählenden Textes ausgestaltet.
- *Aufwachen:* Die S. gehen davon aus, dass jemand – evtl. eine der literarischen Figuren –
  das in dem Text Dargestellte nur geträumt hat. Sobald die Person aus dem Traum er-
  wacht, fängt sie an, den Traum zu verarbeiten. Die S. schreiben aus der Sicht der Figur
  einen kommentierenden Text zum „Traumgeschehen".

Didaktische Hinweise
Die S. sollten darauf hingewiesen werden, dass sie ihren Anschlusstext gedanklich mit
dem Ausgangstext verbinden und dass sie dabei in plausibler Weise der bisherigen Entwicklungslogik folgen sollten. Mit dem Verfahren lässt sich feststellen, ob die S. einen
literarischen Text intensiv und angemessen gedanklich verarbeitet haben.

Alternativen
- Figurenäußerung (S. 124 f.)
- Rückwärtsgeschichte (S. 139)

Hinweise zur Weiterarbeit
- Rückerinnerung (S. 138)

Literatur
Gerd Brenner: Kurzprosa: Kreatives Schreiben und Textverstehen. Berlin 2000, S. 13

Biografischer Kompass

Sozialformen:	Gruppen-, Einzelarbeit
Dauer:	30 – 45 Min.
Medien:	–
Klassen:	ab 8

Didaktisches Potenzial

Die S. stellen dar, was einer literarischen Figur oder Filmfigur in ihrem Leben Richtung gegeben hat.

Sie rekonstruieren damit die Biografie einer Figur unter bestimmten Aspekten und gestalten sie aus.

Vorbereitungen und Ablauf

Insbesondere zu Kurzprosa-Texten oder zu Gedichten, in denen die S. nicht allzu viel über eine literarische Figur erfahren, entwerfen sie zusätzliche Figurenaspekte, indem sie in Gruppen überlegen,

- welche Menschen und welche Ereignisse die Figur in ihrem bisherigen Leben beeindruckt haben;
- was ihr Orientierung für ihr Handeln gegeben haben könnte;
- aufgrund welcher Motive die Figur handelt;
- wo sie sich in ihrem Leben aufgehalten hat und welche Räume, Landschaften etc. sie geprägt haben könnten;
- was die Figur von ihrem weiteren Leben erwarten kann.

Didaktische Hinweise

Das Verfahren leitet dazu an, sich intensiv in eine literarische Figur hineinzuversetzen. Die S. trainieren empathische Zugänge zu einer Figur, die vom Autor/der Autorin bewusst sparsam ausgestaltet wurde und die – im Sinne eines gelenkten Schaffens – die Kreativität des Lesers erfordert.

Alternativen

- Rückwärtsgeschichte (S. 139)
- Figureneinkleidung (S. 127)
- Innerer Monolog (S. 131)
- Identifikationskreis (S. 130)

Hinweise zur Weiterarbeit

- Schriftliche Charakterisierung
- Textinterpretation

Literatur

Gerd Brenner: Kurzprosa. Kreatives Schreiben und Textverstehen. Berlin 2000, S. 14 f.

Figurenäußerung

Sozialformen: Einzel-, Gruppenarbeit
Dauer: 10 – 25 Min.
Medien: –
Klassen: ab 5

Didaktisches Potenzial
Die S. versetzen sich intensiv in eine Person/Figur hinein.
Sie stellen dar, welche Art von Betroffenheit eine literarische Figur ihrer Meinung nach in einer bestimmten Situation entwickelt hat und in welchen Denkhorizonten sie sich bewegt.

Vorbereitungen
Nach gründlicher Textlektüre stellen die S. in Gruppen in einer Mindmap (vgl. Methoden I, S. 163 f.) wesentliche Eigenschaften und Erfahrungen zusammen, die eine literarische Figur nach Auskunft des Textes gemacht hat.

Ablauf
Die S. erhalten dann den Auftrag, sich mit der literarischen Figur gründlich auseinanderzusetzen und ihre persönliche Denk- und Gefühlswelt nachzuempfinden. Dabei sind die folgenden Varianten möglich, die sich besonders für Textstellen eignen, an denen der Autor/die Autorin das innere Geschehen (weitgehend) ausgespart hat:

- *Abschiedsbrief (Farewell letter):* In einem Stadium der Handlung, in dem eine Figur sich in einer schwierigen Lage befindet, schreibt sie einen Abschiedsbrief, der an eine ihr nahestehende andere Person gerichtet ist. Es kann angenommen werden, dass dieser Brief nie abgeschickt wird, weil die Figur sich für das Dableiben entscheidet.
- *Anklagerede (Prosecution speech):* Eine Figur hält vor einem imaginären Gericht eine Rede und klagt darin eine andere Figur aus dem Text an.
- *Denkblase/Gedankenstrom (Thought bubble):* In Ich-Form werden einer Figur Gedanken und Empfindungen zugeschrieben. Notiert werden soll alles, was der Figur in einem bestimmten Stadium der Handlung durch den Kopf gehen könnte. (Die S. können darauf hingewiesen werden, dass die Denkblasen-Texte umfangreicher und differenzierter sein sollten als die entsprechenden Comic-Elemente, die ihnen in der Regel bekannt sind.)
- *Figurenbrief/Figuren-E-Mail (Letter to another character):* Als Fortsetzung der literarischen Fiktion erhält eine Figur Gelegenheit, die Ereignisse, die im Rahmen des literarischen Geschehens auf sie eingestürmt sind, noch einmal in einem Brief zu überdenken und dabei persönliche Empfindungen festzuhalten. Für einen solchen Brief wird – im Rahmen der literarischen Handlung – ein sinnvoller Adressat ausgesucht.

- *Opfersicht/Tätersicht (Victim's perspective/Offender's perspective):* In Anlehnung an Siegfried Lenz' Geschichte „Die Kunst, einen Hahn zu fangen", in der eine Figur vom Täter zum Opfer und dann wieder zum Täter wird und sich einem Hahn gegenüber entsprechend äußert, fantasiert sich eine literarische Figur von der Opfer- in die Täterrolle oder umgekehrt. Nach dem Rollenwechsel werden ihr Gedanken/Äußerungen zugeschrieben.
- *Rollenbiografie (Character biography):* Die S. versetzen sich in eine Figur und schreiben in Ich-Form eine (Auto-)Biografie dieser Figur. Dabei können verschiedene Stationen des Figuren-Lebens episodenhaft dargestellt werden.
- *Rolleninterview (Character interview):* Jemand führt mit einer der literarischen Figuren ein Interview für eine Zeitung oder für das Fernsehen. Im Interview sollten persönliche Erfahrungen und Handlungsmotivationen der Figur angesprochen werden. (Ein Rolleninterview kann zunächst mündlich geführt werden, bevor es verschriftlicht wird.)
- *Telefonat (Phone call):* Die S. suchen eine Textstelle aus, an der einer Figur vermutlich vieles durch den Kopf geht. Sie lassen diese Figur die Handlung unterbrechen und mit einer ihr vertrauten Figur telefonieren oder chatten.

Didaktischer Kommentar

In vielen Texten verfügt der Erzähler – qua Entscheidung des Autors/der Autorin – nur über eine eingeschränkte Perspektive; die Sicht auf das Geschehen ist reduziert. Hinzu kommt, dass oft eine Schilderung des inneren Geschehens (Gedanken, Empfindungen, Pläne einzelner Figuren etc.) ganz oder weitgehend ausgespart wird. Dies eröffnet die Möglichkeit der kreativen Ergänzung mit den o. g. Verfahren. Mit ihnen wird zugleich die Fähigkeit der Empathie gestärkt (Empathie = Einfühlung; Begriff aus der Psychologie, der Versuche bezeichnet, fremdes Erleben in den eigenen Wahrnehmungshorizont zu holen, um eine andere Person zu verstehen).

Tipps zur Umsetzung

Die von den S. geschriebenen Texte können in einem Galeriegang (vgl. Methoden I, S. 240) ausgestellt und gelesen werden. Anschließend kann man einzelne Texte vervielfältigen und in einem Plenumsgespräch klären, inwiefern diese Texte geeignet sind, die Sichtweise der literarischen Figuren zu vertiefen.

Alternativen
- Perspektivisches Schreiben (S. 164)
- Innerer Monolog (S. 131)
- Tagebucheintrag (S. 140)
- Traumkette (S. 141)
- Identifikationskreis (S. 130)

Hinweise zur Weiterarbeit
- Charakterisierung

Literatur
Gerd Brenner: Kurzprosa: Kreatives Schreiben und Textverstehen. Berlin 2000, S. 6, 37 u. 45
Mario Leis: Kreatives Schreiben. 111 Übungen. Stuttgart 2006
Siegfried Lenz: Die Kunst, einen Hahn zu fangen. In: ders.: So zärtlich war Suleyken. Frankfurt/M. u. Hamburg 1960, S. 65 – 67

Figurenbiografie

Sozialformen: Einzel-, Partnerarbeit
Dauer: 20 – 30 Min.
Medien: –
Klassen: ab 7

Didaktisches Potenzial

Die S. setzen sich mit der inneren Welt einer literarischen Figur auseinander.
Sie trainieren Figurenempathie (Einfühlung in eine Figur) und einen synthetisierenden
Umgang mit Einzelinformationen zu einer literarischen Figur.

Vorbereitungen und Ablauf

Zur Vorbereitung werden die S. zunächst angehalten, in Partnerarbeit Textstellen zusammenzutragen, die Aufschluss geben über die biografischen Höhe-, Wende- und Tiefpunkte
einer Figur und über ihre weiteren Lebenszusammenhänge. Das kann evtl. in Form einer
gezeichneten Lebenskurve mit Hoch- und Tiefpunkten geschehen. Hinzu kommen können
Vorüberlegungen zur Figurenkonstellation (vgl. Methoden I, S. 187) und ein ➔ Charakterprofil. In einem zusammenhängenden, in Einzelarbeit verfassten Text, der in Ich-Form geschrieben wird, beantworten die S. dann aus der Perspektive der Figur Fragen, die sie sich
vorher überlegt haben. Solche Fragen können sein:

- Wie heißt du? Wie alt bist du? Wo wohnst du? Mit wem wohnst du dort?
- Wie ist deine Familie? Wen kennst du sonst noch gut? Wen magst du? Wen nicht?
  Warum?
- Was ist in deinem Leben bisher Wichtiges passiert?
- Wie ist im Moment dein Alltag? Welche Gefühle herrschten in letzter Zeit bei dir vor?
- Auf was freust du dich? Vor was hast du Angst? Was ärgert dich?
- Wie siehst du dich selbst? Wie sehen andere dich?
- Wie richtest du dich auf dein zukünftiges Leben ein?

Didaktische Hinweise

Das Verfahren regt dazu an, die Aussagen literarischer Texte gedanklich zu rekonstruieren
und eine literarische Figur ganzheitlich zu betrachten.

Alternativen

- Figureneinkleidung (S. 127)
- Innerer Monolog (S. 131)
- Traumkette (S. 141)

Hinweise zur Weiterarbeit

- Interpretationsaufsatz
- Perspektivisches Schreiben (S. 164)

Figureneinkleidung

Sozialformen: Partnerarbeit
Dauer: 10 – 15 Min.
Medien: –
Klassen: ab 5

Didaktisches Potenzial

Die S. schreiben einer literarischen Figur eine bestimmte Kleidung zu.
Sie charakterisieren sie damit und erweitern ihre Vorstellung von der Figur.

Vorbereitungen und Ablauf

Die S. suchen in Erzähltexten oder Dramen Textstellen, an denen der Autor/die Autorin das äußere Erscheinungsbild der auftretenden Figuren nicht beschreibt. Sie überlegen dann, wie die Figuren wohl gekleidet sind. Dabei sollen sie

▪ die zeitliche und räumliche Situierung des dargestellten Geschehens und
▪ die Charaktereigenschaften der Figuren beachten.

Die S. setzen ihre Überlegungen dann schriftlich um. Mögliche Optionen:

▪ Für einen *dramatischen Text:* Die S. verfassen Bausteine, die als Regieanweisungen in den Dialog eingefügt werden könnten.
▪ Für einen *Prosatext:* Die S. formulieren Textpassagen, die als Beschreibungen in den vorliegenden Text eingefügt werden könnten.

Die Angemessenheit der Zuschreibungen kann in einer anschließenden Plenumsdiskussion (vgl. Methoden I, S. 215) erörtert werden.

Didaktische Hinweise

Das Verfahren kommt dem Interesse vieler Kinder und Jugendlicher an Kleidungsoptionen entgegen und setzt es funktional für eine kreative Textdeutung ein. In einem Gespräch kann geklärt werden, was die Zusatztexte zur Klärung des Textverständnisses beitragen können.

Alternativen

▪ Biografischer Kompass (S. 123)
▪ Figurenäußerung (S. 124 f.)

Hinweise zur Weiterarbeit

▪ Schriftliche Textinterpretation

Literatur

Gerd Brenner: Kurzprosa: Kreatives Schreiben und Textverstehen. Berlin 2000, S. 15

Filmskript *(Screenplay)*

Filmskript				
Sequenz	Ort	Einstellung	Text	...

Sozialformen: Gruppen- und Einzelarbeit
Dauer: 30 – 90 Min.
Medien: –
Klassen: ab 7

Didaktisches Potenzial
Die S. schreiben vorbereitende Texte für die Verfilmung einer Erzählung.
Sie fantasieren die filmische Inszenierung einer Textpassage konkret aus.

Vorbereitungen und Ablauf
Die S. versetzen sich in die Rolle eines Regisseurs, der die Handlung eines literarischen Textes verfilmen möchte. Dieser gibt ein Filmskript in Auftrag. Folgender Ablauf der Arbeiten ist sinnvoll:
- Die S. legen in Gruppen Textpassagen fest, die in dem zu planenden Film szenisch umgesetzt werden sollen.
- Sie diskutieren dann intensiv die Wirkung, die mit der Verfilmung der Textpassage erzeugt werden könnte.
- Sie schreiben – evtl. arbeitsteilig in Einzelarbeit – Anweisungen für die Schauspieler (Kostümierung, Requisiten, Bewegungsabläufe, Körperhaltungen, Gestik, Mimik) und setzen dabei ihre Vorüberlegungen konkret um.
- Sie notieren außerdem Anweisungen für die Kameraleute (Einstellungsgrößen, Kameraperspektive etc.).
- Schließlich halten sie auch Anweisungen für die Techniker im Aufnahmestudio fest (z. B. Einspielung bestimmter Begleit- und Hintergrundmusik, Verzerrungen von Stimmen u. a., Überblendungen, Figurengedanken aus dem Off).

Die S. diskutieren anschließend das Regiekonzept und überprüfen, ob alle Einzelfestlegungen im Rahmen des Gesamtkonzepts stimmig sind.

Didaktische Hinweise
„Changing prose stories into screenplays" wird auch für den Englischunterricht empfohlen.

Alternativen
- Hörspiel *(Radio play)*

Hinweise zur Weiterarbeit
- Umsetzung in eine Filmsequenz

Literatur
Gerd Brenner: Kurzprosa: Kreatives Schreiben und Textverstehen. Berlin 2000, S. 6

Genrewechsel/Textsortenwechsel

Beispiel

Im Kinderanfall unserer Stadtgemeinde ist eine hierorts wohnhafte, noch unbeschulte Minderjährige aktenkundig, welche durch ihre unübliche Kopfbedeckung (…) Rotkäppchen genannt zu werden pflegt.

Sozialformen: Plenum, Gruppen- und Einzelarbeit
Dauer: 30 – 60 Min. (ohne Vorber.)
Medien: Tafel
Klassen: ab 7

Didaktisches Potenzial

Die S. geben einer Textaussage eine andere Intention und denken dabei über verschiedene Textintentionen nach.

Sie transformieren einen Text, indem sie zentrale Aussagen im Rahmen eines anderen Genres/einer anderen Textsorte reformulieren.

Vorbereitungen und Ablauf

Die S. erhalten den o.g. Satz (aus Thaddäus Trolls „Rotkäppchen auf Amtsdeutsch") oder einen vergleichbaren Text, mit dem das Verfahren verdeutlicht werden kann. Zusammen mit der Lehrperson wählen sie dann einen Text aus, dessen Aussage in eine andere Textsorte transformiert werden soll. Die Textverwandlung kann dann folgendermaßen vorbereitet werden:

▨ Die S. stellen im Plenum an der Tafel ihnen bekannte Textsorten (z. B. Zeitungsbericht, Anzeige, Brief, amtliches Schreiben) zusammen, in die der Ausgangstext verwandelt werden soll.
▨ Sie suchen zu Hause Textbeispiele zu jeweils einer von ihnen gewählten Textsorte und unterstreichen Wortmaterial, das in der Textverwandlung nützlich sein könnte.
▨ Im Unterricht tauschen sie dieses Wortmaterial in Gruppen aus.
▨ Jeder S. schreibt dann individuell einen Verwandlungstext.

Didaktische Hinweise

Bei diesem Verfahren soll – anders als bei der ➔ Sprachmusterverschiebung – nicht nur ein sprachliches Muster kopiert, sondern eine komplette Textsorte nachempfunden werden. Das Verfahren kann mündlich durch eine ➔ Wechselgeschichte vorbereitet werden.

Alternativen
▨ Parodie
▨ Satire

Literatur

Gerd Bräuer: Textsortenwechsel als didaktisches Prinzip. Das eigene Schreiben optimieren. In: Deutschmagazin, 6/2005

Identifikationskreis

Ich, Michael Kohlhaas, ...

Sozialformen: Einzelarbeit, Plenum
Dauer: 30 – 45 Min.
Medien: –
Klassen: ab 8

Didaktisches Potenzial

Die S. nehmen eine Figuren-Rolle ein und vertreten sie.
Sie versetzen sich in eine literarische Figur oder Filmfigur, schreiben zu ihr einen „Ich-Text"
und begeben sich mit diesem Ich in eine Kommunikationssituation. Die S. erschließen sich
so arbeitsteilig die Figurenkonstellation des literarischen Textes.

Vorbereitungen und Ablauf

Vorbereitet werden kann der Identifikationskreis dadurch, dass die S. zu mehreren (literarischen) Figuren, die einen von ihnen zuvor gelesenen Text bevölkern, → Denkblasen, → Fi-
gurenbriefe, → Tagebucheinträge oder andere „Ich-Texte" schreiben. Dies kann z. B. auch
eine kurze Rede an die anderen Figuren sein. Berücksichtigt werden dabei auch Randfigu-
ren eines Textes.
Vertreter aller Rollen begeben sich in einen Kreis oder Halbkreis vor der Lerngruppe und
präsentieren ihre „Ich-Texte". Anschließend richten alle Rollenträger Fragen aneinander,
die aus der Logik der eigenen Rolle heraus beantwortet werden sollen.

Didaktische Hinweise

Mit diesem Verfahren kann z. B. die Interpretation eines Romans oder eines Dramas auf
kreative Weise eingeleitet werden. Wenn die schriftliche Ausgestaltung der Rollen Probleme bereitet, können stützende Hinweise gegeben werden; so können die S. für ihre Figur
■ Handlungsmotive deutlich machen,
■ in deren Vergangenheit zurückblicken oder
■ Wünsche und Befürchtungen für die Zukunft äußern.

Alternativen

■ Telefonate der Figuren miteinander
  (S. 124 f.)
■ Rolleninterview (S. 125)
■ Figureneinkleidung (S. 127)

Hinweise zur Weiterarbeit

■ Figurenbiografien (S. 124)

Literatur

Bernd Janssen: Kreative Unterrichtsmethoden. Braunschweig 2004, S. 22 ff.

Innerer Monolog *(Interior monologue)*

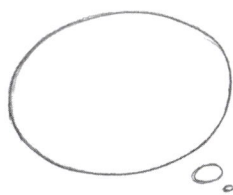

Sozialformen:	Einzel-, Gruppenarbeit
Dauer:	10 – 15 Min.
Medien:	–
Klassen:	ab 7

Didaktisches Potenzial

Die S. fassen die Gedanken einer (literarischen) Figur in Worte.
Sie vertiefen ihr Textverständnis, indem sie einer Figur situations- und figurengerecht Gefühlsäußerungen und Reflexionen zuschreiben.

Vorbereitungen und Ablauf

Die S. wählen in Gruppen eine Textstelle aus, in der sich literarische Figuren in einer für die S. interessanten Lage befinden. Sie lesen das Textumfeld an dieser Stelle noch einmal sehr genau, versetzen sich so intensiv wie möglich in eine der Figuren hinein und schreiben dann in Ich-Form und im Präsens als Basiszeit die Gedanken auf, die der Figur genau in diesem ausgewählten Moment durch den Kopf gehen könnten.

Didaktische Hinweise

Ein innerer Monolog gibt den Bewusstseinszustand einer literarischen Figur unmittelbar – also ohne Zwischenschaltung eines Erzählers – wieder. Dargestellt werden in Wirklichkeit unausgesprochene Gedanken und Ahnungen, darunter auch Unbewusstes und Tabuisiertes. Mit inneren Monologen gestalten S. literarische Texte kreativ weiter aus, deren erzählerisches Potenzial – insbesondere das innere Geschehen (Empfindungen, Gedanken, Pläne einer Figur) – vom Autor nicht ausgeschöpft worden ist. Als Anregung können die S. Beispiele aus der erzählenden Literatur erhalten (z. B. aus Döblins „Berlin Alexanderplatz" oder Joyce' „Ulysses").
Als besondere Ausprägung des inneren Monologs gilt der Bewusstseinsstrom *(stream of consciousness),* mit dem Gedanken, Wahrnehmungen und Empfindungen in einer zusammenhanglos wirkenden Folge wiedergegeben werden, wobei syntaktische Strukturen z. T. aufgelöst werden (vgl. → Automatisches Schreiben).

Alternativen

■ Telefonat (S. 125)
■ Tagebucheintrag (S. 140)
■ Biografischer Kompass (S. 123)
■ Subtexte (vgl. Methoden I, S. 190)

Hinweise zur Weiterarbeit

■ Dialogischer Vortrag mehrerer innerer Monologe verschiedener Figuren eines Textes
■ Interpretationsaufsatz

Klopfwörter-Fortsetzung

Sozialformen: Gruppen- und Einzelarbeit
Dauer: 30 – 45 Min.
Medien: –
Klassen: ab 8

Didaktisches Potenzial

Die S. deuten einen literarischen Text durch kreatives Ausfüllen einer Leerstelle.
In einem erzählenden Text oder Film, der episodenhaft verfasst ist (also in der Chronologie Lücken lässt), legen sie zwei Episoden fest, zwischen denen eine Lücke ausgefüllt wird.

Vorbereitungen und Ablauf

Die S. setzen sich stumm hin und vergegenwärtigen sich mit geschlossenen Augen noch einmal die beiden Episoden, zwischen denen die Lücke geschlossen werden soll. Mit dem
→ Klopfwörter-Verfahren notieren die S. fünf Stichworte, die in die Lücke passen. Anschließend schreibt jeder individuell einen Text für die chronologische Lücke, in dem die fünf Stichworte vorkommen sollen. Dieser Zusatztext kann auch wieder episodenhaft sein, also nur einen bestimmten Zeitausschnitt betreffen.

Didaktische Hinweise

Mit dem Verfahren wird vermieden, dass S., die mit kreativem Schreiben nicht hinreichend vertraut sind, ohne konkrete Anhaltspunkte in einen offenen Schreibprozess hineingehen. Die Methode bietet den S. für ihre kreative Ausgestaltung ein Gerüst aus Begriffen an, lässt dabei aber auch genügend Spielraum für individuelle Ideenentfaltung. Völlig offene Verfahren des kreativen Schreibens führen oft zu einer pädagogischen „Hinrichtung" von Offenheit, da die S. ohne die Vorgabe von Anhaltspunkten desorientiert sind und das kreative Angebot nicht konstruktiv aufgreifen können. Hier dienen die fünf Stichworte als Initialzündung und Rahmung.

Alternativen

- Rückwärtsgeschichte (S. 139)
- Rückerinnerung (S. 138)
- Anschlusstext (S. 122)
- Verzweigung (S. 142)

Hinweise zur Weiterarbeit

- Prüfung, was die Zusatztexte zur Interpretation des Ausgangstextes beitragen

Literatur

Gerd Brenner: Kurzprosa. Kreatives Schreiben und Textverstehen. Berlin 2000, S. 20

Lipogramm

Is Methode des verstehenden Lesens tr iniert die
ntizip tion, Text nfänge gen u uf die Festlegungen hin zu untersuchen, die der utor zu Beginn eines
Textes getroffen h t und die ller Vor ussicht n ch für
den weiteren Fortg ng des Textes von Bedeutung
sein werden. D bei können sowohl inh ltliche ls
uch strukturelle Festlegungen betr chtet werden. Bei
diesem Verf hren ktivieren die Schüler zunächst ihr
Vorwissen und ihre Rezeptionsschem t , die sich in

Sozialformen: Einzel-, Partnerarbeit
Dauer: 15 – 25 Min.
Medien: Textvorlage
Klassen: ab 5

Didaktisches Potenzial
Die S. schreiben mit einem spielerischen Verfahren einen Text um.
Sie versuchen die Aussage eines Textes mit anderen Worten möglichst genau zu rekonstruieren.

Vorbereitungen und Ablauf
Die S. erhalten die Vorgabe, die Aussage eines vorgegebenen Textes neu zu fassen, dabei aber einen bestimmten Buchstaben (z. B. „f") in der gesamten Neufassung nicht zu verwenden. Alle Wörter mit dem Buchstaben „f" müssen damit entfallen und in der Regel müssen die Sätze völlig umgeschrieben werden; denn die Aussagen der einzelnen Sätze und der Gesamtzusammenhang des Textes sollen möglichst genau wiedergegeben werden.
Variante: In einem frei geschriebenen Text wird von vornherein ein Buchstabe weggelassen.

Didaktische Hinweise
Das Lipogramm wirkt deautomatisierend, d. h., „normale" Formulierungen müssen aufgegeben und durch ungewöhnliche, kreative ersetzt werden. In letzter Zeit wurde dieses Verfahren insbesondere von George Perec, einem Mitglied des Pariser *Ouvroir de littérature potentielle,* weiterentwickelt und zugespitzt. So verwendet Perec im französischen Original seines Romans „La Disparition" kein einziges „e"; und auch die Übersetzung ins Deutsche von Eugen Helmlé (Titel: „Anton Voyls Fortgang") folgt diesem Prinzip.
Hinweis zum Schwierigkeitsgrad: Am einfachsten ist es, eher seltene Buchstaben wie „v" oder „x" auszulassen, am schwierigsten ist die Auslassung sehr häufig vorkommender Buchstaben wie „e" oder „s".

Alternativen
▨ Vokalvereinzelung (S. 192)
▨ Automatisches Schreiben (S. 174)
▨ Subtexte (vgl. Methoden I, S. 190)

Hinweise zur Weiterarbeit
▨ Textdeutung

Literatur
Gerd Brenner: Kreatives Schreiben. Frankfurt/M. 1990, S. 54 f.

Lückenfüllung

Sozialformen:	Einzel-, Partnerarbeit
Dauer:	15 – 25 Min.
Medien:	Textvorlage
Klassen:	ab 8

Didaktisches Potenzial
Die S. denken sich in eine Textaussage eines Gedichtes intensiv hinein.
Sie schlagen gedankliche Brücken zwischen Bruchstücken eines Gedichts, um die Lücken auszugestalten. Dabei baut sich eine Erwartung auf, wie das Original lauten könnte.

Vorbereitungen und Ablauf
Die S. erhalten eine Version eines Gedichts, in der jede zweite Seite weggelassen worden ist:

Mondnacht

Es war, als hätt' der Himmel

_____

Dass sie im Blüten-Schimmer

_____

Die Luft ging durch die Felder,

_____

Es rauschten leis die Wälder,

_____

Und meine Seele spannte

_____

Flog durch die stillen Lande,   *Joseph von Eichendorff*

Die S. erhalten den Auftrag, sich mit den verbliebenen Versen eingehend vertraut zu machen und dann die Lücken kreativ auszufüllen. Dabei sollen sie versuchen, Stimmung und sprachliche Gestalt des Gedichts möglichst genau zu treffen. Anschließend wird die Vollversion des Textes präsentiert. Die eigenen Gestaltungen werden mit dem Original verglichen.

Didaktische Hinweise
Das Verfahren setzt einige Erfahrungen mit Gedichten (z. B. mit Reimschemata und Metrum) voraus.

Alternativen
▦ Titel-Cluster (S. 121)

Hinweise zur Weiterarbeit
▦ Veröffentlichung verschiedener Versionen

Namenzusätze

Beispiel
Leben und Leidenschaft von Pandonar dem Grausamen
(Titel eines Jugendbuches von João Ubaldo Ribeiro)

Sozialformen: Einzel-, Partner-, Gruppenarbeit
Dauer: 5–15 Min.
Medien: –
Klassen: ab 5

Didaktisches Potenzial
Die S. drücken ihre Vorstellung von einer literarischen Figur in einem Namenszusatz aus.
Sie bringen einen Charakter auf einen prägnanten Begriff und charakterisieren ihn damit.

Vorbereitungen und Ablauf
Als Vorbereitung werden die vom Autor gewählten Namen aller Figuren eines literarischen Textes aufgelistet. Bei Dramen stehen solche Listen in Form der Dramatis Personae meist schon zur Verfügung.
Die S. erhalten die Anregung, für relevante Figuren des literarischen Textes „sprechende Namen" zu finden, die sich an den eigentlichen Namen anfügen lassen. Die Zusätze sollen den Charakter und/oder die Lebenserfahrungen der Figuren möglichst genau ausdrücken. Die S. erhalten außerdem die Aufgabe, die Namenswahl durch einige Verweise auf passende Textstellen kurz schriftlich zu begründen.

Didaktische Hinweise
Als „telling names" ist das Verfahren in der Literatur, aber auch in der Geschichtsschreibung (August der Starke, Iwan der Schreckliche, Karl der Große) nicht unüblich. „Telling names" können verschiedene Formen annehmen; als „anthropomorphic characters" mit sprechenden Namen wie Napoleon oder Major hat z. B. George Orwell seine Figuren in dem totalitarismuskritischen Roman „Animal Farm" angelegt.

Alternativen
▨ Charakterprofil (S. 89)
▨ Figurenbiografie (S. 126)
▨ Figureneinkleidung (S. 127)

Hinweise zur Weiterarbeit
▨ Personencharakterisierung

Literatur
Gerd Brenner: Kurzprosa: Kreatives Schreiben und Textverstehen. Berlin 2000, S. 9

Ortswechsel

Beispiel
Hilfe! Die Herdmanns kommen in unsere Schule!

Sozialformen: Gruppen- und Einzelarbeit
Dauer: 30 – 45 Min.
Medien: –
Klassen: ab 5

Didaktisches Potenzial
Die S. wechseln in einem literarischen Text den Ort des Geschehens.
Sie verlegen die Handlung an einen anderen, ihnen vertrauten Ort, wobei Figurenkonstellation und Handlungsabläufe möglichst parallel konstruiert werden sollen. Damit weisen sie ihr Verständnis des Ausgangstextes nach.

Vorbereitungen und Ablauf
Die S. haben die in einem literarischen Text dargestellte Handlung in einem ersten Durchgang erarbeitet. Das Verfahren kann dann folgendermaßen organisiert werden:
- Die S. legen einen ihnen bekannten neuen Handlungsort für das Geschehen fest oder bekommen diesen von der Lehrperson vorgegeben.
- Mithilfe der Blätterlawine (vgl. Methoden I, S. 100) entwickeln sie Ideen für eine Parallelhandlung an dem neuen Ort. (In Gruppen schreibt jeder S. einen ersten Satz auf ein Blatt; die Blätter werden jeweils an den Nachbarn weitergegeben, dieser schreibt den Textanfang weiter. Nach drei Minuten wird erneut weitergegeben etc.).
- Hat jedes Gruppenmitglied jeden Lawinentext bearbeitet, werden die Ergebnisse in der Gruppe vorgelesen. Jeder darf sich nun eine Vorlage auswählen und zur Grundlage einer individuellen schriftlichen Ausgestaltung machen.

Didaktische Hinweise
Der Ortswechsel lädt S. dazu ein, die literarische Handlung auf die eigene Lebenswelt zu beziehen.

Alternativen
- Vorbereitung der Ortswechsel-Texte mit dem Klopfwörter-Verfahren (S. 169)

Hinweise zur Weiterarbeit
- Aushang der Ortswechsel-Texte und Kenntnisnahme in einem Galeriegang (vgl. Methoden I, S. 240)

Literatur
Gerd Brenner: Kurzprosa: Kreatives Schreiben und Textverstehen. Berlin 2000, S. 51

Perspektivenwechsel *(Point-of-view story)*

Sozialformen: Einzel-, Gruppenarbeit
Dauer: 15 – 45 Min.
Medien: –
Klassen: ab 5

Didaktisches Potenzial

Die S. nähern sich einem Text von einem veränderten Standpunkt her.
Sie ändern die Perspektiven-Entscheidung des Autors/der Autorin und werden der Textaussage aus einem anderen Blickwinkel gerecht.

Vorbereitungen und Ablauf

Die S. werden aufgefordert, einen literarischen Text aufmerksam zu lesen, dann in Gruppen eine andere Sichtweise zu wählen und den Text – oder Teile davon – aus dieser Perspektive neu schriftlich zu fassen. Folgende Möglichkeiten sind gegeben:

- Aus einem auktorialen wird ein personaler Er-Erzähler, der alles vom Standort einer der im Text vorkommenden literarischen Figuren betrachtet.
- Aus einem auktorialen Erzähler wird ein Ich-Erzähler, der die Sichtweise einer der literarischen Figuren einnimmt.
- Ein personaler Erzähler wird gewechselt: Statt aus der Sichtweise einer Figur wird aus der einer anderen erzählt.
- Es wird eine neue, bisher nicht am Geschehen beteiligte Figur eingefügt, die alles aus ihrer Ich-Perspektive erzählt.
- Die Ausgestaltung der auktorialen Perspektive wird geändert, z. B. von neutral zu spöttisch, kritisch-distanziert usw.

Didaktische Hinweise

Ein Perspektivenwechsel erweitert die Wahrnehmung einer literarischen Aussage und erlaubt es, anschließend einen zweiten, noch genaueren Blick auf den Ausgangstext zu werfen und die ursprüngliche Entscheidung des Autors/der Autorin zu werten.

Alternativen

- Perspektivisches Schreiben (S. 164)
- Identifikationskreis (S. 130)
- Figurenbiografie (S. 126)

Literatur

Lars Collmar: Geschichten aus zwei Perspektiven. Mülheim 2007

Rückerinnerung

Sozialformen: Einzel-, Gruppenarbeit
Dauer: 10 – 30 Min.
Medien: –
Klassen: ab 8

Didaktisches Potenzial
Die S. setzen eine literarische Fiktion fort.
Sie werfen aus zeitlicher Distanz und aus Figurensicht einen Blick auf das Geschehen.

Vorbereitungen und Ablauf
Nachdem ein literarischer Text in einem ersten Durchgang erarbeitet worden ist, wird angenommen, dass nach Ende der Handlung zehn oder mehr Jahre vergangen sind. Weiterhin wird davon ausgegangen, dass die in dem Text handelnden Figuren auf das „damalige" Geschehen zurückblicken. Folgende Ausgestaltungen sind möglich:

▨ Wichtige handelnde Figuren des Textes treffen sich nach zehn Jahren erneut und kommentieren in einem Gespräch das damalige Geschehen (Darstellung in Dialogform wie in einem Drama oder in Form szenischen Erzählens).

▨ Eine Figur führt sich das damalige Geschehen noch einmal vor Augen und schreibt einer anderen beteiligten Figur einen Brief bzw. eine E-Mail, worin das Verhalten beider kommentiert wird (➔ Figurenäußerung).

▨ Eine Figur telefoniert mit einer anderen und tauscht mit ihr Meinungen über das damalige Geschehen aus.

▨ Eine Figur macht zehn oder mehr Jahre später einen Eintrag in ihr Tagebuch.

▨ In einem ➔ Inneren Monolog erinnert sich eine Figur an das damalige Geschehen und verarbeitet es gedanklich.

Didaktische Hinweise
Das Distanzierungsverfahren regt S. an, auch gedanklich Abstand von dem literarisch vergegenwärtigten Geschehen zu gewinnen und dabei die Sichtweise zu erweitern und Einsichten zu vertiefen. Außerdem kann – falls das Ende eines literarischen Textes offen ist – mit einer Rückerinnerung das Entwicklungspotenzial von Figuren definiert und weiter ausgeschöpft werden. Das Verfahren kann in Gruppen vorbereitet werden.

Alternativen
▨ Identifikationskreis (S. 130)
▨ Perspektivenwechsel (S. 137)

Hinweise zur Weiterarbeit
▨ Neubewertung der literarischen Figuren, die in das Verfahren einbezogen waren

Rückwärtsgeschichte *(Flashback)*

Sozialformen: Einzel- und Gruppenarbeit
Dauer: 30 – 45 Min.
Medien: –
Klassen: ab 7

Didaktisches Potenzial

Die S. entwerfen zu einem literarischen Geschehen eine Vorgeschichte.
Sie gestalten aus, was passiert sein könnte, bevor die Figur im vorliegenden Text in das Geschehen eintritt, und dokumentieren so ihr Textverständnis.

Vorbereitungen und Ablauf

Die S. nehmen an, dass eine zu Beginn einer Erzählung auftretende Figur nicht mehr in ihre Zukunft hinein lebt, sondern nach rückwärts. Das Verfahren kann folgendermaßen gegliedert werden:

- Die S. überlegen sich (evtl. in Kleingruppen) markante Lebensstationen der Figur, die vor dem Erzählanfang liegen. Diese werden (rückwärts)chronologisch aufgelistet.
- Anschließend gestalten die S. einige dieser Stationen erzählerisch aus (evtl. arbeitsteilig). Dabei sollen sie zentrale Textmerkmale (Erzähler, Erzähltempus etc.) beibehalten.

Didaktische Hinweise

Rückwärtsgeschichten können die Interpretation einer literarischen Figur intensivieren. Das Verfahren nutzt das Interesse insbesondere von Jugendlichen an biografischen Verläufen.

Das Leben einer literarische Figur über den Erzählanfang hinaus gedanklich rückzuverfolgen ist insbesondere dann reizvoll, wenn diese Figur zu Beginn der Erzählung offensichtlich von ihrem bisherigen Leben gezeichnet ist. Das ist oft bei Kurzgeschichten und anderer Kurzprosa der Fall.

Alternativen

- Perspektivisches Schreiben (S. 164)
- Rückerinnerung (S. 138)
- Figurenbiografie (S. 126)

Hinweise zur Weiterarbeit

- Erneuter interpretierender Blick auf die literarische Figur

Literatur

Gerd Brenner: Kurzprosa: Kreatives Schreiben und Textverstehen. Berlin 2000, S. 51

Tagebucheintrag *(Diary)*

Sozialformen:	Einzel-, Partnerarbeit
Dauer:	15 – 30 Min.
Medien:	–
Klassen:	ab 7

Didaktisches Potenzial
Die S. bewegen sich schreibend im Reflexionshorizont einer literarischen Figur.
Sie identifizieren sich mit der Figur und reagieren an ihrer Stelle auf Erfahrungen, die diese Figur gerade mit sich und ihrer Umwelt gemacht hat.

Vorbereitungen und Ablauf
Die S. oder die Lehrperson wählen in einer fiktiven Darstellung (Erzählung/Roman/Drama oder Film) eine Episode aus, die eine der beteiligten Figuren intensiv erlebt hat. Die S. versetzen sich in diese Figur hinein und schreiben einen Tagebucheintrag, in dem die Figur das Erlebte verarbeitet.
Mögliche Aufgabenstellungen für Deutsch und Englisch:
- Du bist XY und schreibst Gedanken, die dir durch den Kopf gehen, in dein Tagebuch.
- Imagine you are XY and write an entry in your diary.

Didaktische Hinweise
Die zu bearbeitende Textstelle kann in Partnerarbeit festgelegt werden. Das Tagebuch als sehr subjektiv geprägte Textform ist vielen S. vertraut. Rolf Hochhuth verweist auf Golo Mann, der die Ansicht äußerte, „die besten Tagebücher würden von namenlosen Jugendlichen geschrieben, die für den Druck noch nichts loswerden können und daher alles, was sie zu sagen haben, notgedrungen dem Journal anvertrauen" (Hochhuth 1985). Für viele Jugendliche ist das Tagebuch ein Medium schreibender Selbstbehauptung. Als Schreibverfahren ist es daher im Deutsch- und Fremdsprachenunterricht sinnvoll nutzbar.

Alternativen
- Figurenäußerung (S. 124)
- Biografischer Kompass (S. 123)
- Figureneinkleidung (S. 127)
- Traumkette (S. 141)

Hinweise zur Weiterarbeit
- Identifikationskreis (S. 130)

Literatur
Gerd Brenner: Kreatives Schreiben. Frankfurt/M. 1990, S. 71 ff.
Gerd Brenner: Kurzprosa: Kreatives Schreiben und Textverstehen. Berlin 2000, S. 47
Rolf Hochhuth: Wenn das ans Licht kommt. In: ZEIT-Magazin, 22.2.1985, S. 28 – 32

Traumkette

Sozialformen: Gruppen- und Einzelarbeit
Dauer: 20 – 45 Min.
Medien: –
Klassen: ab 5

Didaktisches Potenzial

Die S. stellen zentrale Lebensereignisse einer literarischen Figur fantastisch dar.
Sie schildern, wie eine literarische Figur oder eine Filmfigur belastende Erlebnisse im
Traum verarbeitet, und dokumentieren so ihr Verständnis der Figur.

Vorbereitungen und Ablauf

Die S. verständigen sich kurz darüber,
- welche zentralen negativen Ereignisse die Hauptfigur eines von ihnen gelesenen epischen oder dramatischen Textes in Träumen verarbeitet haben könnte und
- welche Empfindungen die Figur dabei gehabt haben muss.

Diese Träume gestalten die S. anschließend in Form einer Traumkette: Wenn die Figur –
nach einer dramatischen Zuspitzung von Ereignissen – aus einem Traum aufwacht, befindet sie sich nicht in der Realität, sondern direkt im nächsten Traum. Zwei bis vier Träume
werden so aneinandergereiht. Die Verschriftlichung erfolgt in Einzelarbeit.

Didaktische Hinweise

Dieses Verfahren der kreativen Überakzentuierung wurde in Anlehnung an die Erzähltech-
nik in Hermann Hesses „Der Steppenwolf" entwickelt. Träume zeichnen sich in der Regel
durch eine besondere Intensität der Imagination aus. In Traumszenen spielt der Träumen-
de immer die Hauptrolle, wird aber oft von der Umwelt bedroht. Die Szenen werden in
ihren Übersteigerungen, in Dehnungen und Raffungen von Raum und Zeit als bedrängend
erlebt. Die S. sollten darauf hingewiesen werden, dass die Einzelträume jeweils auf eine
einzige Szene zugespitzt werden sollten. Äußeres Geschehen wird dabei vollständig in das
innere Geschehen einer Figur hineinverlegt.

Alternativen
- Innerer Monolog (S. 131)
- Tagebucheintrag (S. 140)

Hinweise zur Weiterarbeit
- Schriftliche Charakterisierung
  der Figur

Literatur
Gerd Brenner: Kreatives Schreiben. Frank-
furt/M. 1990, S. 97 – 99

Verzweigung

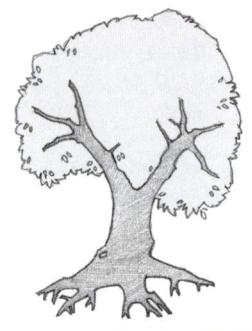

Sozialformen: Plenum, Einzelarbeit
Dauer: 20 – 45 Min.
Medien: –
Klassen: ab 5

Didaktisches Potenzial

Die S. setzen einen literarischen Text anders fort als vom Autor/von der Autorin vorgesehen.
Sie folgen dabei der Logik des Textes, wählen aber einen alternativen Handlungsfortgang.

Vorbereitungen und Ablauf

In einem von ihnen bearbeiteten literarischen Text suchen die S. zunächst ein oder zwei
Textstellen, an denen die Handlung durch
- ein anderes Verhalten einer Figur oder
- durch einen Eingriff von außen (z. B. ein schicksalhaftes Ereignis)

eine andere Wendung nehmen könnte. Sie stellen verschiedene Optionen der Umsteue-
rung zusammen, diskutieren die Sinnhaftigkeit eines solchen Eingriffs in den Text, wählen
eine der diskutierten Optionen aus und schreiben den Text dann von dieser Stelle an in
Einzelarbeit neu. Anschließend vergleichen die S. die Varianten miteinander und mit der
ursprünglichen Fassung.

Didaktische Hinweise

Die S. werden darauf hingewiesen, dass die im Text bisher angelegten Entscheidungen des
Autors/der Autorin bei der Entfaltung neuer Situationen gebührend berücksichtigt werden sollten. Dabei können die S. zunächst in einem → Entscheidungsbaukasten festhalten,
welche Festlegungen des Autors/der Autorin im unverändert gelassenen Teil des Textes
verankert sind.

Alternativen

- Ortswechsel (S. 136)
- Genrewechsel/Textsortenwechsel
  (S. 129)
- Perspektivenwechsel (S. 137)

Hinweise zur Weiterarbeit

- Präsentation der Verzweigungstexte
  in einem Galeriegang (vgl. Methoden I,
  S. 240)

Literatur

Gerd Brenner: Kurzprosa: Kreatives Schreiben und Textverstehen. Berlin 2000, S. 6

Zeitsprung *(Leap in time)*

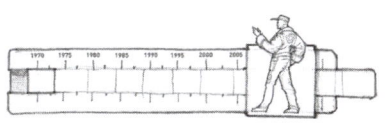

Sozialformen: Plenum, Einzelarbeit
Dauer: mehrere Stunden
Medien: –
Klassen: ab 8

Didaktisches Potenzial

Die S. versetzen eine literarische Handlung in einen neuen zeitlichen Kontext.
Sie erkennen, dass literarische Aussagen in mehrfacher Hinsicht zeitgebunden sind und
dass diese Festlegungen in einem literarischen Spiel aufgelöst werden können.

Vorbereitungen

Die S. recherchieren
▨ zu dem Zeitraum, in dem eine literarische Handlung spielt,
▨ zu dem Zeitraum, in dem der Text verfasst wurde.
Sie machen sich die Übereinstimmung bzw. den zeitlichen Abstand zwischen Entstehungsdatum und erzählter Zeit klar und reflektieren, welche Konsequenzen dieser Abstand für den Autor/die Autorin gehabt haben muss. Die S. ermitteln außerdem den zeitlichen Abstand zwischen dem Entstehungsdatum eines Textes und dem Rezeptionszeit-
punkt.

Ablauf

Nachdem die S. sich die zeitlichen Dimensionen des literarischen Textes vergegenwärtigt
haben, versetzen sie wesentliche Aspekte des Textes in eine andere Zeit. (Am ehesten gelingt dies mit der Gegenwart.) Zunächst entscheiden sie, welche Aspekte im Kern beibehalten werden sollen, z. B.
▨ die Figuren und ihre Konstellation,
▨ die Handlung,
▨ der dargestellte Konflikt usw.
Anschließend wird reflektiert, welche Aspekte des Textes „übertragen" werden sollten, z. B.
▨ die Art und Weise der Figuren, miteinander umzugehen,
▨ die Redeweise der Figuren,
▨ die Lebensgewohnheiten der Figuren,
▨ die Art der Figuren, sich auseinanderzusetzen,
▨ das Zeit- und Lokalkolorit.
Nach diesem Klärungsprozess im Plenum werden verschiedene Teile des Textes abgegrenzt, die von einzelnen S. „übertragen" werden sollen.
Dem Handlungsgerüst des Ausgangstestes folgend, werden die Ausführungen dann im
Plenum vorgetragen. Anschließend wird überlegt, welche neuen Einsichten in die Aussage
des Ursprungstextes das Verfahren gebracht hat.

Didaktischer Kommentar

Ein Zeitsprung ist als Verfahren des freien und kreativen Schreibens, aber auch als weiterführender Schreibauftrag zu einem vorliegenden literarischen Text vorstellbar (s. o.). Ähnlich wie → Genrewechsel regt das Verfahren des Zeitsprungs dazu an, sich mit einer Grundentscheidung des Autors/der Autorin auseinanderzusetzen, hier: mit der historischen Einordnung und dem Zeitkolorit. Die Methode ermöglicht es, die Zeitgebundenheit eines literarischen Textes zu erkennen und den eigenen Rezeptionshorizont, mit dem man sich dem Text nähert, genauer zu definieren.

In der Literatur finden sich viele Beispiele für das Zeitsprung-Verfahren:

- *Herbert Rosendorfer* lässt in seinem Roman „Briefe in die chinesische Vergangenheit" einen chinesischen Mandarin auftreten, der mittels einer Zeitmaschine in das heutige München geraten ist und sich mit dem völlig anderen Leben der „Ba Yan" konfrontiert sieht. In Briefen an einen Freund im Reich der Mitte schildert er seine Eindrücke und Erlebnisse.
- *Hans-Magnus Enzensberger* lässt in dem historischen Jugendroman „Wo warst du Robert?" einen jungen Protagonisten eine Zeitreise durch fast vier Jahrhunderte unternehmen. Dabei sieht sich Robert sowohl zeitlich als auch geografisch in die Fremde versetzt. Zu Hause alleine vor dem Fernseher zurückgelassen, entwickelt der 14-Jährige eine Art „Augenkino", mit dem er mehrfach in ein ganz anderes „Programm" mit ihm fremd erscheinenden Lebensverhältnissen hineingerät. Dabei wird er immer wieder mit Situationen des interkulturellen und historischen Lernens konfrontiert.

Weitere Titel dieser Art:

- *Brüder Grimm:* Dornröschen
- *Irmtraud Morgner:* Leben und Abenteuer der Trobadora Beatriz nach Zeugnissen ihrer Spielfrau Laura

Tipps zur Umsetzung

Zeitsprünge in vergangene historische Epochen sind in der Regel zu schwierig und zeitaufwändig, da sie zunächst intensive Recherchen voraussetzen. Es gelingt S. aber durchaus, literarische Stoffe in ihre eigene aktuelle Lebenswelt zu versetzen.

Alternativen

- Rückerinnerung (S. 138)
- Rückwärtsgeschichte (S. 139)
- Anschlusstext (S. 122)
- Figurenbiografie (S. 126)

Hinweise zur Weiterarbeit

- Rezeptionsgeschichtliche Auseinandersetzung mit einem literarischen Text

Literatur

Gerd Brenner: Kurzprosa: Kreatives Schreiben und Textverstehen. Berlin 2000, S. 29
Hans Magnus Enzensberger: Wo warst du Robert? München u. Wien 1998

6 Sachlich schreiben

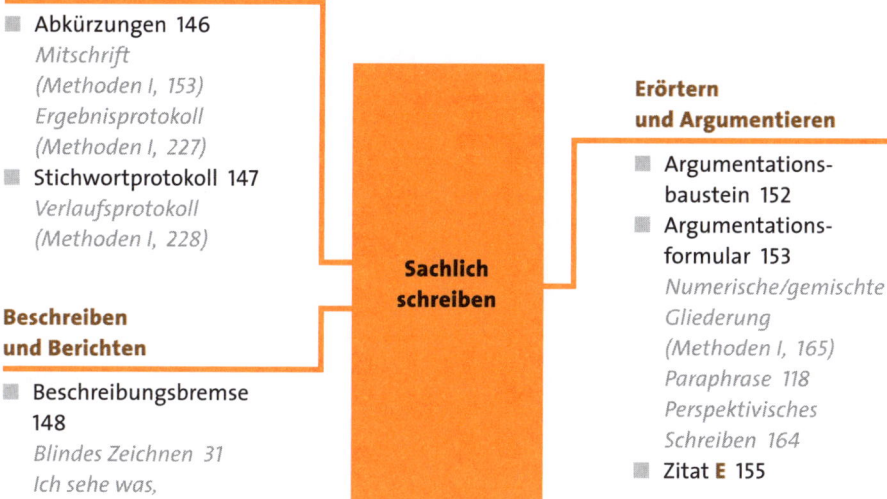

Abkürzungen *(Abbreviations)*

Beispiele	**Sozialformen:** Einzelarbeit
s. o. s. u. zw. Jh.	**Dauer:** –
	Medien: –
	Klassen: ab 7

Didaktisches Potenzial
Die S. reduzieren Wörter auf sinntragende Buchstabenkombinationen.
Bei Unterrichtsmitschriften (vgl. Methoden I, S. 153 f.) oder bei Mitschriften zur Vorbereitung von Protokollen nutzen die S. Abkürzungen, um möglichst viele Informationen aufnehmen zu können.

Vorbereitungen und Ablauf
Die S. erhalten Listen mit gängigen Abkürzungen, die für Mitschriften im Unterricht hilfreich sind. Nützlich sind z. B. die folgenden Abkürzungen:

allg.	allgemein	o. Ä.	oder Ähnliches
bes.	besonders	typ.	typisch
Bez.	Bezeichnung	u.	und
bzw.	beziehungsweise	ü.	über
Def.	Definition	u. a.	und andere/unter anderem
dt.	deutsch	vgl.	vergleiche
Ggs.	Gegensatz	z. B.	zum Beispiel
Jh.	Jahrhundert	z. T.	zum Teil
n.	nicht	zw.	zwischen
o.	oder		

Die S. prägen sich diese Abkürzungen ein und nutzen sie in Unterrichtsmitschriften.

Didaktische Hinweise
Abkürzungen haben für S. in Mitschriften eine entlastende Funktion. Sie sollten jedoch darauf hingewiesen werden, dass die Kürzel in Fließtexten wie einer Klassenarbeit oder Klausur bis auf wenige akzeptierte Ausnahmen (z. B., u. a. usw.) nicht verwendet werden sollten.

Hinweise zur Weiterarbeit
- Stichwortprotokoll (S. 147)
- Ergebnisprotokoll (vgl. Methoden I, S. 227)
- Verlaufsprotokoll (ebd., S. 228)

Literatur
Anja Steinhauer: Duden. Das Wörterbuch der Abkürzungen. Mannheim 2005

Stichwortprotokoll

Beispiel
Name des Protokollierenden: Kurt Klar
Datum: 1. Juni 2007
Thema: Britisches Empire
…

Sozialformen:	Einzelarbeit
Dauer:	10 – 45 Min.
Medien:	–
Klassen:	ab 6

Didaktisches Potenzial
Die S. trainieren das aktive Zuhören durch stichpunktartige Mitschrift.
Sie halten Abläufe und Ergebnisse des Unterrichts in systematischer Form fest.

Vorbereitungen und Ablauf
Ein S., der die Stunde protokollieren soll, erhält ein Protokollformular, das ihn bei seiner Mitschrift unterstützen soll. Festgehalten werden sollen Steuerungsimpulse, Basisdaten zur Unterrichtsstunde sowie inhaltliche Schwerpunkte. Das Formular kann folgende Punkte enthalten:
- Name des/der Protokollierenden und Datum
- Thema
- Text-/Materialgrundlage der Stunde
- steuernde Fragestellungen (viel Platz für Notate)
- Hauptergebnisse (z. B. Tafelanschrieb; sehr viel Platz für Notate)
- offene Fragen
- Hausaufgaben

Der S. nutzt diese Gliederung, um wesentliche Aspekte der Stunde zu erfassen. Die steuernden Fragen sollen durchnummeriert und die Hauptergebnisse diesen Unterpunkten mit gleicher Nummerierung zugeordnet werden.

Didaktische Hinweise
Besonders in jüngeren Klassen kann die Lehrperson den Protokollierenden an Gelenkstellen der Stunde gezielt darauf hinweisen, dass gerade ein Steuerungsimpuls gesetzt wird. S. in älteren Klassen sollten in der Lage sein, solche Gelenkstellen selbst zu erfassen. Während der Mitschrift können → Abkürzungen verwendet werden.
Anders als beim Verlaufs- bzw. Ergebnisprotokoll sollen die S. ihre Mitschrift beim Stichwortprotokoll nicht durchformulieren. Das Stichwortprotokoll ist also eine Vorform dieser Protokollarten.

Hinweise zur Weiterarbeit
- Verlaufsprotokoll (vgl. Methoden I, S. 228)
- Ergebnisprotokoll (ebd., S. 227)

Literatur
Ursula Plöger: Ergebnissicherung im Stichwortprotokoll. In: Pädagogik, 10/2001, S. 20 – 23

Beschreibungsbremse

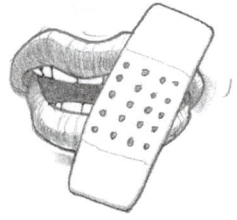

Sozialformen:	Einzelarbeit
Dauer:	15 – 20 Min.
Medien:	Karteikarten
Klassen:	ab 6

Didaktisches Potenzial
Die S. umschreiben einen Sachverhalt mit sachspezifisch reduziertem Vokabular.
Sie unternehmen dabei besondere Anstrengungen, ihre Adressaten sprachlich zu erreichen.

Vorbereitungen und Ablauf
Die Lehrperson hat Karteikarten vorbereitet, auf denen jeweils einem Hauptbegriff sieben verwandte Begriffe aus seinem Umfeld zugeordnet sind.
Beispiel:
Hauptbegriff: Haus
Zusatzbegriffe: Wohnung, Fenster, Tür, Keller, Namensschild, Klingel, Dach

Jeder S. erhält einen Hauptbegriff zugeteilt, den er in zehn Sätzen so umschreiben soll, dass die Mits. ihn erraten können. Bei dieser Umschreibung sollen die S. den Hauptbegriff und die sieben weiteren auf ihrer Karteikarte stehenden Begriffe nicht verwenden. Anschließend lesen die S. die von ihnen verfassten Texte noch einmal durch und überprüfen, ob nicht doch eines der „verbotenen" Wörter in den Text eingeflossen ist. Dann werden die Texte im Plenum vorgetragen; die Mits. versuchen, die Begriffe zu erraten.

Didaktische Hinweise
Viele Wörter, die S. kennen, gehören nicht zu ihrem aktiven Wortschatz. Das Verfahren der Beschreibungsbremse legt eine Flexibilisierung des Beschreibungsvokabulars nahe und damit einen Rückgriff auf bisher kaum genutzte Bereiche des passiven Wortschatzes.
Zur Vorbereitung ihrer Umschreibung können die S. evtl. zunächst ein Cluster (vgl. Methoden I, S. 167 f.) mit Begriffen anlegen, die sich dem Hauptbegriff zuordnen lassen.

Alternativen
- Stilisierung (S. 201)
- Sprachmusterverschiebung (S. 197)
- Reduktionstext (S. 190)
- Vokalvereinzelung (S. 192)

Hinweise zur Weiterarbeit
- Vorstellung eines Synonymwörterbuchs zur Erweiterung des Wortschatzes

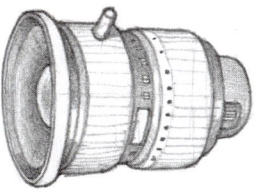

Sozialformen:	Einzel-, Partner-, Gruppenarbeit
Dauer:	30 – 45 Min.
Medien:	Kamera, Kopien eines Bildes, Fenster u. a.
Klassen:	ab 5

Didaktisches Potenzial

Die S. beschreiben mündlich möglichst genau einen definierten Wirklichkeitsausschnitt.
Sie trainieren die Genauigkeit und Intensität ihrer Wahrnehmung und bereiten so schriftliches Beschreiben vor.

Vorbereitungen

Für einige der folgenden Übungen ist es zweckmäßig, mit der Lerngruppe ins Freie, in ein Foyer oder einen Flur zu gehen.

Ablauf

Die folgenden Verfahren sind möglich:

- *Raumbeobachtung/Observation of the room:* Alle S. richten ihre Aufmerksamkeit innerhalb einer Minute nach und nach auf alle Bereiche des Klassenraumes und versuchen sich möglichst alles zu merken, was sie sehen. Dann schließen sie die Augen und die Lehrperson stellt Fragen wie „Wie viele Fenster sind offen?", „Was steht an der Tafel?", „Wo sitzt XY heute?", „Wie viele Kreidestücke liegen auf der Tafelablage?" usw. Jeder S. überlegt sich still die Antworten und schreibt sie blind auf einen Zettel. Anschließend öffnen alle die Augen und überprüfen für sich, ob die Antworten richtig waren.
- *Rückentraining/Back to back:* Die S. gehen im Raum umher und schauen sich alle anderen genau an. Auf ein Stoppsignal der Lehrperson hin stellt sich jeder mit einem in der Nähe stehenden Mits. Rücken an Rücken auf und beschreibt den Partner/die Partnerin auf einem Schreibblock stichpunktartig möglichst genau. Nach drei Minuten drehen sich alle um und sehen nach, ob die Beschreibungen korrekt sind.
- *Variationen/Spot the change:* Jeweils acht bis zehn S. stehen sich in zwei Reihen gegenüber. Sie haben zwei Minuten Zeit, um sich jeden einzelnen in der Gegengruppe genau anzusehen. Dann drehen sich die Gruppen um, bewegen sich voneinander weg und jeder ändert eine Kleinigkeit an seiner Kleidung. Anschließend wird die Anfangsaufstellung wieder eingenommen; innerhalb einer Minute soll jede Gruppe die Änderungen auf einem Zettel notieren.
- *Digi-Kamera/Camera:* Ein S. fotografiert zu Hause mit einer Digitalkamera einen interessanten Bildausschnitt (z. B. ein Raumdetail). Das Bild wird auf den Computer geladen und schwarz-weiß ausgedruckt. Die S. erhalten eine Kopie dieses Bildes, und alle beschreiben möglichst genau, was zu sehen ist, und zwar zunächst mündlich und dann schriftlich.

Didaktischer Kommentar

S., die etwas beschreiben sollen, stehen vor einer doppelten Herausforderung: Sie müssen
- ▦ Sachverhalte möglichst umfassend und detailgenau wahrnehmen und
- ▦ das Wahrgenommene dann realitätsgerecht und sprachlich angemessen darstellen.

Dazu benötigen sie Wahrnehmungskompetenzen wie Konzentration und Merkfähigkeit, außerdem Darstellungskompetenzen wie den Einsatz eines angemessenen Beschreibungsvokabulars und Fähigkeiten zur Strukturierung beschreibender Texte.

Spinner (s. u.) schlägt zur Verbesserung von Beschreibungskompetenzen u. a. Übungen zum literarischen Beschreiben vor. Er geht von beschreibenden Passagen in literarischen Texten aus und regt dann an, dort erkennbare Verfahren der genauen Beschreibung nachzuahmen. Dabei verwendet er auch Verfahren der Fokussierung. In Anlehnung an einen Text von Franz Hohler mit dem Titel „Durch das Fenster" (aus: ders.: Wo? Darmstadt 1975, S. 13 f.) wird vorgeschlagen, die Rahmung eines Fensters zu nutzen, um den dadurch gegebenen Wirklichkeitsausschnitt genau wiederzugeben, wobei wie bei einer Bildbeschreibung von „oben" und „unten" bzw. „rechts" und „links" gesprochen werden kann.

Tipps zur Umsetzung

Das fokussierende Beschreiben kann auch die Imaginationskraft der S. beflügeln. Eine Arbeitsanregung für Klasse 5 könnte z. B. lauten:

> „Stell dir vor, du könntest mit dem Zoom einer Fotokamera das, was du auf dem Bild siehst, ganz nah an dich heranholen. Richte die Kamera auf einen Bildausschnitt aus, der deiner Meinung nach wichtig und interessant ist. Beschreibe möglichst genau den Gesamteindruck und dann die Einzelheiten, die du sehen würdest."

Eine solche Beschreibungsübung ist auch in Erzählprojekten sinnvoll einsetzbar, z. B. zur Ausgestaltung von Fantasiegeschichten (Gruselgeschichten u. a.) oder Erlebniserzählungen, wenn die Imaginationen der S. nicht detailliert genug entfaltet sind (vgl. Biermann/Schurf, S. 51).

Alternativen
- ▦ Sitzproben (S. 33)
- ▦ Blindes Zeichnen (S. 31)
- ▦ Beschreibungsbremse (S. 148)
- ▦ Fotoausschnitte (S. 24)
- ▦ Roboter (S. 26)

Hinweise zur Weiterarbeit
- ▦ Bildbeschreibungen
- ▦ Personenbeschreibungen
- ▦ Fantasiegeschichten

Literatur

Michael Becker-Mrotzek/Ingrid Böttcher: Schreibkompetenz entwickeln und beurteilen. Berlin 2006, S. 114 ff.
Kaspar H. Spinner: Literarisches Beschreiben. In: Praxis Deutsch, H. 182, 2003, S. 16–21

W-Fragen-Vorgaben

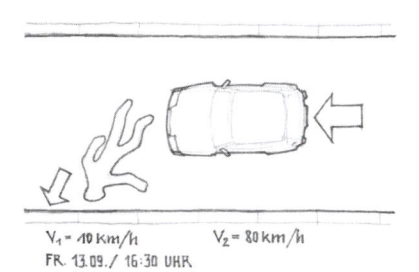

$V_1 = 40\,km/h \qquad V_2 = 80\,km/h$
FR. 13.09. / 16:30 UHR

Sozialformen:	Einzel-, Partnerarbeit
Dauer:	10 – 20 Min.
Medien:	–
Klassen:	ab 5

Didaktisches Potenzial
Die S. gestalten auf der Basis vorgegebener Informationen einen Bericht.
Sie legen eine sinnvolle Abfolge der Informationen fest und bringen sie in Textform.

Vorbereitungen und Ablauf
Im Rahmen einer Unterrichtsreihe „Berichten" erhalten die S. eine Liste mit stichwortartigen Antworten auf W-Fragen (→ W-Fragen) nach folgendem Muster:

Wann?	Freitag, den 17.9., 16 Uhr
Wo?	Tomper Straße in Hardt
Wer?	ein elfjähriger Junge
Wie?	am Bein erfasst; nur kurzer Bremsweg
Warum?	Auto mit offensichtlich überhöhter Geschwindigkeit; Unachtsamkeit des Jungen
Was?	Versuch, die Straße zu überqueren; Junge vom Auto erfasst, schwer verletzt
Welche Folgen?	neue Diskussion über Einrichtung einer Fußgängerampel

Die S. erhalten dann die Aufgabe,
a) die Informationen in eine sinnvolle, für einen Bericht geeignete Reihenfolge zu bringen (Wer? Was? Wann? Wo? Wie? Warum? Welche Folgen?);
b) alle Informationen in Form eines Berichts sprachlich umzusetzen.

Didaktische Hinweise
Die S. können darauf hingewiesen werden, dass sie bei der schriftlichen Ausarbeitung des Berichts Merkmale der Textsorte (sachlich und ohne persönliche Gefühle, tatsachenorientiert und ohne persönliche Wertungen, Präteritum und Plusquamperfekt bei Vorzeitigkeit etc.) beachten sollten.

Alternativen
▪ Bildliche Ablaufvorgabe

Hinweise zur Weiterarbeit
▪ Bericht als Klassenarbeit

Argumentationsbaustein

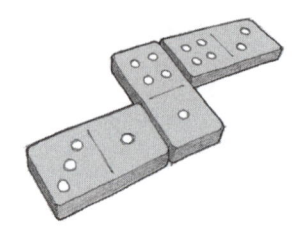

Sozialformen: Einzel-, Partnerarbeit
Dauer: 10 – 20 Min.
Medien: –
Klassen: ab 7

Didaktisches Potenzial

Die S. erarbeiten sich die fachlichen Anforderungen an eine Erörterung.
Sie trainieren den gedanklichen Aufbau einer Argumentation.

Vorbereitungen und Ablauf

Die S. erhalten den Auftrag, sich einen strittigen Sachverhalt mithilfe von Verfahren wie Mindmap (vgl. Methoden I, S. 163 f.), Numerische/gemischte Gliederung (ebd., S. 165 f.) oder Matrix (ebd., S. 169 f.) zu erarbeiten. Anschließend formulieren sie im Hinblick auf eine Erörterung mehrere Thesen (Behauptungen, Forderungen). Sie wählen dann jeweils eine These aus, die sie für gut vertretbar halten, und gestalten dazu einen Textbaustein, der Folgendes enthält:

a) die *These,*
b) ein die These unterstützendes *Argument,*
c) einen *Beleg* (veranschaulichendes Beispiel) und/oder eine *Erläuterung* (verdeutlichende Begründung) zur Abstützung des Arguments.

Didaktische Hinweise

Das Verfahren bietet S. Trainingsmöglichkeiten, sowohl beim mündlichen Argumentieren als auch in komplexen schriftlichen Formen wie dem Erörterungsaufsatz Argumentationen in einem standardisierten *Drei-Schritt-Verfahren* effektiv aufzubauen, sodass sie fachlichen Anforderungen entsprechen. Dabei lassen sich mehrere der Bausteine (Teile b und c) ein und derselben These zuordnen. Die kompletten Bausteine können in einem Erörterungsaufsatz entweder in einen steigernden oder einen dialektischen Aufbau (mit These und Gegenthese) eingefügt werden.

Hinweise zur Weiterarbeit
▦ Erörterungsaufsatz

Literatur
Gerd Brenner: Erörterndes Schreiben. In: Heinrich Biermann/Bernd Schurf (Hrsg.): Texte, Themen und Strukturen. Deutschbuch für die Oberstufe. Berlin 2009, S. 594 – 610

Argumentationsformular

These
Argument
Beispiel/Erläuterung

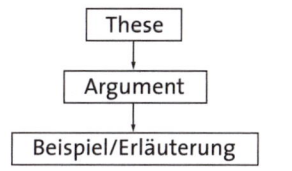

Sozialformen: Einzel-, Partnerarbeit
Dauer: 10 – 15 Min.
Medien: Arbeitsblatt
Klassen: ab 7

Didaktisches Potenzial

Die S. erarbeiten sich eine Argumentation in einem grafisch gestützten Verfahren.
Sie organisieren die Prozesslogik einer Argumentation Schritt für Schritt.

Vorbereitungen

Die S. erhalten Argumentationsvorlagen wie diese:

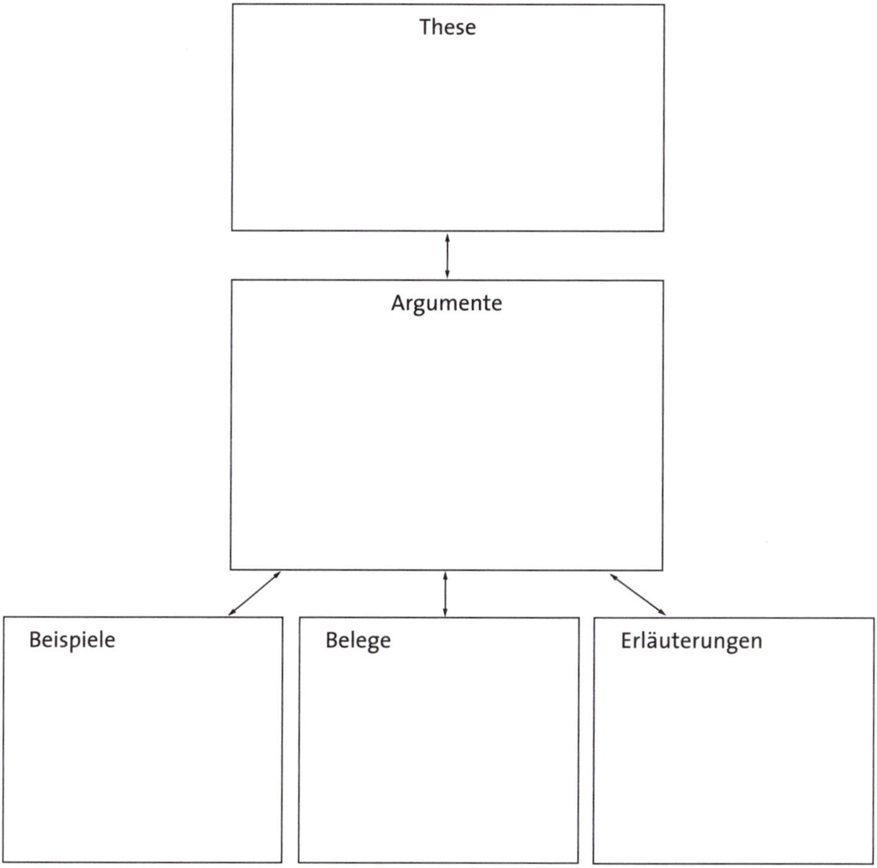

These
Argumente
Beispiele
Belege
Erläuterungen

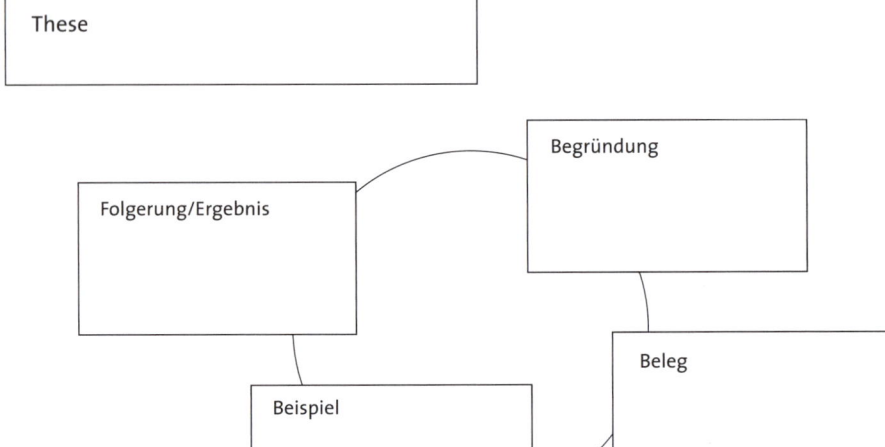

Ablauf
Die S. erhalten den Auftrag, unter Nutzung der grafischen Vorgaben eine Argumentation Schritt für Schritt aufzubauen und dabei immer wieder die logische Schlüssigkeit der Gedankenfolge zu überprüfen.

Didaktischer Kommentar
Die grafischen Stützen zur Anlage von Argumentationen haben den Vorteil, dass die S. alle notwendigen Teilschritte vor Augen haben und so keinen vergessen können. Außerdem stützen die grafischen Muster die gedankliche Strukturierung.
In der oben dargestellten Form eignen sich Argumentationsformular und Kreisdiagramm für eine *deduktive Gedankenführung,* die gedanklich von einer These zu Argumenten und dann zu Beispielen/Erläuterungen gelangt und dabei in der Regel *kausale* Verknüpfungen vornimmt („Die These ist begründet, weil …"). Diese Abläufe lassen sich auch umkehren. In einer *induktiven Gedankenführung* werden zunächst Argumente, Beispiele und Erläuterungen aufgeführt, aus denen dann eine These abgeleitet wird. Die gedankliche Verknüpfung ist dann *konsekutiv* (… „Deshalb lässt sich die These vertreten, dass …").

Alternative
■ Argumentationsbaustein (S. 152)

Hinweise zur Weiterarbeit
■ Erörterungsaufsatz

Literatur
Karl Josef Heerstraßen/Bernd Schurf (Hrsg.): Texte, Themen und Strukturen. Neue Ausgabe für weiterführende berufliche Schulen. Handbuch für den Unterricht. Berlin 2002, S. 133

Zitat *(Quotation)*

Sozialformen:	Einzel-, Partnerarbeit
Dauer:	5 – 10 Min.
Medien:	–
Klassen:	ab 7

Didaktisches Potenzial

S. dokumentieren eine Fremdaussage.

Sie lösen diese im originalen Wortlaut aus dem Ursprungskontext heraus und fügen sie in einen eigenen Kontext ein.

Vorbereitungen

Die S. wählen aus einem zu bearbeitenden Text eine Stelle aus, die im Hinblick auf ein zu bearbeitendes Thema besonders aussagekräftig ist und die wortwörtlich in einen eigenen Text übernommen werden kann. Sie werden darauf hingewiesen, dass es sich dabei um einen ganzen Satz oder um einen Teil eines Satzes handeln kann.

Ablauf

Die S. erhalten den Auftrag, selbstständig einen gedanklichen Zusammenhang zu entwickeln, in den das ausgewählte Zitat eingefügt werden kann. Sie sollen das Zitat dann schriftlich integrieren und dabei die folgenden Regeln beachten:

- Der Wortlaut eines Zitats darf gegenüber dem Ursprungstext nicht verändert werden.
- Zitate sollten immer so in einen eigenen Text eingebaut werden, dass sich vollständige Sätze ergeben. (In Klammern gesetzte Satzfetzen entsprechen nicht den Standards.)
- Wenn man in einem Zitat ein Wort oder mehrere aufeinanderfolgende Wörter auslässt, weil sie nicht in den eigenen Satzzusammenhang passen, wird das durch drei Punkte in eckigen Klammern kenntlich gemacht.
- Müssen in einem eingefügten Zitat Wörter grammatisch an den eigenen Satz angepasst werden (z. B. vom Original abweichende Kasusendung), so wird der veränderte Buchstabe ebenfalls in eckige Klammern gesetzt.
- Zitate werden am Anfang und am Ende mit Anführungszeichen versehen.
- Zitiert man einen Textbaustein, in dem sich bereits ein Zitat befindet, so wird dieses nur noch durch einfache Anführungszeichen kenntlich gemacht.
- Wenn im Ursprungstext Wörter besonders gestaltet sind (z. B. Fett- oder Kursivdruck), so muss dies beim Zitieren übernommen werden.
- Nach einem Zitat ist die Quelle in Klammern anzugeben. Dabei kann eine Kurzform gewählt werden (Autor, Erscheinungsjahr des zitierten Werkes und Seite, von der das Zitat stammt). In diesem Fall muss die Quelle mit allen weiteren Angaben (z. B. Erscheinungsort) in einem Quellenverzeichnis aufgeführt werden.

Didaktischer Kommentar

Das Zitieren scheint eine einfache Methode zu sein; sie ist für S. jedoch oft sehr problembehaftet. Gelesene Literatur in einem eigenen Text gedanklich zu verarbeiten ist für viele – und selbst noch für viele Studierende – eine besondere Herausforderung. Das Zitat stellt dabei einen besonderen Stolperstein dar. Micheel/Vogel (s. u.) geben eine Schüleräußerung wieder, die das Problem, das viele mit dem Zitieren und besonders dem Quellenbeleg haben, anschaulich verdeutlicht: „Aber wenn ich das nach jeder Stelle angebe, dann wissen die Lehrer ja, woher ich die Informationen habe" (S. 198). Ein S.-Bedenken ist immer wieder: „Kann ich überhaupt etwas sagen, was noch niemand vor mir gesagt hat?" (ebd., S. 197). Viele S. nehmen an, dass man für eine Arbeit mit wissenschaftlichem Anspruch (Referat, Facharbeit u. Ä.) alle Informationen an der Erstquelle recherchiert haben müsse. Die Usancen des wissenschaftlichen Referierens insgesamt sind ihnen nicht hinreichend vertraut. Zwischen Diebstahl geistigen Eigentums (Plagiat, Zitat ohne Beleg) und dem Verzicht auf Quellenstudium schwanken sie hin und her. Es ist daher wichtig, Funktionen und Verfahrensweisen des Zitierens mit S. zu klären.

Tipps zur Umsetzung

Die S. sollten darauf hingewiesen werden, dass

▓ Zitate die ursprüngliche Aussageabsicht eines Verfassern nicht verfälschen dürfen;

▓ nicht zu häufig zitiert werden sollte, sondern nur dann, wenn man das Zitat mit einer wichtigen eigenen Beweisführung verbinden kann;

▓ aus anderen Texten übernommene Fachbegriffe als Allgemeingut gelten und nicht als Zitate ausgewiesen werden müssen;

▓ auch aus Quellen übernommene historische Daten und Fakten nicht als Zitate gelten;

▓ eckige Klammern zur Kennzeichnung ausgelassener Wörter in Textprogrammen (z. B. Word) über „Einfügen" und „Symbol" eingefügt werden können.

Alternative

▓ Paraphrase (S. 118)

Hinweise zur Weiterarbeit

▓ Erörterungsaufsatz

▓ Interpretationsaufsatz

▓ Essay

▓ Referat (vgl. Methoden I, S. 233 f.)

▓ Facharbeit

Literatur

Gerd Brenner: Die Facharbeit. Berlin 2002, S. 69 ff.

Christine Micheel/Meike Vogel: Schreiblabor Bielefeld: Workshops zum wissenschaftlichen Schreiben für Schülerinnen und Schüler. In: Gerd Bäumer (Hrsg.): Schreiben(d) lernen. Hamburg 2004, S. 191 – 207

Hinweise zur Zitierweise von Dokumenten aus dem Internet unter: www.mediensprache.net/de/publishing/zitieren oder www.student online.net/zitieren.shtml

7 Erzählen/Interpretieren

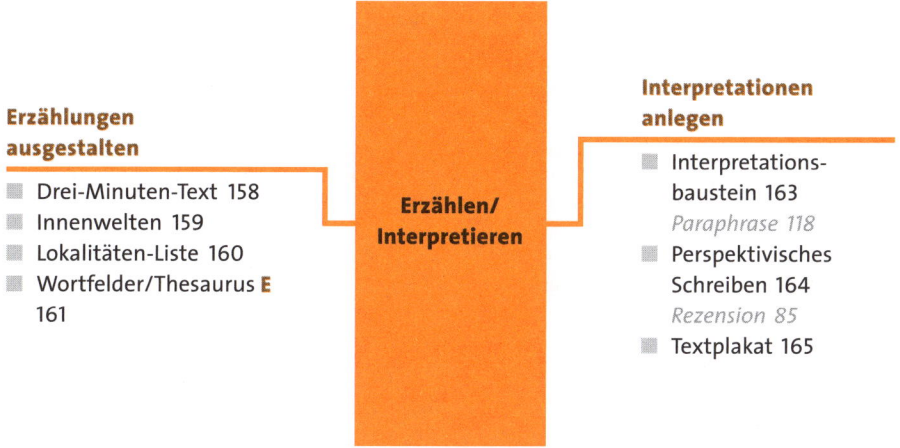

Erzählungen ausgestalten

Erzählen/ Interpretieren

Interpretationen anlegen

Drei-Minuten-Text

Beispiel
Frau Krömer teilte die Klassenarbeiten aus.

Mit einem dumpfen Knall landeten die Klassenarbeiten auf dem Pult. Sofort wurde es still. …

Sozialformen:	Einzelarbeit
Dauer:	15 – 20 Min.
Medien:	–
Klassen:	ab 5

Didaktisches Potenzial
Die S. intensivieren ihre erzählerische Fantasie.
Sie entschleunigen in einem erzählenden Text die Handlungsentwicklung und gestalten so Handlungselemente genauer aus.

Vorbereitungen und Ablauf
Die S. suchen sich ein Ereignis aus (z. B. Rückgabe einer Klassenarbeit, eine Oma vor der Rolltreppe, Aufstehen), über das sie erzählen möchten. Sie bekommen dann die Vorgabe, nur die ersten drei Minuten dieser Handlung darzustellen, sich diese möglichst genau vorzustellen und sie dann in einem Drei-Minuten-Text möglichst detailliert auszugestalten. Sie erhalten dazu eine Liste mit Darstellungsoptionen wie
- wörtliche Rede,
- beschreibende Sätze,
- veranschaulichende Adjektive,
- Vergleiche.

Außerdem können die S. mit dem Verfahren ➔ Innenwelten vertraut gemacht werden.

Didaktische Hinweise
Jüngere S., die erzählende Texte verfassen, neigen unter dem Einfluss entsprechender Medienformate dazu, in rascher Folge ein Handlungselement an das andere zu reihen, ohne Akzente der szenischen Entfaltung zu setzen. Ihre Texte kommen zu schnell zum Ende; interessante Details gehen dabei verloren. Daher sind Verfahren der Entschleunigung sinnvoll, die dazu anleiten, einzelne Handlungsschritte genauer auszufantasieren.

Alternativen
- Fokus (S. 149)

Hinweise zur Weiterarbeit
- Fortsetzung der Geschichte mit einigen weiteren Drei-Minuten-Abschnitten und zeitraffenden Zwischenstücken

Literatur
Gerd Brenner: Die ersten drei Minuten. In: Heinrich Biermann/Bernd Schurf (Hrsg.): Deutschbuch 5. Berlin 1997, S. 51 f.

Innenwelten

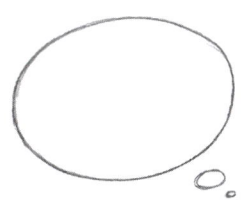

Sozialformen:	Einzel-, Partnerarbeit
Dauer:	30 – 45 Min.
Medien:	–
Klassen:	ab 5

Didaktisches Potenzial
Die S. gestalten eigene Erzählversuche aus, indem sie inneres Geschehen ergänzen.
Sie prüfen die Gewichtung von innerem und äußerem Geschehen und ändern sie gezielt.

Vorbereitungen und Ablauf
Die S. werden auf den Unterschied zwischen innerem (Gedanken, Gefühle, Reflexionen etc. einer Figur) und äußerem Geschehen (sichtbare und hörbare Handlungen, u. a. wörtliche Rede) hingewiesen und erarbeiten den Unterschied evtl. am Beispiel eines literarischen Textes. Sie prüfen dann eigene Schreibversuche, indem sie inneres und äußeres Geschehen mithilfe zweier Farbmarker kennzeichnen und voneinander absetzen. Falls inneres Geschehen nicht ausreichend vorkommt, verfahren sie folgendermaßen:
a) In ihren Texten legen sie Stellen fest, an denen die dargestellten Figuren innerlich stark beschäftigt sein könnten.
b) Für diese Stellen entwickeln sie dann zusätzliche Aussagen, und zwar mit Verfahren wie Denkblase (→ Figurenäußerung) oder → Innerer Monolog.
c) Diese Textelemente werden mit Verknüpfungselementen wie „X fragte sich, ob …“, „Y stellte sich vor, dass …“ oder „Z fühlte, dass …“ mit dem bisherigen Text verbunden.

Didaktische Hinweise
Insbesondere jüngere S. sind beim Verfassen erzählender Texte oft auf die äußere Handlung konzentriert und vernachlässigen das innere Geschehen. Das Verfahren kann in diesem Fall dafür sorgen, dass ausgewählte Szenen in selbstverfassten Geschichten intensiver ausgestaltet und vielschichtiger angelegt werden.
Um die Anknüpfung des inneren Geschehens an die äußere Handlung variantenreich zu gestalten, können für den Schritt c in literarischen Beispielen möglichst viele Optionen gesucht werden.

Alternativen
▨ Anspiel (S. 98)
▨ Szenisches Interpretieren (S. 103) zum Zweck der Ausgestaltung eines Textes
▨ Tagebucheintrag (S. 140)

Hinweise zur Weiterarbeit
▨ Vortrag der Erst- und Neufassung eines Textes und Diskussion darüber, wie sich die Aussagequalität des Textes verändert hat

Lokalitäten-Liste

Sozialformen:	Plenum
Dauer:	2 – 3 Min.
Medien:	Tafel
Klassen:	5 – 7

Didaktisches Potenzial
Die S. stellen geeignete Anfänge für spannendes Erzählen zusammen.
Sie sammeln Fantasie-Impulse in Form geeigneter Lokalitäten-Imaginationen.

Vorbereitungen und Ablauf
Zu einem bestimmten Erzählverfahren (z. B. spannendes Erzählen) stellen die S. in einem Brainstorming (vgl. Methoden I, S. 101) eine Liste von Orten zusammen, an denen ihrer Meinung nach ein solches Geschehen stattfinden könnte. Auf einer solchen Liste können Orte erscheinen wie
- Keller/Speicher,
- Tiefgarage,
- Friedhof,
- verfallenes Haus/verfallene Fabrik, verfallenes Schloss
- dunkler Wald mit dicht stehenden Bäumen,
- verwilderter und zugewucherter Garten,
- Flugzeugwrack,
- alter Stollen in einem Berg.

Didaktische Hinweise
Die erzählerische Fantasie insbesondere jüngerer S. wird stark über Lokalitäten gesteuert, deren Benennung im Unterricht bestimmte Gefühlswelten wachruft und damit erzählerische Potenziale freisetzt. Besonders Angstgefühle, die jüngere S. gerne in Spuk- und Gruselgeschichten verarbeiten, können leicht mit bestimmten Ortsvorstellungen verbunden werden.

Hinweise zur Weiterarbeit
- Umsetzung einiger der Ideen von der Lokalitäten-Liste im Unterricht als Hausaufgabe und dann eine Klassenarbeit mit einer weiteren Ortsvorgabe

Literatur
Kristina Popp: Grusel, Geister und Gespenster. Spukgeschichten verfassen, verbessern und beurteilen. In: Praxis Deutsch, H. 193, 2005, S. 24 – 29

Wortfelder/Thesaurus

Beispiel	**Sozialformen:**	Plenum, Gruppenarbeit
dann	**Dauer:**	15 – 25 Min.
darauf, anschließend, danach, daraufhin,	**Medien:**	Wörterbücher, PC
im Anschluss daran, ferner, des Weiteren	**Klassen:**	ab 5

Didaktisches Potenzial

Die S. entwickeln Ausdrucksvarianten.
Sie stellen verschiedene Wortfelder für bestimmte Gestaltungsherausforderungen erzählender Texte zusammen.

Vorbereitungen

Die S. sammeln Textbausteine aus erzählenden Texten, zu denen sie immer wieder Ausdrucksvarianten benötigen, damit sie sich nicht wiederholen.

Ablauf

Aus dem Gedächtnis, mithilfe ihnen bekannter Prosatexte und evtl. unter Nutzung eines Synonymwörterbuches (s. u.) stellen die S. Wortfelder zusammen. Diese werden in Form von Listen gestaltet und allen zugänglich gemacht.

Zu dem Textbaustein „Der Mann sagt …" kann die Liste z. B. die folgenden Varianten enthalten:

erklärt	stottert	brummelt	erzählt	schlägt vor
lallt	ruft	grölt	meint	gibt zu bedenken
erzählt	jammert	stöhnt	lispelt	kündigt an
kreischt	lamentiert	behauptet	widerspricht	tut kund
flüstert	schreit	johlt	stellt fest	verkündet
schimpft	zischt	krakeelt	äußert	befiehlt
erwähnt	bemerkt	lässt wissen	teilt mit	gibt zu verstehen

Eine Liste zu dem Verb „laufen" kann z. B. folgende Alternativen umfassen:

rennen	schleichen	eilen	stürmen	sich bewegen
hetzen	fegen	preschen	wieseln	(hervor-/vorbei-)
jagen	hasten	düsen	flitzen	schießen
sprinten	spurten	springen	schreiten	rasen
marschieren	stolzieren	spazieren	schlendern	die Beine in die Hand
schreiten	wandeln	laufen	watscheln	nehmen
schlurfen	stiefeln	trotten	schlappen	flanieren
wackeln	brausen	sausen	tapsen	(von dannen) ziehen

Mögliche Alternativen:
- *Thesaurus:* Die S. erfassen – evtl. arbeitsteilig – Textbausteine, zu denen Wortfeldergänzungen gesucht werden, in einer Textdatei und suchen zu ausgewählten Wörtern mithilfe des integrierten Synonymwörterbuchs/Thesaurus möglichst viele passende Alternativen. Im Programm MS Word z. B. befindet es sich unter *Extras, Sprache, Thesaurus.* Zuvor muss das Wort, um das es geht, markiert werden.
- *Wortfeld-Mindmap:* Die Wörter werden in Form einer Mindmap angeordnet, wobei das Material durch Hauptäste nach bestimmten Gesichtspunkten (im Fall von „gehen" z. B. „schnell" und „langsam") geordnet werden kann.
- *Wortfeld-Tabelle:* Auch mithilfe von Tabellen können Wortfelder nach verschiedenen Gesichtspunkten untergliedert werden.

Didaktischer Kommentar
Was Ausdrucksvarianten anbetrifft, so kommen insbesondere jüngere S. oft schnell an Grenzen. Dies gilt jedoch keineswegs für alle S. einer Lerngruppe; einige belesene S. können zu Textbausteinen wie „Sie geht …" oder „Dann …" oft viele Vorschläge machen. Diese Ressourcen können in der Klasse genutzt werden. Zusätzlich sollte jedoch auf alle zur Verfügung stehenden Hilfsmittel zurückgegriffen werden (Synonymwörterbuch, interessante Beispiele der erzählenden Literatur, PC), um den S. Handlungsalternativen aufzuzeigen, die sie auch bei der häuslichen Arbeit nutzen können.

Tipps zu Umsetzung
Wortfeldübungen sind auch gut geeignet, um im Fach Deutsch oder im Fremdsprachenunterricht den aktiven Wortschatz der S. zu erweitern. Dazu können die Bedeutungsvarianten innerhalb eines Wortfeldes genauer betrachtet und zu jedem Wort Konnotationen notiert werden, die das Spezifische jedes Wortes festhalten.

Beispiele:

marschieren	→	schnell, militärisch
stolzieren	→	eingebildet, erhobenen Hauptes
schlendern	→	langsam, entspannt
flanieren	→	selbstbewusst, sich zeigend
watscheln	→	wie eine Ente, wackelnd

Alternativen
- Rad der Gelenkwörter (S. 233)
- Ersatzprobe (S. 215)

Hinweise zur Weiterarbeit
- Gestaltung erzählender Texte mithilfe der Listen
- Klassenarbeit

Literatur
Dudenredaktion (Hrsg.): Duden. Das Synonymwörterbuch. Ein Wörterbuch sinnverwandter Wörter. Mannheim 2010

Interpretationsbaustein

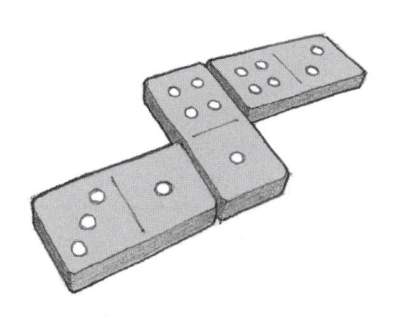

Sozialformen: Einzel-, Partnerarbeit
Dauer: 10 – 15 Min.
Medien: –
Klassen: ab 7

Didaktisches Potenzial

Die S. erarbeiten sich die fachlichen Anforderungen einer literarischen Deutung.
Sie trainieren die gedankliche Abfolge eines interpretierenden Zugriffs auf einen Text.

Vorbereitungen und Ablauf

Die S. erhalten den Auftrag, einen literarischen Text gründlich zu erarbeiten und dann im Hinblick auf eine Deutung des Textes mehrere *Thesen* zu formulieren. Sie wählen dann jeweils eine These aus, die sie für gut belegbar halten, und gestalten dazu einen Textbaustein, der folgende Elemente enthält.

a) die *Deutungsthese*,
b) ein ➜ *Zitat* aus dem Text bzw. die ➜ *Paraphrase* einer Textaussage,
c) eine *gedankliche Erschließung* des Zitats bzw. der Paraphrase mit *Rückbindung* an die Deutungsthese.

Didaktische Hinweise

Das Verfahren gibt S. Trainingsmöglichkeiten an die Hand, sowohl im Unterrichtsgespräch als auch in komplexen schriftlichen Formen wie dem Interpretationsaufsatz Deutungen von Texten in einem standardisierten *Drei-Schritt-Verfahren* zu bewältigen, das die fachlichen Anforderungen abdeckt. Solche Interpretationsbausteine können insbesondere beim *aspektorientierten Interpretieren* (vgl. Brenner 1999) sinnvoll eingesetzt werden. In einem solchen Kontext können mehrere der Bausteine ein und derselben Interpretationsthese zugeordnet werden.

Alternativen

▪ Lineares Interpretieren, das den Text Zeile für Zeile deutet

Hinweise zur Weiterarbeit

▪ Interpretationsaufsatz

Literatur

Gerd Brenner: Analysierendes/Interpretierendes Schreiben. In: Schurf/Wagener (Hrsg.): Texte, Themen und Strukturen. Berlin 2009, S. 550 – 579

Perspektivisches Schreiben

Sozialformen: Einzel-/Partnerarbeit
Dauer: mind. 100 Min.
Medien: –
Klassen: ab 8

Didaktisches Potenzial

Die S. vertiefen einen Lernprozess durch intensive Auseinandersetzung mit einer Figur.
Sie verbinden Quellenstudium mit Verstehensleistungen und gestalten die Ergebnisse aus
der Sichtweise einer Person/Figur.

Vorbereitungen und Ablauf

Die S. werden angeregt, sich in eine fiktive (z. B. die Figur eines Romans bzw. Dramas) oder
in eine reale Person hineinzuversetzen und aus deren Perspektive einen Text über einen
bestimmten, mit der Lehrperson vereinbarten Sachverhalt zu schreiben. Folgende Schrittfolge ist dabei sinnvoll:

- Die S. recherchieren mit Verfahren wie Bibliotheksrecherche (vgl. Methoden I, S. 115 f.),
  Sachverständigenbefragung (ebd., S. 124 f.) oder Operatoren-Abfrage im Internet (ebd.,
  S. 128 f.) intensiv zu der Figur (im Fall eines literarischen Textes: im Text selbst und in
  Quellen, die ihm zugeordnet werden können; bei einem Sachthema: in lebensweltli-
  chen Quellen).
- Sie legen dann das Verhaltens- und Motivationsspektrum der Person fest, so wie es sich
  für sie aus dem Quellenstudium ergibt.
- Zum Schluss wird ein Text in Ich-Form verfasst, der den zu bearbeitenden Sachverhalt
  aus der Perspektive dieser Figur in subjektiver Färbung darstellt.
- Wesentliche Aspekte der Darstellung können kurz begründet werden, wobei auf Quellen verwiesen wird.

Didaktische Hinweise

Das Verfahren löst eine intensive Beschäftigung mit einem Gegenstand aus; dabei wird
Empathie – auch mit problematischen Personen – trainiert und individuelles Verhalten
auf soziale Prozesse bezogen. Interessant ist es, für passende Vorgänge arbeitsteilig die
„Täter"- und „Opfer"-Sicht gestalten und beide zusammen präsentieren zu lassen.

Alternativen

- Interpretationsaufsatz
- Identifikationskreis (S. 130)

Literatur

Heidi Behrens/Norbert Reichling: Perspektivisches Schreiben. In: Außerschulische
Bildung, 1/2005, S. 78 – 79

Textplakat

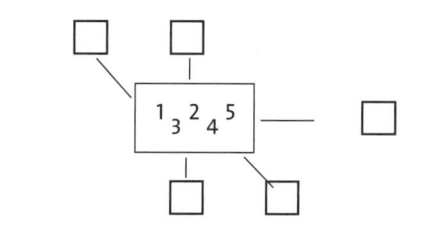

Sozialformen: Einzel-, Gruppenarbeit
Dauer: 30 – 90 Min.
Material: großformatige Papier-/
Kartonflächen
Klassen: ab 5

Didaktisches Potenzial

Die S. definieren Elemente eines Textes, auf die reagiert werden soll, schreiben Zusatztexte und ordnen sie auf einer Arbeitsfläche an.

Im Rahmen einer Textanalyse/-interpretation oder Textrevision schreiben die S. gedanklich ergänzende oder fortführende Zusatztexte und verankern sie an konkreten Stellen des Bezugstextes.

Vorbereitungen

Für dieses Verfahren werden größere Papier- bzw. Kartonflächen (z. B. großformatige Blätter, Plakatkartons, Abschnitte von Zeitungsendrollen u. Ä.) benötigt.

Ablauf

Für die Textanalyse/-interpretation erhalten die S. die Anregung,

- den zu bearbeitenden Text in die Mitte einer größeren Papierfläche zu kleben,
- Elemente bzw. Ebenen des Textes zu definieren, denen sie sich (arbeitsteilig) zuwenden wollen,
- zu den definierten Bereichen individuelle Texte (Notizensammlungen oder auch ausformulierte Texte) zu schreiben und
- diese nach dem folgenden Muster zuzuordnen.

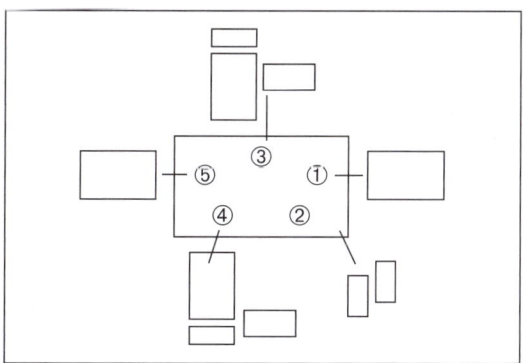

Hier ergänzen fünf Schüler in der Gruppe Zusatztexte.

Die zugeordneten analytischen und interpretativen Texte können nach einer ersten Arbeitsrunde – je nach zur Verfügung stehendem Platz – weiter ergänzt werden.

Bei der *Textrevision* (vgl. ➜ Schreibkonferenz; ➜ Schreibberater) verfahren die S. ähnlich; sie

▦ legen Textbereiche fest, die revidiert werden sollen,
▦ ordnen diesen im Text oder am unmittelbaren Textrand Ziffern zu,
▦ entwickeln dazu schriftliche Vorschläge und
▦ ordnen diese auf der Papier- bzw. Karton-Arbeitsfläche dem Ausgangstext zu.

Didaktischer Kommentar

Becker-Mrotzek und Böttcher bezeichnen dieses Verfahren als „Über-den-Rand-hinaus-Schreiben" (2006, S. 47); es stützt das „Über-den-Rand-hinaus-Denken", also eine Denkbewegung, die immer wieder Abstand vom Text gewinnt und dann doch wieder in ihn hineingeht. Das erleichtert eine kritisch-analytische Verarbeitung des Textes. Ein Vorteil des Verfahrens ist zudem, dass die S. gedankliche Bezüge zwischen einem Ausgangstext und zugeordneten Texten schnell überblicken können.

Eigentlich ist dieses Verfahren eine der gängigsten Methoden der Textbearbeitung: Man nutzt den Rand, um Notizen zu machen und dabei Einsichten festzuhalten, Fragen zu notieren usw. (vgl. ➜ Randmarkierungen; ➜ Marginalien). Die Computertechnik erlaubt es, diese Zuordnungen über den Rand eines Textes hinaus als Links zu gestalten. Die Verlinkung hat allerdings den Nachteil, dass die zugeordneten Texte nicht gleichzeitig auf einer „Arbeitsfläche" zur Verfügung stehen, dass also schnelle Blickwechsel von dem einen zum anderen Text nicht möglich sind.

Tipps zur Umsetzung

Mit einem größeren Papierformat, das auf einem Einzeltisch noch handhabbar ist, kann das Verfahren auch bei Klausuren und Klassenarbeiten eingesetzt werden, in denen Texte intensiv bearbeitet und interpretiert werden sollen. Die S. bereiten mit ihrem Textplakat in einer Sammelphase ihren Aufsatz vor. Beim Schreiben haben sie dann gegliedertes und z. T. schon ausformuliertes Material vor Augen, das sich leichter in einen zusammenhängenden Text einarbeiten lässt als Gedankenmaterial, das nur im Kopf gespeichert ist.

Alternativen

▦ Große Mindmap (vgl. Methoden I., S. 163 f.)

Hinweise zur Weiterarbeit

▦ Schriftliche Textanalyse
▦ Interpretationsaufsatz

Literatur

Michael Becker-Mrotzek/Ingrid Böttcher: Schreibkompetenz entwickeln und beurteilen. Berlin 2006

8 Kreatives Schreiben

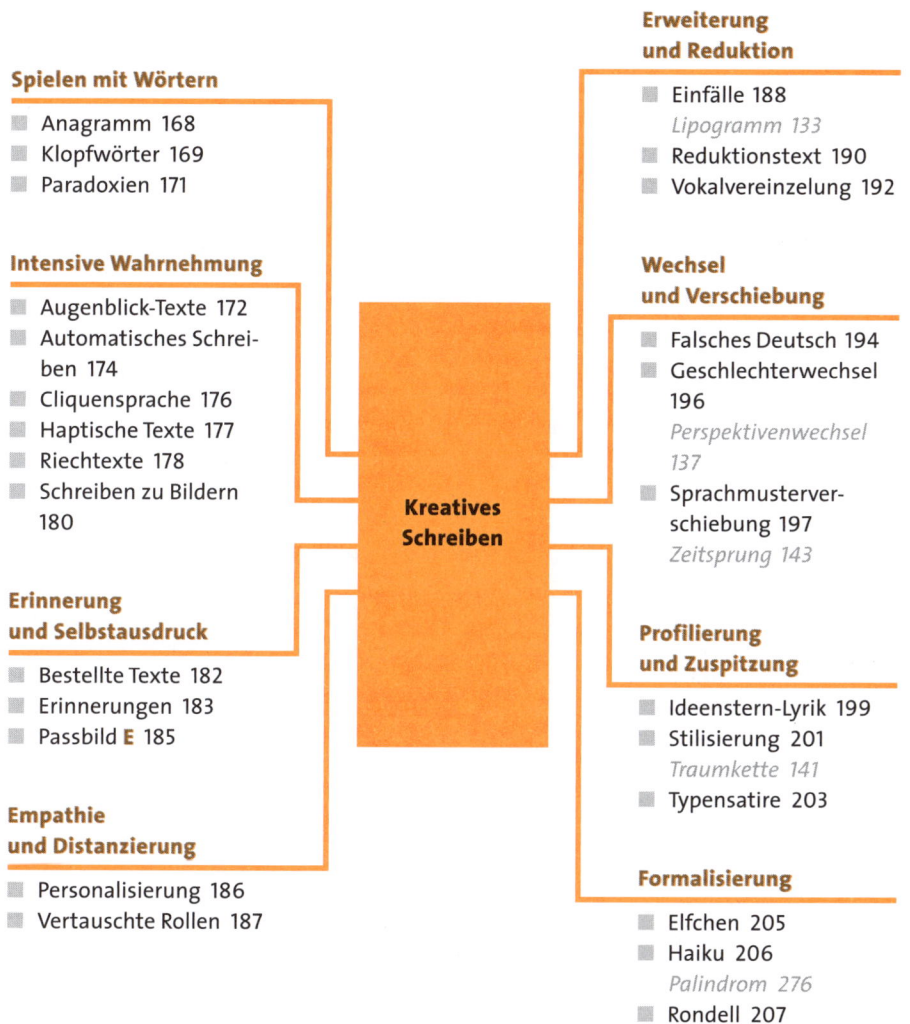

Spielen mit Wörtern

- Anagramm 168
- Klopfwörter 169
- Paradoxien 171

Intensive Wahrnehmung

- Augenblick-Texte 172
- Automatisches Schreiben 174
- Cliquensprache 176
- Haptische Texte 177
- Riechtexte 178
- Schreiben zu Bildern 180

Erinnerung und Selbstausdruck

- Bestellte Texte 182
- Erinnerungen 183
- Passbild E 185

Empathie und Distanzierung

- Personalisierung 186
- Vertauschte Rollen 187

Erweiterung und Reduktion

- Einfälle 188
- *Lipogramm 133*
- Reduktionstext 190
- Vokalvereinzelung 192

Wechsel und Verschiebung

- Falsches Deutsch 194
- Geschlechterwechsel 196
- *Perspektivenwechsel 137*
- Sprachmusterverschiebung 197
- *Zeitsprung 143*

Profilierung und Zuspitzung

- Ideenstern-Lyrik 199
- Stilisierung 201
- *Traumkette 141*
- Typensatire 203

Formalisierung

- Elfchen 205
- Haiku 206
- *Palindrom 276*
- Rondell 207

Kreatives Schreiben

Anagramm *(Anagram)*

Beispiel	**Sozialformen:** Einzel-, Partnerarbeit
Naherholungsgebiet	**Dauer:** 10 – 30 Min.
Hungerlohnabsteige	**Medien:** –
	Klassen: ab 7

Didaktisches Potenzial
Bei einem Sprachspiel entdecken die S. in Wörtern schlummernde Bedeutungen.
Durch Reorganisation der Buchstaben eines Wortes gelangen sie zu neuen Wörtern.

Vorbereitungen und Ablauf
Die S. erhalten als Beispiele für Anagramme eine Aufstellung von Wörtern, die Kurt Mautz unter der Überschrift „germanisten" zusammengestellt hat: „manistgerne, nistgermane, geistermann, stangenreim, magernstein, samegerinnt …" (vgl. Thalmayr, S. 154).
Ein Arbeitsauftrag könnte dann lauten: „Stellt die Buchstaben eines Wortes oder einer Wortgruppe so um, dass sich neue sinnvolle Buchstabenfolgen ergeben."

Didaktische Hinweise
Anagramme sind auch im Fremdsprachenunterricht möglich. („Silent" is an anagram of „listen"). Die S. können darüber informiert werden, dass sich Barockdichter Anagramme als Pseudonyme zulegten. So schrieb Christoffel von Grimmelshausen seinen Namen in verschiedenen Anagrammen wie German Schleifheim von Sulsfort. In neuerer Zeit legte sich (Hans) Magnus Enzensberger das Anagramm-Pseudonym Serenus M. Brezengang zu. Durch solche Beispiele können S. angeregt werden, den eigenen Namen oder Namen von Mits. anagrammatisch zu verändern.
Variante: Bei neu zusammengesetzten Kursen/Klassen erarbeiten sich alle S. ein Anagramm ihres Namens und stellen sich damit vor; alle anderen erraten dann anhand einer Namensliste, um wen es sich handelt.

Hinweise zur Weiterarbeit
▪ Alternative Namensliste für den Kurs/die Klasse

Literatur
Brenner, Gerd: Kreatives Schreiben. Ein Leitfaden für die Praxis. Mit Texten Jugendlicher. 4. Aufl. Frankfurt/M. 1998, S. 61
Andreas Thalmayr (alias *Hans Magnus Enzensberger*): Das Wasserzeichen der Poesie. Nördlingen 1985

Klopfwörter

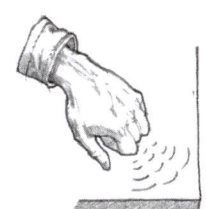

Sozialformen:	Gruppen-, Einzelarbeit
Dauer:	45 Min. (ohne Textvortrag)
Medien:	–
Klassen:	ab 5

Didaktisches Potenzial
Die S. werden durch spielerisch gesetzte sprachliche Eckpunkte zur Gestaltung eines erzählenden Textes angeregt.
Sie geben sich wechselseitig Stichwörter vor und nutzen diese für eine kreative Gedankenentwicklung.

Vorbereitungen
Die S. setzen sich in Gruppen von max. zehn Personen zusammen. Jeder legt ein Blatt Papier und einen Stift bereit.

Ablauf
Alle Gruppenmitglieder – bis auf einen Klopfer – schließen zunächst die Augen und lassen zu, dass ihnen Gedanken durch den Kopf gehen. Nach einiger Zeit (z. B. 30 Sekunden) klopft der Klopfer auf den Tisch. Alle halten das „innere Bild" fest, das sie beim Klopfen gerade vor Augen haben, öffnen die Augen und benennen das „innere Bild" nacheinander mit einem einzigen Wort. Der Klopfer schreibt die genannten Wörter mit. Anschließend ist der nächste S. der Klopfer und das Verfahren beginnt von vorne. Am Ende hat jeder in der Gruppe – je nach Gruppengröße – bis zu zehn Wörter auf seinem Blatt stehen. Die Aufgabe besteht dann darin, innerhalb einer vereinbarten Zeit (z. B. 20 Min.) einen erzählenden Text zu schreiben, in dem alle Wörter vorkommen, die sich auf dem Blatt befinden.
Varianten:
Zeitungs-Tippwörter: Einem S. werden die Augen verbunden oder zugehalten. Dann wird ihm eine Zeitungsseite vorgelegt und er tippt mit einem Stift nacheinander auf fünf bis sieben Wörter. Diese werden für alle sichtbar notiert. Jeder soll nun innerhalb von 15 bis 20 Minuten eine Geschichte schreiben, in der diese Wörter vorkommen.
Patchwork-Text: Vorgegeben werden kleine Schnipsel aus anderen Texten (z. B. Zeitungstexten), um die herum eine kurze Erzählung kreativ entwickelt werden soll.
Random dictionary: Im Fremdsprachenunterricht lässt die Lehrperson einen S. eine Seitenzahl und eine weitere Zahl (z. B. 7) nennen. In einem Wörterbuch (z. B. Oxford English Dictionary) wird dann auf der genannten Seite das siebte Wort gesucht und bekanntgegeben. Ist es einigen S. nicht bekannt, wird zusätzlich der zugehörige Eintrag aus dem Wörterbuch vorgelesen. Vier weitere S. verfahren ebenso. Mit den so festgelegten fünf Wörtern sollen alle S. einen Text schreiben.

Didaktischer Kommentar

Das Klopfwörter-Verfahren, von Görnert-Stuckmann (s. u.) auch *Patchwork-Geschichte* genannt, legt den automatisierten Denkbewegungen des Alltags Stolpersteine in den Weg. Ein routinehaftes Wahrnehmen und Reproduzieren von Abläufen wird dadurch gestört, dass ungewöhnliche Kombinationen von Einzelwort-Aussagen zu einem Ganzen verbunden werden müssen. Als entautomatisierendes Verfahren helfen Klopfwörter, das Ideen- und Gestaltungspotenzial der Schreibenden auszuweiten. Beim kreativen Schreiben ist das Verfahren besonders für Einstiegssituationen geeignet; denn es bewahrt S. davor, lange grübelnd vor einem leeren Blatt zu sitzen. Mit spielerischer Dynamik und zunächst ohne hochgeschraubte literarische Erwartungen begeben sich die S. in einen Schreibprozess.

Tipps zur Umsetzung

Das Verfahren kann in vielfältiger Weise variiert und in Unterrichtssequenzen aller Altersstufen eingefügt werden. Eine mögliche Nutzung in Klasse 8 im Rahmen von → Schreiben zu Bildern, hier zum Thema „Freundschaft":

1. Betrachtet jedes der vier Fotos/Gemälde zum Themas „Freundschaft" eine Minute lang intensiv. Spontan werden dann in der Klasse zu jedem Foto bzw. Gemälde fünf Stichwörter in die Klasse gerufen und an der Tafel notiert. Anschließend schreibt jeder einen Text zu einer Abbildung, in dem die notierten fünf Wörter vorkommen sollen.
2. Erinnert euch an eine Situation in eurer Kindheit, die durch eine der Abbildungen wachgerufen wird und in der ihr mit einem Freund/einer Freundin oder einer Freundesclique etwas Interessantes unternommen und eure Freundschaft gefestigt habt.
   a) Notiert auf einem Zettel eine Überschrift für eure Erinnerung und zusätzlich fünf Stichwörter.
   b) Legt die Zettel auf einem Tisch aus. Die Hälfte der Klasse kann eine der ausliegenden Überschriften wählen, den zugehörigen Verfasser/die zugehörige Verfasserin ausfindig machen und sich von ihm/ihr die zugehörige Geschichte erzählen lassen. Im Gegenzug wird die eigene Geschichte wiedergegeben. Plant einige Minuten für Nachfragen und Vertiefungen ein.
   c) Verfasst abschließend eine möglichst anschauliche Darstellung der von euch zunächst mündlich erzählten Freundschafts-Situation.
   d) Die Erinnerungstexte werden ausgehängt und können von anderen in einem Galeriegang (vgl. Methoden I, S. 240) gelesen werden.

Alternativen
▧ Wechselgeschichte (S. 20)
▧ Klopfwörter-Fortsetzung (S. 132)

Hinweise zur Weiterarbeit
▧ Veröffentlichung in einem Magazin
  (vgl. Methoden I, S. 246 f.)

Literatur
Gerd Brenner: Kreatives Schreiben. Frankfurt/M. 1998, S. 48 ff.
Sylvia Görnert-Stuckmann: Mit Kindern Geschichten erfinden. München 2003, S. 71 ff.

Paradoxien

Sozialformen:	Einzelarbeit
Dauer:	30 – 45 Min.
Medien:	–
Klassen:	ab 9

Didaktisches Potenzial

Die S. verkehren scheinbar Unsinniges in interessante Aussagen.
Imaginativ stellen sie die Dinge auf den Kopf und ergründen, welche Einsichten sich daraus ergeben.

Vorbereitungen und Ablauf

Die S. erhalten die erste Strophe aus Peter Handkes Gedicht „Die verkehrte Welt":

> Eingeschlafen wache ich auf:
> Ich schaue nicht auf die Gegenstände, und die Gegenstände schauen mich an;
> Ich bewege mich nicht, und der Boden unter meinen Füßen bewegt mich;
> Ich sehe mich nicht im Spiegel, und ich im Spiegel sehe mich an;
> Ich spreche nicht Wörter, und Wörter sprechen mich aus;
> Ich gehe zum Fenster und werde geöffnet.

Sie reflektieren, welche Aussagen das Prinzip der paradoxen Umkehr hervorbringt. Dann

- wählen sie ein Thema aus und
- schreiben dazu selbst Texte nach diesem Muster.

Didaktische Hinweise

Ein Paradoxon (griech.: eine zunächst nicht einleuchtende, scheinbar sogar widersinnige und der allgemeinen Menschenkenntnis widersprechende Behauptung, in der sich bei näherer Betrachtung jedoch eine interessante Aussage verbirgt) ist seit der Antike (Stoiker) ein immer wieder verwendetes Verfahren des pointierten Reflexionsanstoßes.

Alternativen

- Falsches Deutsch (S. 194)

Hinweise zur Weiterarbeit

- Veröffentlichung in einem Magazin (vgl. Methoden I., S. 246 f.)

Literatur

Peter Handke: Die Innenwelt der Außenwelt der Innenwelt. Frankfurt/M. 1969, S. 32 f.

Augenblick-Texte

Vergnügungen
Der erste Blick aus dem Fenster
am Morgen
Das wiedergefundene alte Buch
Begeisterte Gesichter
Schnee, der Wechsel der Jahreszeiten
Die Zeitung
…
Bert Brecht

Sozialformen: Einzelarbeit, Plenum
Dauer: 15 – 60 Min.
Medien: –
Klassen: ab 8

Didaktisches Potenzial
Die S. gestalten einen intensiv empfundenen Moment aus ihrem Alltag.
Sie erinnern sich an möglichst viele Schichten ihres Erlebens und schreiben die Rekonstruktion eines Augenblicks in einem kurzen Text auf.

Vorbereitungen
Damit sie auf das Verfahren eingestimmt werden, können die S. im Plenum zunächst ein literarisches Beispiel erhalten, etwa die Gedichte „Der Radwechsel" oder „Vergnügungen" von Bert Brecht; „Einen jener klassischen" oder andere lyrische Texte von Rolf Dieter Brinkmann oder den folgenden Beispieltext:

Geburtstag
Ich fühle mich grau, eingesperrt. Unten Bekannte mit großen Autos. Leute, die ich nicht kenne, stehen bei der Garage. Ich denke an Weihnachten. Glückliche Kinder. Mein Auto ist durch den TÜV. Maiers Babysitter guckt „Dallas". Bis hier höre ich JRs eisige Stimme. Die Feierlichkeiten beginnen. Das Ehepaar von nebenan hat sich scheiden lassen. „500 weniger Unfalltote durch Anschnallen auf dem Rücksitz." Ich bin müde, will allein sein. Mit mir. Doch ich muss hinunter. Die Geschenke warten. *(18-Jährige)*

Ablauf
Die S. erhalten die folgende Arbeitsanregung:
Du befindest dich zu Hause, hast dich zurückgezogen, du hast Ruhe. Du erinnerst dich an den heutigen Tag – oder an einen der letzten Tage. An einem dieser Tage gab es vermutlich mehrere Augenblicke, die du besonders intensiv empfunden hast. Wähle einen dieser Augenblicke aus und erinnere dich möglichst genau

- was zu sehen war,
- was zu hören war (auf der Straße, im Radio, im Fernsehen),
- was zu riechen, zu schmecken oder zu fühlen war,
- was dir dabei alles durch den Kopf ging,
- wohin sich deine Fantasie bewegte,
- welche Erinnerungen, Erwartungen und Befürchtungen sich in diesem Moment ergeben haben.

Schreibe alles auf, und zwar in einer freien, assoziativen Fügung, ohne nachträgliche Bemühungen, eine planvolle Struktur in deinen Text zu bekommen.

Didaktischer Kommentar

Das Verfahren dient zunächst der Fokussierung und Intensivierung von Wahrnehmung und wird so zum Ausgangspunkt literarischer Produktion. Es geht nicht so sehr um das realistische Beschreiben der Außenwelt, sondern darum, dass äußere Eindrücke Anlass werden für die innere, gedankliche Dynamik eines Beobachters.

Wie andere Schreibweisen auch (vgl. ➔ Automatisches Schreiben oder ➔ Riechtexte) verleiten Augenblick-Texte die S. dazu, zwischen sich selbst und den Darstellungsgegenstand nur wenig Abstand zu legen. Daher sollte vereinbart werden, dass die Sichtung dieser Texte zunächst nur dem privaten Bereich vorbehalten ist. Keinesfalls sollten die S. gedrängt werden, die Texte sofort einer breiteren Öffentlichkeit zugänglich zu machen.

Tipps zur Umsetzung

Die S. können angeregt werden, vor dem Schreiben des Textes
- zunächst die Augen zu schließen, um sich einen Augenblick ihres Alltags einige Minuten lang möglichst intensiv zu vergegenwärtigen und dabei alle Erinnerungskanäle zu aktivieren,
- dann die Augen wieder zu öffnen und alle Eindrücke zunächst kurz stichpunktartig zu notieren, bevor sie dann ausgestaltet werden.

Es können den S. literarische Verfahren vorgestellt werden, mit denen sie die oft sehr persönlichen Texte, wenn sie es wünschen, fiktionalisieren, also von ihrer Person wegrücken können, damit sie problemloser kommunizierbar werden (z. B. Zuschreibung der Gedanken zu einer fiktionalen Figur als ➔ Innerer Monolog).

Alternativen
- Erinnerungen (S. 183)
- Automatisches Scheiben (S. 174)
- Bestellte Texte (S. 182)
- Passbild (S. 185)
- Riechtexte (S. 178)
- Haptische Texte (S. 177)

Hinweise zur Weiterarbeit
- Durch Verknappung (Verdichtung) und Reorganisation der Aussage und durch den gattungsspezifischen Zeilenumbruch können die zunächst in Prosaform verfassten Texte in Gedichte umgeschrieben werden.

Literatur

Gerd Brenner: Kreatives Schreiben. Frankfurt/M. 1998, S. 78 f.
Gerd Brenner/Heinrich Peuckmann: Literaturkurse in der gymnasialen Oberstufe. Arbeitsbereich Schreibschule. Soest 1994, S. 71

Automatisches Schreiben *(Automatic writing)*

Sozialformen:	Einzelarbeit, Plenum
Dauer:	10 – 20 Min.
Medien:	Audiorekorder
Klassen:	ab 8

Didaktisches Potenzial
Die S. verfolgen ihre inneren Bilder und halten sie in möglichst treffenden Stichworten fest.
Sie folgen ihren eigenen assoziativ-sprunghaften Denkbewegungen, protokollieren sie in
knapper Form, konfrontieren sich mit den Assoziationsketten und betrachten sie dann
distanziert-kritisch.

Vorbereitungen
Das Verfahren erfordert einen genügend großen Raum, in dem sich alle S. in eine „private"
Ecke zurückziehen können. Vorbereitet werden muss außerdem eine Einspielung von In-
strumentalmusik (s. u.).

Ablauf
Die S. erhalten den folgenden Impuls:
Ihr nehmt Papier und Stift und verteilt euch im Raum. An einem geeigneten Ort könnt ihr
euch hinsetzen und so hinlegen, dass ihr zugleich schreiben könnt. Dann wird Instrumen-
talmusik eingespielt. Diese lasst ihr auf euch wirken und ihr versucht, ganz zur Ruhe zu
kommen.
- Dabei schließt ihr die Augen, konzentriert euch auf euch selber und nehmt den „Film",
  die inneren Bilder, wahr, die durch euren Kopf laufen.
- Nach etwa zwei Minuten öffnet ihr die Augen und beginnt, den assoziativen Strom in
  eurem Inneren stichwortartig festzuhalten. Dabei könnt ihr auf Satzstrukturen verzichten und Wörter einfach ohne Punkt und Komma aneinanderreihen.
- Ihr könnt euch nur konzentrieren, wenn ihr nicht im Raum herumschaut, sondern ganz
  bei euren „inneren Bildern" bleibt und alles um euch herum „vergesst".
- Schaltet dabei euren kontrollierenden Verstand so weit wie möglich aus. Lasst diesen
  Kontrollverlust zu, denn die Texte, die ihr auf diese Weise schreibt, gehören euch ganz
  allein. Wenn ihr es wollt, bekommt sie später außer euch selbst kein anderer zu Gesicht. Die Texte müssen nicht abgegeben oder vorgelesen werden.
- Wenn ihr einmal angefangen habt zu schreiben, sollt ihr den Stift nicht mehr absetzen.
  Wenn der „Film" in eurem Kopf stockt, schreibt ihr das letzte notierte Wort mehrmals;
  ihr konzentriert euch auf die Musik und schreibt dann weiter.
- Nach einer vereinbarten Zeit (10 bis 20 Min.) brecht ihr den assoziativen Strom ab. Ihr
  lest euren Text still und aufmerksam durch. Dabei stellt ihr fest, dass das, was scheinbar
  völlig unstrukturiert ist, interessante assoziative Verbindungen aufweist.

■ Ihr könnt eure „automatischen Texte" als Steinbrüche nutzen, um daraus durch Kombinationsproben (Zusammenstellung von Wörtern aus verschiedenen Textteilen) oder durch Übernahme und Ergänzung einzelner Wortketten ein Gedicht oder einen Prosatext zu entwickeln. Dabei könnt ihr, wenn ihr möchtet, weitere Elemente ergänzen.

Didaktischer Kommentar

Das Verfahren des automatischen Schreibens (franz.: écriture automatique) wurde zu Beginn des 20. Jahrhunderts in die Literatur eingeführt. Ursprünglich stammt es aus der Psychologie. 1889 veröffentlichte der Psychologe Pierre Janet ein wissenschaftliches Werk mit dem Titel „Der psychologische Automatismus", in dem eine neue psychotherapeutische Behandlungsmethode entwickelt wird: das „automatische Schreiben", ein Schreiben im Halbschlaf, in Trance oder Hypnose. Im selben wissenschaftlichen Kontext und etwa zur gleichen Zeit entwickelte Sigmund Freud seine Technik der Assoziationen oder des freien Einfalls zur Behandlung psychisch Kranker. Der französische Schriftsteller André Breton, der während des Ersten Weltkriegs in neuro-psychiatrischen Kliniken beschäftigt war und die Schriften von Freud und Janet kannte, übertrug – ähnlich wie Philippe Soupault – solche Konzepte aus der Frühphase der Psychoanalyse auf die Literatur. Beide Autoren setzten ihre Ideen 1919/1920 in dem surrealistischen Standardwerk „Les champs magnetiques" um. Das Verfahren wurde später im Bereich des kreativen Schreibens immer wieder verwendet. Hiermit wird eine Steigerung der Aufmerksamkeit des Schreibenden für seine eigenen innerpsychischen Vorgänge angestrebt, wobei allerdings psychoanalytische Intentionen bewusst ausgeblendet bleiben. Vielmehr geht es um eine Freisetzung imaginativer Kräfte, die durch Musikuntermalung des Schreibprozesses gesteigert werden können.

Tipps zur Umsetzung

Die eingespielte Musik kann verschiedene Stücke mit unterschiedlichen emotionalen Tönungen umfassen oder bei einer bestimmten Stimmungslage bleiben.
Variante: Das automatische Schreiben findet nicht textungebunden, sondern zu einer bestimmten literarischen Figur statt. Dazu können vorher beauftragte S. Musikstücke in den Unterricht mitbringen, die ihrer Meinung nach der Lebenslage der literarischen Figur in besonderer Weise entsprechen. Alle Mits. schreiben dann – angeregt durch die Musik – einen „automatischen Text" (s. Brenner 2000).

Alternativen
■ Schreiben zu Bildern (S. 180)
■ Haptische Texte (S. 177)
■ Riechtexte (S. 178)

Hinweise zur Weiterarbeit
■ Erinnerungen (S. 183)
■ Augenblick-Texte (S. 172)

Literatur
Gerd Brenner: Kreatives Schreiben. Frankfurt/M. 1998, S. 91 – 96
Gerd Brenner: Kurzprosa: Kreatives Schreiben und Textverstehen. Berlin 2000, S. 29
Mario Leis: Kreatives Schreiben. 111 Übungen. Stuttgart 2006, S. 124 f.

Cliquensprache

Beispiele
Du belastest mich voll!
Das bockt mich keinen Meter!

Sozialformen:	Gruppenarbeit
Dauer:	jeweils mehrere Stunden
Medien:	–
Klassen:	ab 10

Didaktisches Potenzial
Die S. dokumentieren einen Soziolekt aus ihrer Lebenswelt.
Sie recherchieren authentisches Material und gestalten einen Text damit.

Vorbereitungen und Ablauf
Der Arbeitsauftrag für die S. könnte so lauten:
> Ihr versucht, in geeigneten Freizeitsituationen die Stimmung in eurer Clique einzufangen. Dazu wählt ihr Situationen aus, die emotional für euch wichtig sind und in denen viele „Sprüche" losgelassen werden. Vereinbart mit euren Freunden/Freundinnen, dass ihr für ein Schreibprojekt „Sprüche" und Redensarten mitschreiben könnt. Sammelt solche Sprachphänomene möglichst intensiv. Nutzt sie dann, um mit ihnen einen Text zu gestalten, in dem Stimmungen und Lebenseinstellungen gut zum Ausdruck kommen.

Die Textform kann frei gewählt werden. Besonders geeignet sind lyrisch verknappte Aussagen. Materialien zur Jugendsprache (Ehmann, Pons, s. u.) können evtl. hinzugezogen werden, um sprachliche Besonderheiten besser zu erkunden.

Didaktische Hinweise
Das Verfahren zielt nicht nur auf eine möglichst authentische Wiedergabe eines Soziolekts (hier: der Sprache einer Clique), sondern auch darauf, typische lebensweltliche Situationen möglichst alltagsnah einzufangen und zur Sprache zu bringen. Es setzt voraus, dass in der Lerngruppe eine vertraute Arbeitsatmosphäre herrscht, da ansonsten private Lebenssphären wie Cliquenerlebnisse nicht mitgeteilt würden.

Alternativen
▨ Augenblick-Texte (S. 172)
▨ Automatisches Schreiben (S. 174)
▨ Erinnerungen (S. 183)

Hinweise zur Weiterarbeit
▨ Publikation in einem Magazin
  (vgl. Methoden I, S. 246 f.)

Literatur
Gerd Brenner: Kreatives Schreiben. Frankfurt/M. 1998, S. 134 ff.
Hermann Ehmann: Endgeil. München 2005
Pons Wörterbuch der Jugendsprache. Deutsch-Englisch/Französisch/Spanisch. Stuttgart 2010
Bernhard Stör: Krass, endgeil und abgefuckt. Aspekte der Jugendsprache. In: Deutschmagazin, 1/2007

Haptische Texte *(Objects tell stories)*

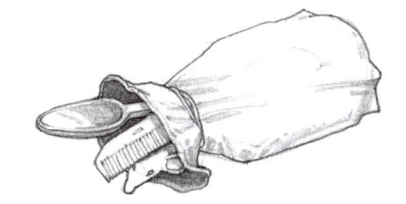

Sozialformen: Gruppen- und Einzelarbeit
Dauer: 15 – 30 Min.
Medien: Beutel mit Gegenständen
Klassen: ab 6

Didaktisches Potenzial
S. entwickeln eine Geschichte anhand mitgebrachter Gegenstände.
Die S. werden mit disparaten Gegenständen konfrontiert, die sie assoziativ miteinander verknüpfen. Dadurch wird ihre Fantasietätigkeit angeregt und die Grundlage für eine Textgestaltung geschaffen.

Vorbereitungen und Ablauf
Die Lehrperson bringt – jeweils in einer Tüte oder einem Beutel – drei Gegenstände mit, die man gedanklich zunächst nicht unmittelbar miteinander in Verbindung bringen kann. Die S. erhalten den Auftrag, die drei Gegenstände in die Hand zu nehmen, sie in kleinen Gruppen assoziativ miteinander zu verbinden und so mögliche Handlungskerne einer Geschichte zu entwickeln. Der zweite Auftrag lautet dann, individuell eine Geschichte zu schreiben, in der die Gegenstände eine plausible Rolle spielen.
Die Geschichten werden direkt anschließend vorgetragen. Dabei liegen die Gegenstände, die Ausgangspunkt der Geschichte waren, für alle sichtbar bereit.

Didaktische Hinweise
Die Fantasietätigkeit der S. kann evtl. weiter gesteigert werden, indem die mitgebrachten Gegenstände in einem Beutel verborgen bleiben. Die S. dürfen sie nicht sehen, sondern nur ertasten. Solche Fühl-Beutel können die S. zu Hause selbst zusammenstellen und in den Unterricht mitbringen, damit eine wechselseitige Initialzündung für die Geschichten arbeitsteilig organisiert werden kann. In diesem Fall schreiben die S. ihre Geschichten auf der Basis unterschiedlicher Gegenstände. Beim Vortrag der Geschichte wird dann so verfahren, dass zunächst die Gegenstände offengelegt werden, alle kurz spekulieren können, wie die Objekte in einer Handlung verbunden werden könnten, und dann die aus den Gegenständen heraus entwickelte Geschichte vorgetragen wird.

Alternativen
▪ Riechtexte (S. 178)
▪ Automatisches Schreiben (S. 174)

Hinweise zur Weiterarbeit
▪ Selbstverfasste Texte kommentieren
  (S. 209 – 214)

Literatur
Jörg Siebold (Hrsg.): Let's Talk: Lehrtechniken. Berlin 2004, S. 110 ff.

Riechtexte

Sozialformen:	Plenum, Einzelarbeit
Dauer:	45 – 90 Min.
Medien/	
Material:	Riechstoffe, Tücher
	als Augenbinde
Klassen:	ab 5

Didaktisches Potenzial

Die S. setzen sich einem olfaktorischen Reiz (Geruchsreiz) aus, rufen damit Erinnerungen wach und lassen sich zu einer Textgestaltung anregen.
Sie konzentrieren sich auf ihr Geruchsgedächtnis und nutzen es für das Imaginieren einer Lebensepisode.

Vorbereitungen

Die S. werden aufgefordert, zu Hause eine riechende Substanz zu finden, von der sie sich eine interessante Erinnerung versprechen. Dabei soll es sich möglichst um natürliche Stoffe und nicht um künstliche Mixturen handeln. Die Substanz soll in einem Behälter (z. B. einer Dose) möglichst luftdicht abgeschlossen mitgebracht werden, damit sich der spezifische Duft nicht verliert. Die S. werden darauf hingewiesen, dass es sich nicht um gesundheitsschädliche (z. B. ätzende) Gegenstände handeln darf. Andererseits müssen die Substanzen nicht unbedingt wohlriechend sein.

Ablauf

In Gruppen von sechs bis acht Personen werden die S. zunächst mit einem markanten olfaktorischen Impuls versorgt. Dazu bekommen nacheinander alle in der Gruppe die Augen verbunden. Ihnen wird dann eine der mitgebrachten riechenden Substanzen, die in diesem Stadium noch nicht benannt werden soll, unter die Nase gehalten. Dann wird folgendermaßen verfahren:

- Jeder lässt den ihm dargereichten Geruch so lange auf sich wirken, bis sein Gedächtnis eine bestimmte räumliche Erinnerung wachruft.
- Gelingt dies nicht, kann eine weitere riechende Substanz angeboten werden.
- Gibt das Gedächtnis eine konkrete räumliche Erinnerung frei, wird die Binde von den Augen genommen. Man fängt dann sofort an, zu dem Geruch einen Erinnerungstext zu schreiben. Dieser kann von dem Ort ausgehen, an den man sich erinnert hat. An diesem Ort soll sich dann eine Handlung entwickeln.
- Die „Riechtexte" werden evtl. zu Hause zu Ende geschrieben und in der nächsten Stunde (bzw. – in einer Doppelstunde – nach einer vorher vereinbarten Zeit) reihum vorgelesen.
- Während ein Text vorgelesen wird, kursiert in der Gruppe die Substanz, die den Text ausgelöst hat, damit alle Zuhörer ebenfalls den olfaktorischen Reiz verspüren.

Variante: Die Klasse/der Kurs stellt zunächst ein Duft-Labyrinth zusammen, das verschiedene natürlich vorkommende Materialien mit besonderen olfaktorischen Reizen enthält und aus denen Geruchsgeschichten entwickelt werden können (vgl. Kroeber, S. 40 und 48).

Didaktischer Kommentar

S. sind in der Mediengesellschaft von *optischen* und *akustischen* Reizen überflutet; daher reizt es sie, eher vernachlässigte Sinneskanäle wiederzuentdecken. Taktile, vestibuläre (auf das Gleichgewichtsorgan im Ohr bezogene), propriozeptive (auf den eigenen Körper bezogene), gustatorische (auf den Geschmackssinn bezogene) und besonders olfaktorische (auf den Geruchssinn bezogene) Reize zu nutzen ist für sie besonders im Raum der Schule ungewöhnlich. Olfaktorische Schreibanlässe sind in den letzten Jahrzehnten besonders im Anschluss an den Roman „Das Parfum" von Patrick Süskind entwickelt worden. Der Geruchssinn gilt als der animalischste aller Sinne. Wahrnehmungen natürlicher Gerüche werden in der modernen Zivilisation oft überlagert von künstlichen Düften. Ähnlich wie in Süskinds Roman gehen Gerüche oft sehr intensive Verbindungen mit Emotionen ein; und ein Geruch, der einmal mit einer wichtigen Lebensepisode verbunden war, kann noch Jahre später eine damalige Szenerie detailgenau aus dem Gedächtnis hervorholen. Viele Gerüche rufen bei S. intensive Erinnerungen und „innere Bilder" wach, die in kreativen Schreibprozessen ihre Wirkung entfalten. Allerdings hat sich das olfaktorische Gedächtnis über die Jahrzehnte verändert. Während die zwischen 1920 und 1960 Geborenen angeben, hauptsächlich Gerüche von Tannen, Rosen, Schokolade, Fisch, Lilien, Mist, Veilchen oder Dachböden zu erinnern, benennen die in den 60er- und 70er-Jahren Geborenen z. B. Knetmasse, Chlor, Malkreide, Gummiköder, Marihuana oder Wäsche-Weichspüler.

Tipps zur Umsetzung

Da Impulse aus dem olfaktorischen Gedächtnis nur mit Mühe *beschrieben* werden können, sollte im kreativen Schreiben auf Beschreibungsübungen verzichtet werden; viel besser geeignet sind Schreibimpulse, die durch Gerüche bewirkte Imaginationen in *erzählende* Texte umsetzen.

Alternativen

- Haptische Texte (S. 177)
- Schreiben zu Bildern (S. 180)
- Augenblick-Texte (S. 172)
- Automatisches Schreiben (S. 174)

Hinweise zur Weiterarbeit

- Internet-Präsentation (vgl. Methoden I, S. 248 f.)
- Broschüre/Magazin (ebd., S. 246 f.)

Literatur

Gerd Brenner/Heinrich Peuckmann: Literaturkurse in der gymnasialen Oberstufe. Soest 1994, S. 18–20
Robert Jütte: Geschichte der Sinne. München 2000
Ria Kroeber: Fühlkiste und Schnüffelleine. Kreative Ideen zur Wahrnehmungsförderung. Freiburg 2003
Patrick Süskind: Das Parfum. Die Geschichte eines Mörders. Zürich 1985

Schreiben zu Bildern

Sozialformen: Gruppen-, Einzelarbeit
Dauer: 30 – 60 Min.
Medien: Bilder
Klassen: ab 8

Didaktisches Potenzial

Die S. lassen sich von Kunstwerken zu kreativen Texten anregen.
Sie deuten dabei die Bildaussagen, lassen Kunstwerke zu „inneren Bildern" werden und fassen ihre persönlichen Wahrnehmungen in Worte.

Vorbereitungen

Die Lehrperson wählt – evtl. in Zusammenarbeit mit einer Fachkraft für Kunsterziehung – Bilder und dazu passende Schreibverfahren aus (s. u.).

Ablauf

Die folgende Reihenfolge von Schreibaktivitäten ist vorstellbar (vgl. Becker-Mrotzek und Böttcher 2005, S. 150 ff.):

▨ Die S. werfen zunächst einen „verlangsamten Blick" auf das Kunstwerk. Sie intensivieren das bewusste Sehen durch Wahrnehmungs- und Assoziationsmethoden wie Cluster (vgl. Methoden I, S. 167 f.), → Titel-Cluster oder → Automatisches Schreiben (s. u.) und führen in kleinen Gruppen ein offenes Gespräch über ihre „inneren Bilder". In dieser Phase ist auch ein → Identifikationskreis möglich.

▨ Die S. reagieren individuell mit Verfahren des kreativen Schreibens wie → Figurenäußerung, → Klopfwörter, → Rückwärtsgeschichte, → Innerer Monolog, → Haiku oder → Elfchen auf das Bild.

▨ Dann lesen die S. sich ihre Texte vor und die Zuhörer lassen währenddessen das Kunstwerk noch einmal möglichst intensiv auf sich wirken. Dabei ergänzen sich verschiedene Sichtweisen.

Didaktischer Kommentar

Schreiben zu Bildern kann z. B. in einem Museum stattfinden, aber auch im Klassen-/Kursraum bei Bildpräsentationen (z. B. per Tageslichtprojektor, Beamer) oder in Auseinandersetzung mit einem Kunstwerk, das in einem Lehrwerk abgebildet ist.
In der Museumspädagogik wird das kreative Schreiben seit Jahren eingesetzt. Als kunstpädagogisches Verfahren betont das Schreiben zu Bildern den dialogischen Prozess zwischen Bild und Betrachter und bringt damit das wahrnehmende Subjekt besonders stark ins Spiel. In der Bildbetrachtung werden durch kreative Vorgaben Spielräume für individuelle Wahrnehmungen und Erfahrungen eröffnet. Auch im Deutschunterricht wurden im Rahmen traditioneller Bildbetrachtungen oft Bilder beschrieben oder geschildert.

Tipps zur Umsetzung

Außer zu Gemälden (Gemäldereproduktionen) können kreative Texte auch zu Skulpturen, Kunstfotos oder sonstigen Kunstwerken, aber auch zu privaten Fotos geschrieben werden. Zu einer ganzen Reihe von Bildern sind bestimmte, an die Bildaussage angepasste Arbeitsaufträge denkbar. Einige Vorschläge:

▨ *Milan Kunc:* Unter der Weide (1985)

Das Bild zeigt ein in Naturgegenstände integriertes menschliches Gesicht mit geschlossenen Augen. Arbeitsaufträge:

- Schreibe, was die Person träumt.
- Wähle ein Foto von deinem eigenen Gesicht aus, kopiere es in vergrößerter Form und füge es durch Übermalen in eine Landschaft ein. (Du kannst auch einen Ausschnitt aus deinem Gesicht in ein Landschaftsfoto einkleben.)
- Schreibe nun einen Traumtext zu deinem eigenen Kunstwerk. (Nach Biermann/Schurf. S. 88)

▨ *Salvadore Dali:* Die Beständigkeit der Erinnerung oder Die zerrinnende Zeit (1931)

Das Bild zeigt in einer Restlandschaft surrealistisch verzerrte Gegenstände (u. a. einige Uhren). Arbeitsaufträge:

- Setz dich ruhig irgendwo hin. Stell dir vor, dass du den Bildraum betrittst, in diesem Raum herumgehst und alles intensiv betrachtest.
- Setz dich an einer Stelle des Bildraumes hin und lass die Umgebung auf dich wirken.
- Schreibe deine Gedanken in Form des ➔ Automatischen Schreibens auf. (Nach Biermann/Schurf, S. 90)

Weitere Verfahren des kreativen Schreibens wie ➔ Falsches Deutsch oder ➔ Ideenstern-Lyrik können bei einer Bildbetrachtung eingesetzt werden.

Alternativen
▨ Augenblick-Texte (S. 172)
▨ Haptische Texte (S. 177)
▨ Riechtexte (S. 178)

Hinweise zur Weiterarbeit
▨ Ausstellung (vgl. Methoden I, S. 244 f.)
▨ Broschüre/Magazin (ebd., S. 246 f.)
▨ Internet-Präsentation (ebd., S. 248 f.)

Literatur
Michael Becker-Mrotzek/Ingrid Böttcher: Schreibkompetenz entwickeln und beurteilen. Berlin 2006, S. 150 ff.
Werner Brauckmann: Freies Schreiben. Berlin 2003, S. 78 ff.
Bundesverband Museumspädagogik (Hrsg.): Museumspädagogik aktuell, Heft 73, 2005 (Schwerpunkt: Standbein – Spielbein: Kreatives Schreiben und die Folgen)
Almut Hoppe u. a.: Bilder zu Texten – Texte zu Bildern. In: Deutschmagazin, 3/2004

Bestellte Texte

Sozialformen: Gruppen-, Einzelarbeit
Dauer: 30 – 45 Min.
(ohne Textvortrag)
Medien: –
Klassen: ab 8

Didaktisches Potenzial

Die S. gestalten in einem gruppendynamischen Prozess Teile ihrer Autobiografie.
Sie suchen eine anregende Überschrift und nutzen bei der Umsetzung der biografisch
verankerten Schreibidee Gedanken anderer.

Vorbereitungen und Ablauf

Die S. erinnern sich an Ereignisse in ihrem Leben, die sie für mitteilenswert halten. Sie notieren mindestens drei Kapitelüberschriften einer potenziellen Autobiografie. Diese sollen
interessant klingen, aber noch nicht sehr viel über den möglichen Inhalt einer solchen
Episode verraten. Mit den Überschriften wird dann folgendermaßen verfahren:

- In Gruppen werden gegenübersitzende Paare einander zugeordnet.
- Jeder liest seinem Partner/seiner Partnerin die vorformulierten drei Überschriften vor.
- Der Partner/die Partnerin spekuliert mündlich, was sich hinter diesen drei Überschriften verbergen könnte, wählt eine aus und gibt diese in Auftrag. Dann wechseln die Rollen.
- Hat jeder einen Schreibauftrag erhalten, ziehen sich alle zurück und verfassen das ausgewählte Kapitel aus der eigenen Biografie.
- In einer Vorleserunde werden zunächst jeweils die Überschriften und die durch sie aus-
  gelösten Spekulationen genannt; anschließend werden die Texte vorgetragen.

Didaktische Hinweise

Bestellte Texte, in ähnlicher Form auch „*Biografische Korrespondenz*" genannt (vgl. Brenner
1998), machen S. klar, dass literarische Stoffe durchaus auch im eigenen Leben gefunden
werden können.

Alternativen

- Erinnerungen (S. 183)
- Passbild (S. 185)
- Augenblick-Texte (S. 172)
- Riechtexte (S. 178)

Hinweise zur Weiterarbeit

- Weitere Kapitel eines
  autobiografischen „Romans"

Literatur

Gerd Brenner: Kreatives Schreiben.
Frankfurt/M. 1998, S. 101 f.

Erinnerungen *(Memories)*

Beispiel	**Sozialformen:** Einzelarbeit, Plenum

Beispiel
Zum ersten Mal kauften wir einen Hund. Ich weiß noch, dass wir unheimlich lange fahren mussten. Ich saß hinten im Auto; und der Hund lag auf meinem Schoß …

Sozialformen: Einzelarbeit, Plenum
Dauer: 20 – 45 Min.
Medien: –
Klassen: ab 8

Didaktisches Potenzial
Die S. üben sich als autobiografische Erzähler von Erlebnissen aus ihrer Kindheit und frühen Jugend.
Sie geben frühe und prägende Erfahrungen in kurzen Episoden wieder.

Vorbereitungen
Die S. ziehen sich an einen ruhigen Ort zurück und überlegen, welche Ereignisse aus ihrer (frühen) Kindheit auf interessante Weise mitgeteilt werden könnten. Als Anregung erhalten sie evtl. im Plenum eine Ausgabe der ZEIT-Serie „Ich erinnere mich …" aus dem Jahr 1999, in der namhafte Autoren sich an „Begegnungen, Szenen, Geräusche, Gerüche, Ängste, Momente der Freude" erinnern sollten.
Ein Beispiel:
„ICH ERINNERE MICH an Fliegengift. Meine Mutter versprühte es nach dem Mittagessen in der Küche. Es roch so, dass einem ganz übel davon wurde. Nach einer Weile drehten die Fliegen mit den Beinen nach oben auf der Fensterbank umher, bis sie schließlich still liegen blieben" (Ulrich Stock).

Ablauf
Die S. schreiben dann kurze Texte, die verschiedenen Ausgangsimpulsen folgen können:
- „Erste Erfahrungen": Sie schildern, wie sie zum ersten Mal in ihrem Leben eine Herausforderung zu meistern hatten (z. B. zum ersten Mal schwimmen, Rad fahren, alleine im Zug fahren). Dabei können sie sich auch auf Erzählungen ihrer Eltern bzw. Großeltern stützen.
- „Wiederkehrende Ereignisse": Die S. schildern typische Abläufe, Gerüche oder Geräusche, die sie in der Kindheit beeindruckt haben, oder typische Dinge, die sie erblickten und die in der Kindheit bedeutsam waren.

Die S. werden darauf hingewiesen, dass Abläufe auch leicht verändert werden können. Es entstehen dabei Texte wie der folgende:
„Mein erstes Fahrrad bekam ich mit vier. Vater hielt mich am Gepäckträger fest, und ich fuhr los. Als ich mich umblickte und er drei Meter hinter mir stand, begriff ich, dass ich die ganzen drei Meter ohne seine Hilfe gefahren war. Der Schock saß so tief, dass ich geradewegs in einen Brennnesselgraben fuhr, mit kurzer Hose und T-Shirt."

Didaktischer Kommentar

Erste Erfahrungen im Leben eines Menschen zeichnen sich aus durch den hohen Anforderungscharakter des Neuen, durch persönliche Verunsicherung und Anspannung, manchmal durch eine fieberhafte Suche nach Möglichkeiten der Bewältigung ungewohnter Situationen und deswegen durch eine besondere Intensität des Erlebens. Solche Erfahrungen konzentrieren sich im Kindes- und Jugendalter; sie sind aber auch Erwachsenen nicht fremd. Wenn sich (ältere) S. an solche Ereignisse aus ihrer Kindheit erinnern, sind die Vorgänge oft nur noch schemenhaft im Gedächtnis und müssen wieder ausfantasiert werden. Die Erinnerung an diese Ereignisse ist in der Regel für die S. nicht mehr belastend, da die Vorgänge, um die es geht, inzwischen routinisiert sind und man über die anfänglichen Probleme „nur noch lachen" kann. Das Schreiben aus der Distanz über die „Ersten Erfahrungen" ist für S. interessant, da sie sich dabei klarmachen können, wie viele Probleme sie bereits bewältigt haben.

Tipps zur Umsetzung

Wichtig ist, dass S. sich nicht veranlasst sehen, von Ereignissen in ihrer jüngsten Vergangenheit zu erzählen, wenn diese noch nicht so weit verarbeitet sind, dass sie in der Klasse/im Kurs öffentlich gemacht werden können. Die S. sollten darauf hingewiesen werden, dass sie selbst entscheiden können, bis zu welchem Grad existenzieller Betroffenheit sie in ihren Texten gehen möchten.

Das Problem kann abgemildert werden, indem die Lehrperson den S. verschiedene Formen der Distanzierung ermöglicht:

- Die S. können das von ihnen persönlich Erlebte *fiktionalisieren* und damit von der eigenen Person etwas wegrücken.
- Sie können das Erlebte auch *ironisieren*. Der 18-jährige Verfasser des folgenden Textauszugs verfährt so:
  „Wenn ich jetzt, in der Blüte meiner Jahre, mein Leben Revue passieren lasse, komme ich unweigerlich zu dem Schluss, dass die ersten Erfahrungen in Kindheit und früher Jugend prägenden Einfluss auf meine Entwicklung zur reifen Persönlichkeit hatten. (…) Etwa zwischen drei und fünf Jahren habe ich mir zum ersten Mal den Kopf gestoßen. Ich rannte mit voller Wucht gegen ein Garagentor und erfuhr dabei ein Gefühl, das ich lange Zeit nicht wieder erlebte und erst einige Jahre später nach dem ersten Alkoholrausch wieder neu entdeckte."

Alternativen
- Riechtexte (S. 178)

Hinweise zur Weiterarbeit
- Publikation der Texte in einem Magazin (vgl. Methoden I, S. 246 f.) oder Internet-Präsentation (ebd., S. 248 f.)

Literatur
Gerd Brenner: Kreatives Schreiben. Frankfurt/M. 1998, S. 83 – 91

Passbild

Sozialformen: Einzelarbeit, Plenum
Dauer: 15 – 20 Min.
(ohne Vorber. und
Galeriegang)
Medien: Fotos
Klassen: ab 5

Didaktisches Potenzial
Die S. drücken sich in Bild-Text-Kombinationen persönlich aus.
Sie denken über den symbolischen Ausdruck von Räumen nach und schließen daran einen
subjektiven Selbstausdruck an.

Vorbereitungen und Ablauf
Jeder S. bringt von zu Hause ein Porträtfoto von sich mit, außerdem ein relativ großes Foto
einer Landschaft bzw. einer Stadtszenerie, dem er sich persönlich zuordnen möchte. Im
Unterricht wird dann folgendermaßen verfahren:
- Jeder S. klebt sein Porträtfoto an eine ausgewählte Stelle der Landschaft bzw. der Stadt-
  szenerie und drückt damit eine Beziehung zu diesem Ort aus.
- Anschließend schreibt jeder mit Verfahren wie → Automatisches Schreiben,
  → Erinnerungen, → Augenblick-Texte oder in freier Form einen Text, der an die Foto-
  Collage angehängt wird.
- Alle Text-Bild-Kombinationen werden im Kurs-/Klassenraum ausgehängt und bei ei-
  nem Galeriegang (vgl. Methoden I, S. 240) zur Kenntnis genommen.

Didaktische Hinweise
Das Verfahren kann – in Anfangsphasen neu zusammengesetzter Kurse und Klassen oder
als kreatives Element in Bewerbungsverfahren – auch zur Selbstvorstellung genutzt werden.

Alternativen
- Schreiben zu Bildern (S. 180)
- Figuren/Personen-Steckbrief (S. 93)
- Begrüßungsrituale (vgl. Methoden I,
  S. 69)
- Partnerinterview (ebd., S. 71)
- Schattenriss-Porträt (ebd., S. 73)

Hinweise zur Weiterarbeit
- Selbstvorstellung der S. auf einer
  Website der Schule, des Kurses etc.

Literatur
Ulrike Six/Uli Gleich/Roland Gimmler
(Hrsg.): Kommunikationspsychologie –
Medienpsychologie. Weinheim und Basel
2007 (Stichwort „Selbstkonzept" im In-
dex)

Personalisierung

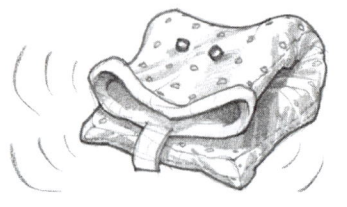

Sozialformen:	Einzel-, Gruppenarbeit
Dauer:	10 – 30 Min.
Medien:	–
Klassen:	ab 5

Didaktisches Potenzial

Die S. fantasieren eine fremde Sichtweise aus.
Sie versetzen sich in die Lage eines Gegenstandes und erleben die Welt aus dessen Perspektive.

Vorbereitungen und Ablauf

Die S. wählen in Gruppen einen nicht lebenden Gegenstand aus (z. B. einen Besen, ein Auto, ein Fahrrad, ein T-Shirt, eine Busfahrkarte, ein Handy, einen Schlüssel oder einen Schuh). Sie versetzen sich dann möglichst intensiv in die „Sichtweise" dieses Gegenstandes und planen einen Text, in dem ein Stunden-, Tages- oder Wochenablauf dargestellt wird. Dazu sammeln sie in einer Tabelle zunächst Ideen, was der Gegenstand

- hören und sehen,
- sich zu dem Wahrgenommenen denken und
- insgesamt empfinden

könnte. Sie nutzen dann ihre Notizen, um einen erzählenden Text zu schreiben. Die S. können darauf hingewiesen werden, dass der Text in Form von Episoden geschrieben werden kann, die einzelne Ereignisse darstellen.

Didaktische Hinweise

Das Verfahren führt dazu, dass die S. episodenhaft ihr Leben oder das einer anderen Person aus der fremden Perspektive des gewählten Gegenstandes rekonstruieren. Da die Gegenstände z. T. längere „Ruhephasen" haben, betreffen die Episoden in der Regel nur diejenigen Phasen des Tages bzw. der Woche, in denen sie von Menschen benutzt werden. Allerdings neigen einige S. auch dazu, die Gegenstände in ihren „Ruhedepots" aktiv werden zu lassen.
Das Verfahren ist unverfänglicher und weniger anspruchsvoll als z. B. → Vertauschte Rollen oder → Geschlechterwechsel. Es kann daher bereits von jüngeren S. bewältigt werden.

Alternativen

- Perspektivenwechsel (S. 137)
- Stilisierung (S. 201)
- Sprachmusterverschiebung (S. 197)

Hinweise zur Weiterarbeit

- Veröffentlichung in Form eines Galeriegangs (vgl. Methoden I, S. 240) oder eines Klassenmagazins (ebd., S. 246 f.)

Vertauschte Rollen

Beispiel
Junge, attraktive Mitdreißigerin, sport-
lich-muskulös und selbstständig, sucht
blonden, häuslichen Partner, der sie ver-
wöhnt.

Sozialformen:	Einzel-, Partnerarbeit
Dauer:	20 – 45 Min.
Medien:	kurze Textpaare
Klassen:	ab 8

Didaktisches Potenzial
Die S. wählen Textformate mit Rollenstereotypen aus und tauschen Rolleneigenschaften.
Sie schreiben Texte, in denen sie ihnen bekannte Rollen mit unpassenden Eigenschaften
ausstatten und so der Kritik aussetzen.

Vorbereitungen und Ablauf
Die S. besorgen sich bzw. erhalten von der Lehrperson Paare kurzer Texte, in denen Rollenmuster sprachlich konzentriert vorliegen, z. B.:
▨ Kontaktanzeigen beider Geschlechter oder
▨ einschlägige Auszüge aus Männer- bzw. Frauenzeitschriften.
Sie markieren in diesen Textpaaren zunächst Stellen, die Rollenmuster besonders intensiv
zum Ausdruck bringen. Anschließend experimentieren sie damit, diese Textelemente vom
einen in den anderen Text zu verschieben, also z. B. von der Kontaktanzeige eines Mannes
in die einer Frau. Sobald sich interessante Effekte ergeben, werden die neuen Textfassun-
gen festgehalten.

Didaktische Hinweise
Textsorten wie Kontaktanzeigen weisen oft deutliche Rollenklischees (in diesem Fall: Ge-
schlechterrollenklischees) auf, die in einem kreativen Prozess auf den Kopf gestellt werden
können. Dies hat einen satirischen Effekt.

Alternativen
▨ Sprachmusterverschiebung (S. 197)
▨ Falsches Deutsch (S. 194)

Hinweise zur Weiterarbeit
▨ Broschüre/Magazin
   (vgl. Methoden I, S. 246 f.)
▨ Galeriegang (ebd., S. 240)

Literatur
Stefan Müller/Gerd Brenner: „Herrlich und
dämlich". Projekterfahrungen mit jüngeren Jugendlichen. In: Gerd Brenner/Franz
Grubauer (Hrsg.): Typisch Mädchen? Typisch Junge? Weinheim, München 1991,
S. 84 ff.

Einfälle

Sozialformen:	Einzel-, Gruppenarbeit, Plenum
Dauer:	45 – 90 Min.
Medien:	ggf. Audiorekorder
Klassen:	ab 5

Didaktisches Potenzial
Die S. begeben sich in einen kreativen Mal- und Schreibprozess.
Sie entwickeln aus einer blind gezeichneten Skizze in mehreren assoziativen Schüben einen kreativen Text.

Vorbereitungen
Die Sitzmöbel sollten so arrangiert werden, dass jeweils vier (evtl. auch drei oder fünf) S. an einem Tisch sitzen können. Für die Stillarbeitsphasen kann Hintergrundmusik vorbereitet werden. Die S. erhalten Papier und Stifte bzw. legen sich beides selbst bereit. Die Lehrperson erklärt, dass in dem folgenden kreativen Experiment alle Gruppenmitglieder intensiv zusammenarbeiten sollten.

Ablauf
Die folgenden sieben Teilschritte lassen sich sinnvoll kombinieren:

- Alle S. schließen die Augen, ertasten ihr Blatt Papier und ihren Stift. Dann malen sie „blind" eine Figur oder eine irgendwie geformte Linie auf ihr Blatt. Anschließend können die Augen wieder geöffnet werden.

- Die Blätter werden im Uhrzeigersinn einen Platz weitergegeben. Jeder malt nun fünf Minuten lang an dem Gebilde, das er vor sich sieht, weiter, gestaltet es aus und malt evtl. etwas hinzu.

- Das Blatt wird in der Gruppe erneut weitergegeben. Jeder notiert auf dem Blatt, das ihm nun vorliegt, drei bis fünf Wörter, die das Bild in irgendeiner Weise kommentieren. Unter den Wörtern soll mindestens ein Verb, ein Adjektiv und ein Substantiv sein.

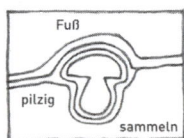

- Die Gruppe unterhält sich über die Kommentierungen auf den Bildern. Man kann die eigenen Eintragungen erläutern oder andere zu ihren Wörtern befragen.
- Anschließend schreibt die Gruppe gemeinsam eine Geschichte, in der alle auf den Blättern notierten Wörter vorkommen müssen. Die Reihenfolge des Auftretens ist beliebig.
- Dann erhält die Gruppe den Auftrag, den kollektiv verfassten Text zu inszenieren. Die Art der Inszenierung ist nicht festgelegt (gestaltendes Vorlesen durch einen S., Intonierung als Litanei, szenische Umsetzung etc.).
- Die Inszenierungen werden im Plenum präsentiert.

Didaktischer Kommentar

Das Verfahren ist betont handlungs- und produktionsorientiert und intensiviert Interaktionen in der Lerngruppe. Er macht zudem klar, wie kreative Prozesse beginnen und sich weiterentwickeln können.

Tipps zur Umsetzung

In einer Reflexion können die S. noch einmal nachvollziehen, wie aus einer später vielleicht verlorengegangenen Initialzündung ein komplexes Endergebnis erwachsen ist. Um über das Problem des Anfangens auf interessante Weise nachdenken zu können, erhalten sie evtl. den folgenden Text „Einfälle" von Günther Anders:

> „Wie dir das alles nur einfallen kann!", meinte staunend einer seiner Freunde, nachdem Apulejus eine neue Geschichte vorgelesen hatte. „Wer hat das gesagt?", fragte Apulejus zurück. „Was?" „Dass sie *mir* eingefallen ist." „Wem denn sonst?" „So viel fällt unsereinem nicht ein", behauptete Apulejus bescheiden. „*Mir* eingefallen ist nur ein einziger Satz." „Und der zweite?" „Ist diesem ersten eingefallen." „Und der dritte?" „Den ersten beiden, als sie miteinander zu spielen begannen." Der Freund schüttelte seinen Kopf: „Und welcher von den Sätzen war nun der erste Satz?" „Der existiert nicht mehr", erwiderte Apulejus. „Der ist bald verlorengegangen. In der Menge der nachfolgenden." „Und wie hatte dieser erste geheißen?" „Da verlangst du etwas viel", fand Apulejus. „Soll ich mich vielleicht aller verstorbenen Sätze entsinnen?" Dem Freund wurde die Sache unheimlich. „Und was tust *du* dabei?", fragte er nach einer Weile. „Wenn einem Satz sein nächster einfällt?" „Ich?", meinte Apulejus. „Ach so. Ich schreib ihn mit." „Und *gemeint*", fragte der Freund ungläubig, „hattest du die Geschichte nicht so?" „Was verlangst du denn von mir?", fragte Apulejus. „Hättest *du* die Geschichte denn vielleicht gekannt, bevor sie da war?"

Alternativen
- Bestellte Texte (S. 182)
- Klopfwörter (S. 169)

Literatur
Günther Anders: Der Blick vom Turm. München 1968, S. 33 f.
Hilbert Meyer: Schulpädagogik II. Berlin 1997, S. 236 – 239

Reduktionstext

Beispiel

Ein Canoe für den linken und eines für den rechten Fuß. Diese Fußschiffe werden mit Stricken und Widerhaken fest am Fußgelenk verschnürt und verknotet, sodass die Füße in einem festen Gehäuse liegen wie der Leib einer Schnecke.

Erich Scheuermann: Der Papalagi

Sozialformen:	Plenum, Partner-, Einzelarbeit
Dauer:	30 – 45 Min.
Medien:	–
Klassen:	ab 5

Didaktisches Potenzial

Die S. setzen eine kreative Ausdrucksvariation um.

Sie reduzieren das Wortmaterial, umschreiben Sachverhalte mit dem lexikalischen Restbestand und nehmen so viele Übertragungen (Metaphorisierungen) vor.

Vorbereitungen

Die S. erhalten einen nicht allzu langen Text über einen ihnen bekannten Vorgang des Alltagslebens oder sie schreiben einen solchen Text.

Ablauf

Der Ursprungstext wird von den S. in mehreren Schritten kreativ verändert:

▨ Die S. einigen sich im Plenum zunächst auf eine Erzählerfigur, die nur über ein schmales Vokabular verfügt (z. B. – in Anlehnung an Scheuermann – einen „Naturmenschen", der bisher keinen Kontakt zur Zivilisation hatte und dem für viele Dinge unseres Alltagslebens die Wörter fehlen).

▨ Anschließend unterstreichen sie in Einzel- oder Partnerarbeit im Ausgangstext alle Wörter, die dem angenommenen Erzähler vermutlich nicht zur Verfügung stehen, weil ihm evtl. auch die damit bezeichneten Gegenstände, Sachverhalte und Vorgänge bisher unbekannt sind.

▨ Alle unterstrichenen Wörter werden durch einfachere ersetzt. Dazu müssen die gemeinten Sachverhalte oft ausführlicher umschrieben werden. Bei der Umschreibung können auch Vergleiche eingeflochten werden, die sich aus der Perspektive des reduzierten Erzählers anstellen lassen.

Dabei entstehen Texte wie der folgende, der den Weg zur Schule und das Betreten eines Klassenraumes darstellt und in einer Klasse 5 erstellt wurde:

Der Knochenwetzberg

Wenn die Sonne aufgegangen ist, verlassen die kleinen Bleichgesichter ihre Matte. Auf schwarzen, endlosen Steinen rollt bald ein riesiger, stinkender Fisch. Er frisst die Kleinen in seinen Bauch und brummt. Immer mehr kleine Bleichgesichter quetschen sich in den langen Bauch. Endlich bleibt der stinkende Fisch bei einem großen Steinberg liegen, wo Löcher ausgelassen sind zum Hinausschauen. Alle Bleichgesichter springen dem Fisch aus dem Bauch und stürmen in eine Ecke des Berges, als wären Tiger hinter ihnen her. In dem Berg sind viele Höhlen, vor denen die Bleichgesichter in Rudeln stehen. Einige sehen auf ihre Arme. Dort ist ein Band, auf dem ein kleiner Mond zu sehen ist. Darauf drehen sich zwei Finger, die zeigen, wie weit die Sonne schon gewandert ist. Plötzlich kommt ein Medizinmann. Er zieht einen glänzend silbernen Stock aus seiner Doppelhaut im Lendentuch, mit dem er zaubern will. Er steckt den Stock in ein Loch und dreht ihn (…) Eine Wand ist fast durchsichtig; an einer anderen hängt eine dunkelgrüne Wiese, an der die Medizinmänner weiße Knochen wetzen. Der Medizinmann, der jetzt vor der harten Wiese steht, hat festes Wasser vor den Augen. Er wetzt den Knochen und wetzt und wetzt und fragt dann einen Jungen mit Worten einer fremden Sprache. Das Kind ist ratlos und antwortet in der Sprache seines Stammes, stotternd und leise.

Didaktischer Kommentar

Ein Reduktionstext ist eine Sonderform des → Perspektivischen Schreibens. Das Verfahren schränkt das Lexikon der Sprache drastisch ein und simuliert eine Sprecherhaltung, in der für eine Reihe von Erfahrungen die konventionellen Bezeichnungen nicht mehr zur Verfügung stehen. Das deautomatisiert das Sprachverhalten der S. und bringt sie zu sprachlichen Innovationen. Oft entwickeln sich dabei auch kritisch-satirische Intentionen. Literarisch umgesetzt wurde dieses Verfahren z. B. von Erich Scheuermann in seinem Werk „Der Papalagi" (s. u.). Die S. können darauf hingewiesen werden, dass das Verfahren eine Form des „Übersetzens" in der eigenen Sprache darstellt.

Tipps zur Umsetzung

Als Anregung kann den S. vorgeschlagen werden, sich den Alltag des angenommenen „reduzierten" Erzählers genau vorzustellen und eine Liste von „einfachen" Gegenständen zusammenzustellen, mit denen dieser Erzähler vermutlich immer wieder umgeht. Die entsprechenden Wörter kann man dann für Vergleiche nutzen, die in den Reduktionstext eingefügt werden.

Alternativen

▪ Vokalvereinzelung (S. 192)
▪ Lipogramm (S. 133)

Hinweise zur Weiterarbeit

▪ Veröffentlichung von S.-Texten in einem Magazin (vgl. Methoden I, S. 246 f.), einer Ausstellung (ebd., S. 244) oder im Rahmen einer Internet-Präsentation (ebd., S. 248 f.)

Literatur

Gerd Brenner: Kreatives Schreiben. Frankfurt/M. 1998, S. 57 – 60
Erich Scheuermann: Der Papalagi. Die Reden des Südseehäuptlings Tuiavii aus Tiavea. Zürich 1977 (Erstaufl. 1920)
Gabriele Vollrath-Neu: „… Triffst du nur das Zauberwort" – Zur literaturdidaktischen Methode des Aktiven Erlesens. In: Kristina Calvert/Bodo Lecke (Hrsg.): Mediendidaktische Forschung – Medienübergreifendes Lernen. München 2003, S. 253

Vokalvereinzelung

Beispiel

Kafka
Kafka saß am Hang, las.
Papa kam.
Na, Franz, was macht das Amt?
Kafka sah bang.
Hart, Papa, hart!
Papa lacht: Ach was! Wahn! Mach ran!
Prag war kalt.

P. R.

Sozialformen:	Einzel-, Partnerarbeit
Dauer:	30 – 45 Min.
Medien:	–
Klassen:	ab 5

Didaktisches Potenzial
Die S. bearbeiten ein Thema in einem reduktionistischen Verfahren.
Sie gelangen zu kreativen Wortkombinationen und treffen auf lapidare Weise eine Aussage.

Vorbereitungen
Jeder S. entscheidet sich für einen Vokal bzw. einen Diphthong (ei, eu, au) und tut sich mit einigen Mits. zusammen, die die gleiche Option gewählt haben.

Ablauf
In der Gruppe werden Wörter gesammelt, die – neben beliebigen Konsonanten – ausschließlich den gewählten Vokal bzw. Diphthong aufweisen. Dabei werden von Verben nicht Infinitive, sondern flektierte Formen gesucht. Die Wörter werden zunächst ungeordnet notiert. Anschließend wird folgendermaßen verfahren:

▨ Die ermittelten Wörter werden in einer Tabelle den Wortarten (Substantiv, Adjektiv, Verb, Pronomen) zugeordnet.

▨ Stellt sich heraus, dass wichtige Strukturwortarten (Präpositionen und Konjunktionen) fehlen, werden diese noch gezielt ergänzt.

▨ Jeder S. studiert die Wörterliste aufmerksam und lässt sich von einigen Wörtern zu einem Thema anregen.

▨ Jeder unternimmt im Rahmen dieses Themas einige Formulierungsversuche, bei denen die Gruppe helfen kann.

▨ Aus diesen Bausteinen wird ein Gerüst für einen lyrischen Text oder eine sonstige Textsorte zusammengestellt. Zur Füllung evtl. vorhandener Lücken werden weitere Wörter gezielt gesucht. Auf einige Wortarten (Artikel) kann evtl. ganz verzichtet werden.

Es entstehen Texte wie:

Acht-Akt-Alltags-Drama

Anfang: Max: galant, charmant, vakant.
            Anna: rank, schlank, vakant.
Markt-Akt: Max lacht Anna an.
            Anna lacht Max an.
Tanz-Akt: Max Anna: Wang' an Wang'.
            Walz, Schmalz, Balz.
Amt-Akt: Max als Annas Mann.
            Altar, Kaplan, Tracht, Pracht. (…)

E.R.

Knut um Ruth

Knut um Ruth.
Knut tut Mut, schlurft zu Ruth.
Ruth tut gut: Uhh!
Knut: Wunsch zum Kuss.
Ruths Mund: Schluss.
Knut murrt: Kuh!
Ruth: Muh!
Knut Druck zum Kusch'lruck.
Nun: Kusch'lruck zum Kuss.
Knuts Wut ruht.
Knurt gurrt, Ruth schnurrt.
Tusch.

18-jährige Schülerin

Didaktischer Kommentar

Ein auch jüngeren S. oft bekanntes Beispiel für Vokalvereinzelung ist Ernst Jandls Gesicht „ottos mops" (s. Jandl 1985). Als eine zugespitzte Form des → Lipogramms stellt das Verfahren die Geduld einiger S. auf die Probe, während andere relativ rasch zu Texten gelangen. Positiv wird von S. die gruppendynamische Komponente des Verfahrens bewertet. Die rigorose sprachliche Reduktion leitet Deautomatisierungen gängiger Formulierungen ein; zugleich entlastet das Verfahren die S. vom persönlichen Risiko des Formulierens, da „seltsame" Wortfolgen in ihrer Wahrnehmung den Verfahrensvorgaben geschuldet sind.

Tipps zur Umsetzung

Das Verfahren kann auch zur Unterstützung einer satirischen Aussage eingesetzt werden. Ab Klasse 8 können mit Vokalvereinzelungen ebenfalls Parodien von Boulevardblättern wie „Bild" gestaltet werden. Dazu wird zu einem reißerischen Bild aus solchen Blättern jeweils eine Ein-Vokal-Schlagzeile als „Knaller" formuliert. Mit dem gleichen Vokal wird dann eine Bildunterschrift gestaltet. In einer Lyrikreihe der Sekundarstufe II können Vokalvereinzelungen genutzt werden, um die verschiedenen Klangfarben von Vokalen zu erkunden.

Hinweise zur Weiterarbeit

- Veröffentlichung der Texte in einem Magazin (vgl. Methoden I. S. 246 f.) oder in einer Internet-Präsentation (ebd., S. 248 f.)
- Betrachtung der Ergebnisse in einem Galeriegang (ebd., S. 249)
- Ausstellung (ebd., S. 244 f.)

Alternativen

- Reduktionstext (S. 190)

Literatur

Gerd Brenner: Kreatives Schreiben. Frankfurt/M. 1998, S. 55 – 57
Ernst Jandl: Der künstliche Baum. Darmstadt, Neuwied 1985, S. 58 f.

Falsches Deutsch

Beispiel	**Sozialformen:** Einzel-, Partnerarbeit
Lady Di und Charles:	**Dauer:** 15–30 Min.
Weihnachten Verhöhnung	**Medien:** Zeitungstexte
	Klassen: ab 8

Didaktisches Potenzial
Die S. erzielen durch minimale sprachliche Irritationen einen besonderen Aussageeffekt.
Sie ändern die Schreibung von Wörtern leicht ab und bewirken damit kreative Bedeutungsverschiebungen.

Vorbereitungen
Die S. bringen kurze Zeitungstexte, deren Aussage sie interessant finden, von zu Hause mit. Am besten geeignet sind Textaussagen, von denen die S. sich gerne kritisch distanzieren würden.

Ablauf
Die S. werden zunächst – evtl. anhand eines Beispiels (s. u.) – mit dem Schreibverfahren vertraut gemacht. Dann betrachten sie die von ihnen mitgebrachten Texte – evtl. in Partnerarbeit – intensiv und entscheiden sich für einen, den sie in „falsches Deutsch" setzen möchten. Anschließend überlegen sie, wie durch
- möglichst geringfügige Änderungen von Wörtern (oft reicht der Austausch eines einzigen Buchstabens) und
- unverhoffte Wortkombinationen

interessante sprachliche Effekte erzielt werden können. Den S. sollte geraten werden, die Änderungen gezielt nur an ausgewählten Stellen vorzunehmen, hierfür zunächst mögliche Abwandlungen am Rand des Ausgangstextes zu notieren und nur die interessantesten in die Endfassung zu übernehmen.
Oft entstehen dabei satirische Texte wie der folgende:
> „Der Peinigungsvertrag zwischen BRD und DDR ist gestern in Rost-Berlin unterzeichnet worden. Den würglichen Tag der deutschen Peinheit möchte Runderkanzler Hohl zum Nationalfeiertag machen. An diesem Tag soll das gesammelte deutsche Palaverment zusammentreten."

Die entsprechenden Sätze im Ausgangstest (Zeitungstext) lauteten:
> „Der Einigungsvertrag zwischen BRD und DDR ist gestern in Ost-Berlin unterzeichnet worden. Den wirklichen Tag der deutschen Einheit möchte Bundeskanzler Kohl zum Nationalfeiertag machen. An diesem Tag soll das gesamte deutsche Parlament zusammentreten."

Didaktischer Kommentar
Das sprachspielerische Verfahren übt auf S. einen besonderen Reiz aus, zumal sie in diesem Fall mit gezielten Fehlern besonders erfolgreich sein können. Allerdings erfordert das

Schreibexperiment einiges Durchhaltevermögen und auch einige Sachkenntnisse, da sich sonst nicht genügend Ideen einstellen, wie der zu bearbeitende Kontext kritisch beleuchtet und sprachlich in ein neues Licht gerückt werden kann. Die S. sollten sich daher nur mit Sachverhalten auseinandersetzen, die sie kennen.

In der Literatur – insbesondere in der modernen Lyrik – finden sich viele Beispiele für „Falsches Deutsch". So bezeichnet Ernst Jandl in seinem Gedicht „wien: heldenplatz" Adolf Hitler als „gottelbock" mit „hünig sprenkem stimmstummel" (→ Assoziationshöfe). Sprachschöpferisch orientierte Branchen wie die Werbewirtschaft oder Verlage zeigen sich an kreativen Neologismen (verblüffenden Wortkombinationen) sehr interessiert. So vergibt der Klett Verlag jährlich einen Medienpreis für kreative Wortschöpfer. In diesem Rahmen wurden 2003 z. B. die Neuschöpfungen „Hertha BSE" (für wahnsinnige Abläufe bei dem Berliner Fußballverein), „Espressionismus" (für die Überflutung des Landes mit Espressomaschinen) und „Global Prayer" (für den Papst) ausgezeichnet. Preisgekrönt werden jeweils Wortschöpfungen von Journalisten, die einen Vorgang durch eine interessante Wortvariation oder eine kreative Wortkombination zum Ausdruck bringen.

Tipps zur Umsetzung

In vielen Fällen ist eine Kooperation mit dem Fach Politik/Sozialwissenschaften sinnvoll. Dabei können politische Vorgänge sprachlich kreativ kommentiert werden. Es kommt so zu Verwandlungen der folgenden Art:

„Regierung Münch gibt wegen Gehälter-Affäre auf
Nach Rücktritten will FDP Neuwahl in Sachsen-Anhalt
Magdeburg. Der Rücktritt der CDU/FDP-Regierung von Sachsen-Anhalt wegen der Gehälter-Affäre von Ministerpräsident Münch (CDU) und drei seiner aus dem Westen stammenden Minister hat eine schwere Koalitionskrise ausgelöst. Die CDU will die Koalition fortsetzen. Der Ausstieg der FDP aus dem Koalitionsvertrag wäre ihrer Meinung nach eine grobe Pflichtverletzung."

„Gierung Münch gibt wegen Gehälter-Affäre auf
Nach Rückentritten will FDP in Sachsen anhaltenden Neuwahn
Magdeburg. Der Rücktritt für die CDU/FDP-Gierung von Sachen-Anhalt wegen der Gehälter-Abführe von Mini-Star-Präsident Münch (CDU) und drei seiner aus dem Westen stammelnden Ministerne hat eine schwere Hallodrianskrise ausgelöst. Die CDU will die Qualition fortsetzen. Der Ausstieg der FDP aus dem Korruptionsvertrag wäre ihrer Meinung nach eine grobe Pflichtverhetzung."

Alternativen
▨ Sprachmusterverschiebung (S. 197)

Hinweise zur Weiterarbeit
▨ Veröffentlichung (Broschüre etc.)

Literatur
Gerd Brenner/Heinrich Peuckmann: Literaturkurse in der gymnasialen Oberstufe. Arbeitsbereich Schreibschule. Soest 1994, S. 51

Geschlechterwechsel

Beispiel

… Oh Gott, ich bin ja ganz behaart. Hat mir jemand Haarwuchsmittel in meinen Saft gekippt? Du meine Güte! Das bin ich doch gar nicht! Wo sind meine langen Haare geblieben? Und wo kommt diese dicke Nase her?

Sozialformen:	Einzelarbeit
Dauer:	15 – 45 Min.
Medien:	–
Klassen:	ab 8

Didaktisches Potenzial

Die S. versetzen sich in eine Person des anderen Geschlechts.
Sie verstärken ihre Gender-Empathie, indem sie in einem kreativen Text die Geschlechterrolle wechseln.

Vorbereitungen und Ablauf

Den S. wird eine fiktive Situation vorgeschlagen, in der sie schlagartig die Geschlechterrolle gewechselt haben. Sie schreiben dann nach kurzem Vorgespräch in Gruppen einen erzählenden Text aus der Sichtweise des jeweils anderen Geschlechts. Arbeitsauftrag:

> Du wirst wach und stellst nach einigen Augenblicken plötzlich fest, dass du ein Junge/ ein Mädchen geworden bist. Schildere möglichst genau und anschaulich, was dir durch den Kopf geht, was du erlebst und wie du versuchst, dich auf die neue Situation einzustellen.

Didaktische Hinweise

Unter genderpädagogischen Gesichtspunkten ist es wünschenswert, dass Kinder und Jugendliche sich in die Mentalitäten und die Verhaltensweisen des anderen Geschlechts hineinversetzen. Anders als bei → Vertauschte Rollen wird hier ein empathisches Sich-Hineindenken in eine andere Existenzweise versucht. Das Verfahren kann so z. B. eine Unterrichtsreihe zum Thema „Partnerschaft" eröffnen.
Der Text kann in der Ich- oder Er-Form geschrieben werden. Die Entscheidung, ob und in welchem Ausmaß die Texte im Unterricht vorgelesen werden, hängt von dem Vertrauensverhältnis in der Lerngruppe ab und sollte jedem einzelnen S. selbst überlassen bleiben.

Alternativen

- Perspektivenwechsel (S. 137)
- Stilisierung (S. 201)
- Sprachmusterverschiebung (S. 197)
- Personalisierung (S. 186)

Hinweise zur Weiterarbeit

- Traumkette (S. 141)
- Veröffentlichung der S.-Texte in einem Magazin (vgl. Methoden I, S. 246 f.)

Sprachmusterverschiebung

Beispiel

Wenn Sie in Ihrem Kurs einen längeren Text ins Plenum eintragen müssen, besteht die Gefahr, dass ein Teil der Leute nicht richtig lädt, blöde Fragen stellt oder gar abstürzt. Sie sollten die Übertragung also immer für halbprofessionelle Nutzer auslegen und die Datenkompression abschalten.

Sozialformen:	Einzel-, Partner-, Gruppenarbeit
Dauer:	45 – 60 Min.
Medien:	Fachbücher, Fachzeitschriften
Klassen:	ab 9

Didaktisches Potenzial

Die S. entwickeln für eine darzustellende Situation eine sprachliche Übertragung.
Sie reflektieren eine Alltagssituation und das im Alltag dafür verwendete Sprachmuster; sie ordnen ihr ein anderes sprachliches Muster zu und gestalten in einer kreativen Mischung beider sprachlicher Muster einen Text.

Vorbereitungen

Vor Beginn des Schreibverfahrens sollten genügend Materialien (Bücher, Magazine etc.) vorhanden sein, in denen S. Sprachmuster recherchieren können (s. u.).

Ablauf

Die S. bereiten eine Textproduktion in mehreren Schritten vor. Der folgende Ablauf ist sinnvoll, wobei die ersten Schritte in Teamarbeit, die letzten in Einzel- oder Partnerarbeit erledigt werden sollten :

- Die S. entscheiden sich für eine alltägliche, vielen potenziellen Leserinnen und Lesern bekannte Alltagshandlung oder Situation (im obigen Beispiel: Ein S. trägt in einem Kurs ein Referat vor) und reflektieren diese Situation kurz im Hinblick auf typische Abläufe.
- Zu diesem Handlungsablauf bzw. zu dieser Situation überlegen die S. sich ein *sprachliches Muster,* das einerseits für diese Situation in überraschender Weise ungewöhnlich ist und das andererseits interessante Kommentierungen des Geschehens zulässt (im obigen Beispiel: Vokabular von Computer-Nutzern).
- In einem Brainstorming (vgl. Methoden I, S. 101) und aus einschlägigen Büchern bzw. Zeitschriften tragen die S. möglichst viel spezifisches Vokabular zusammen, das sich dem gewählten sprachlichen Muster zuordnen lässt.
- Mithilfe dieses Vokabulars wird ein Text verfasst, wobei das ungewöhnliche sprachliche Muster in die Ausgangssituation bzw. -handlung „hineingeschoben" wird. Das soll so geschehen, dass die erwartbare sprachliche Gestaltung immer wieder erkennbar bleibt, damit der Leser weiß, um was es geht. In anderen Formulierungen soll dann aber die Sprachmusterverschiebung stattfinden.

Mithilfe des o. g. Computer-Vokabulars nimmt ein Disko-Besuch dann z. B. die folgende sprachliche Gestalt an:

„Mike zog es mal wieder magnetisch in die Disko, den Pool der Objektverknüpfung. Gleich an der Eingangstür ließ eine echt griffige Maus mit einem gigantisch langen Laufwerk seinen Datenspeicher heißlaufen. Mike versuchte sofort, den physischen Abstand zu komprimieren. Sein Deodorant kitzelte gerade die Datenbahn ihrer Nase, als … “.

Didaktischer Kommentar

Wollen S. erzählende Texte selbst entwerfen, sind sie oft mühsam auf der Suche nach Einfällen. Ihr Bemühen konzentriert sich dabei in der Regel auf Handlungsideen. Sprachmusterverschiebungen machen deutlich, dass auch und gerade *sprachliche Kreativität* zu interessanten Ergebnissen führen kann. Die S. können darauf hingewiesen werden, dass sprachliche Gestaltungsideen jenseits des Literaturbetriebs z. B. auch in der Werbebranche sehr gefragt sind.

Tipps zur Umsetzung

S. haben für Sprachmusterverschiebungen die folgenden weiteren Ideen entwickelt:
Familienessen: Vobabular aus Straßenverkerhrsordnung, Sportreportage, Wetterbericht
Diskobesuch: Vobaluar aus Zierfischbuch, Gebrauchsanweisungen für Kochherde und Kühlschränke, Fachbuch zur Bullenzucht, Kochbuch, Erste-Hilfe-Buch, Führerschein-Buch, Immobilienanzeigen, Theaterlexikon
Klausurrückgabe: Apokalypse (Bibel), Buch zur Instrumentenkunde, Chirurgie-Lehrbuch

Sprachmusterverschiebungen können auch in fächerübergreifenden Projekten eingesetzt werden. In Kooperation mit dem Fach Politik kann z. B. in den Klassen 9 und 10 die Lehrstellensituation zum Thema werden. Dabei gestalten S. ihre leidvollen Erfahrungen mit Bewerbungen in Texten wie dem folgenden:
„Sehr geehrte Damen und Herren, nach längerem, mit wissender Geduld getragenem Leiden und wohl vorbereitet auf den Übergang in eine andere Welt, bewerbe ich mich zum vierundzwanzigsten Mal um eine Ausbildungsstelle. Sie würden meine Tatkraft, meinen ausgewogenen Rat und meine liebenswerten menschlichen Eigenschaften in dankbarer Erinnerung behalten, wenn Sie … “.

Alternativen
▨ Stilisierungen (S. 201)
▨ Reduktionstext (S. 190)

Hinweise zur Weiterarbeit
▨ Präsentation von S.-Texten in einem Galeriegang (vgl. Methoden I, S. 240), einer Broschüre (ebd., S. 246 f.) oder einer Internet-Präsentation (ebd., S. 248 f.)

Literatur
Gerd Brenner/Heinrich Peuckmann: Literaturkurse in der gymnasialen Oberstufe. Arbeitsbereich Schreibschule. Soest 1994, S. 51 und 59

Ideenstern-Lyrik

Beispiel
Fliegen in den Seifenblasen der Sehnsucht

Sozialformen:	Gruppen-, Einzelarbeit
Dauer:	45 – 90 Min.
Material:	große Blätter und Filzstifte
Klassen:	ab 8

Didaktisches Potenzial

Die S. erarbeiten sich in einem kreativen Verfahren einen lyrischen Text.
Sie entwickeln und nutzen assoziative Brücken, um zu einem Thema eine Gedichtaussage zu treffen.

Vorbereitungen

Jeder S. wählt ein Thema aus, zu dem er arbeiten will.

Ablauf

Jeweils vier S. setzen sich um einen Tisch, legen ein großes Blatt Papier auf die Tischplatte und schreiben in die Mitte des Blattes ein Wort, mit dem sich das gewählte Thema eines Gruppenmitglieds ausdrücken lässt. Dieses Wort wird mit Filzstift dick umrandet, damit es bei den folgenden Arbeitsschritten immer wieder ins Blickfeld rückt. Dann wird folgendermaßen verfahren:

- Die vier S. in der Gruppe beginnen gemeinsam, vom zentralen Wort ausgehend eine Assoziationskette zum gewählten Thema zu schreiben. Die Kette wird wie im Beispiel unten sternförmig vom Blattzentrum zum Rand hin geschrieben (vgl. Biermann/Schurf 1999, S. 516).

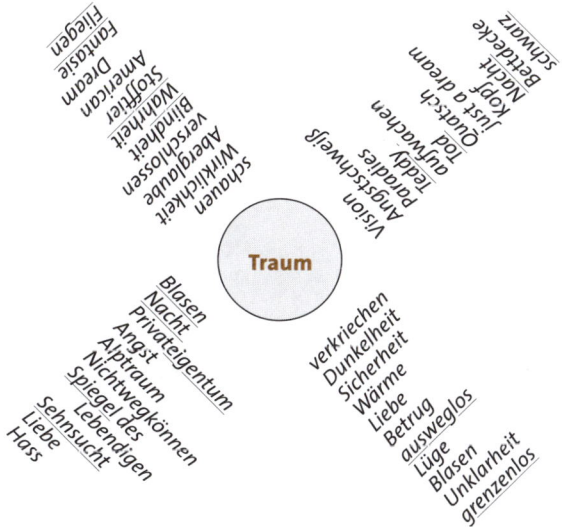

- Nach einer festgesetzten Zeit (z. B. zwei Minuten) gibt die Lehrperson ein gut hörbares Signal. Nun wird in allen Gruppen das Blatt im Uhrzeigersinn um 90 Grad gedreht. Der nun lesbare, angefangene Stichwort-Strahl wird kurz zur Kenntnis genommen und dann fortgesetzt. Dabei kann man sich vom Vorgänger anregen lassen.
- Nach zwei Minuten wird das Blatt erneut gedreht. Ist ein Strahl bis zum Rand geschrieben, kann ein neuer angefangen werden.
- Ist das Blatt nahezu vollgeschrieben, wird für den zweiten S. dasselbe Verfahren gestartet usw., bis für jeden in der Vierergruppe ein Blatt beschriftet worden ist.
- Jeder nimmt nun sein Blatt, schreibt interessante Gedanken vom Ideenstern ab und macht Kombinationsproben (Kombination von Wörtern aus verschiedenen Bereichen des Blattes, um zu interessanten Assoziationen zu kommen).

Die interessantesten Gedanken und assoziativen Verknüpfungen werden in eine sinnvolle Reihenfolge gebracht und in lyrischer Form angeordnet. Hier ein Beispiel (aus Biermann/Schurf 1999, S. 517):

Traum

Konserve der Fantasie.
Eigentum der Nacht.
Fliegen in den Seifenblasen
der Sehnsucht.

Grenzenlos, schwerelos,
Platz für die Teddybären
der Kindheit.

Aber wusstest du,
dass die Rückseite des Spiegels
schwarz ist?

Blinde Tritte.
Ausweglose Wahrheit.
Der kleine Tod.

Didaktischer Kommentar

Mit seiner schrittweisen Entwicklung lyrischer Texte nimmt das Verfahren S. die Scheu vor Gedichten. Es zeigt, dass Lyrik in einer Werkstatt der Sprache durch sprachspielerische Dynamik hergestellt werden kann und dass nicht alles dem Genius des Autors/der Autorin entspringt.

Alternativen
- Sprachmusterverschiebung (S. 197)
- Falsches Deutsch (S. 194)

Hinweise zur Weiterarbeit
- Präsentation der Gedichte in einem Galeriegang (vgl. Methoden I, S. 240)

Literatur
Gerd Brenner/Heinrich Peuckmann: Literaturkurse in der gymnasialen Oberstufe. Arbeitsbereich Schreibschule. Soest 1994, S. 32
Heinrich Biermann/Bernd Schurf (Hrsg.): Texte, Themen und Strukturen. Deutschbuch für die Oberstufe. Berlin 1999, S. 516 f.

Stilisierung *(Stylisation)*

Beispiel
Kaffeekochen: Wehe, ich sage euch, wenn ihr Gottes kostbares Nass immer wieder in Bechern messt und durch braunen Dreck tröpfelt, wenn ihr es jeden Morgen heiß und sündig dampfend eurer Götzen-maschine opfert, dann …

Sozialformen:	Plenum, Einzelarbeit
Dauer:	30 – 45 Min.
Medien:	–
Klassen:	ab 8

Didaktisches Potenzial
Die S. nutzen verschiedene Stile, um eine Aussage sprachlich zu variieren.
Sie erkunden dabei die Gestaltungspotenziale bestimmter stilistischer Profilierungen und vergleichen ihre Wirkung.

Vorbereitungen
Die S. sammeln mehrere Dutzend Adjektive, die ihrer Meinung nach besondere Stillagen eines Textes kennzeichnen können. In der Sekundarstufe II werden z. B. genannt:

romantisch	weinerlich	sachlich	prophetisch
gefühlsbetont	chaotisch	lakonisch	sarkastisch
vulgär	meditativ	militärisch	euphorisch
ironisch	anbiedernd	übertrieben	mütterlich
kindlich	kalt	kitschig	geziert
naiv	belehrend	verzweifelt	formelhaft
humorvoll	technisch	prollig	albern
lustig	distanziert	besserwisserisch	arrogant
oberlehrerhaft	wissenschaftlich	umständlich	dramatisch
missionarisch	mürrisch	närrisch	trendy
polemisch	geschwollen	devot/unterwürfig	märchenhaft
diktatorisch	pampig	poetisch	depressiv
pathetisch	spöttisch	fanatisch	elegant
hektisch	lässig	kurzatmig	schwermütig
behördensprachlich	nüchtern	krimihaft	gruselig

Ablauf
Die S. wählen einen möglichst einfachen alltäglichen Vorgang aus, der sich in verschiede-nen Stillagen darstellen lässt (z. B. Zähne putzen, Auto waschen, Nudeln kochen). Sie be-schreiben diesen Vorgang dann zunächst – evtl. stichpunktartig – in ihrer Normalsprache. Anschließend prüfen sie die von ihnen erarbeitete Adjektiv-Liste (s. o.) und entscheiden sich für zwei bis drei Stilvarianten. Sie schlüpfen dann in diese Sprach- und Denkwelten und schreiben Varianten des Ausgangstextes. Anschließend werden alle vorgetragen und in ihrer Wirkung miteinander verglichen.

Didaktischer Kommentar

Eine Stilisierung ist ein literarisches Verfahren zur Steigerung der Aussageintensität. Stilisierungen machen deutlich, dass man sich einem Gegenstand mit ganz unterschiedlichen sprachlichen Konzeptionen nähern kann, wobei die beschriebene Realität jeweils in ein ganz spezifisches Licht getaucht wird. Oft kommt es dabei nicht nur zu sprachlichen Neuschöpfungen, sondern auch zu inhaltlichen Weiterentwicklungen.

Die Profilierung von Schreibstilen lässt sich thematisch leicht mit einer Reflexion über Lebensstile verbinden. Insbesondere im Jugendalter entwickeln viele S. ein besonderes Sensorium für (Selbst-)Stilisierungen und die Möglichkeiten der Verortung in Peergroups, die sich aus solchen Stilisierungen ergeben. Diese (Selbst-)Stilisierungsversuche beziehen sich bei vielen Jugendlichen außer auf Kleidung und Accessoires auch auf die eigene Sprache. Sozialwissenschaftlich kann die gesellschaftliche Zunahme von Stilisierungsversuchen darauf zurückgeführt werden, dass in pluralistischen Gesellschaften immer weniger allgemeinverbindliche Orientierungsmuster zur Verfügung stehen, sodass gesellschaftliche Verortungen über subkulturelle oder individuelle Stilisierungen versucht werden (vgl. Vollbrecht 1995).

In der Literatur sind Stilisierungen seit je weit verbreitet. Ein interessantes Stil-Experiment geht auf den französischen Schriftsteller Raymond Queneau zurück, der 1960 zusammen mit François Le Lionnais das *Ouvroir de littérature potentielle* (Werkstatt für potenzielle Literatur) gründete. Ihr Ziel war es, ein Arsenal dichterischer Verfahren anzulegen, das Autoren zur Verfügung stehen sollte, die sich nicht nur auf die sogenannte Inspiration verlassen wollen. Von Queneau stammt z. B. das in vielen Lehrwerken inzwischen dokumentierte Verfahren der „Stilübungen" (s. u.).

Tipps zur Umsetzung

Ein Auszug aus Queneaus „Stilübungen" kann den S. als Anregung gegeben werden.

Alternativen

▨ Sprachmusterverschiebung (S. 197)
▨ Falsches Deutsch (S. 194)
▨ Perspektivenwechsel (S. 137)
▨ Geschlechterwechsel (S. 196)

Hinweise zur Weiterarbeit

▨ Figureneinkleidung (S. 127)
▨ Veröffentlichung in einem Magazin (vgl. Methoden I, S. 246 f.)

Literatur

Gerd Brenner: Kreatives Scheiben. Frankfurt/M. 1998, S. 138 – 141
Gerd Brenner/Heinrich Peuckmann: Literaturkurse in der gymnasialen Oberstufe. Soest 1994, S. 56 f. u. 60 f.
Raymond Queneau: Stilübungen. Frankfurt/M. 1969 (Pariser Erstausgabe 1947 unter dem Titel „Exercices de style")
Ralf Vollbrecht: Die Bedeutung von Stil. In: Wilfried Ferchhoff (Hrsg.): Jugendkulturen – Faszination und Ambivalenz. Weinheim, München 1995, S. 23 – 37

Typensatire

Sozialformen:	Plenum, Gruppen-, Einzelarbeit
Dauer:	30 – 60 Min.
Medien:	–
Klassen:	ab 8

Didaktisches Potenzial

Die S. setzen sich kritisch mit gesellschaftlichen Rollen auseinander und stellen sie literarisch dar.

Sie sammeln typische Rollenmerkmale und verarbeiten sie mithilfe satirischer Mittel in einem lyrischen Text.

Vorbereitungen

Die S. erhalten eine literarische Typensatire, z. B. das Gedicht „Der Angestellte" von Hans Magnus Enzensberger, das folgendermaßen beginnt:

> Nie hat er jemanden umgebracht. Nein,
> er wirft aus Versehen Flaschen um.
> Er möchte gern, schwitzt, verliert
> seinen liebsten Schlüssel. Immerzu
> erkältet er sich. Er weiß, dass er muss.
> Er mutet sich Mut zu, er gähnt,
> er tupft seinen Gram auf den Putz.
> Er denkt, lieber nicht. Eingezwängt
> in zwei Schuhe, beteuert er bleich
> das Gegenteil. Ja, er meldet sich an
> und ab. Das Gegenteil sagt er von dem,
> was er sagen wollte. Eigentlich, sagt er,
> eigentlich nicht. Der Anzug ist ihm zu eng,
> zu weit. Seine Stelle schmerzt. Nein,
> seine eigene Handschrift kann er schon längst
> nicht mehr lesen. Er hat sich scheiden lassen,
> vergebens. Kein Mensch ruft ihn an. (...)

Enzensberger 1980, S. 14

Die S. identifizieren in einem solchen Gedicht typische Situationen, Verhaltensweisen, Rollenattribute (Gegenstände) und Redewendungen, die der dargestellten sozialen Rolle zugeordnet werden können.

Ablauf

Die S. erhalten dann den Auftrag,

- soziale Rollen (z. B. Lehrer/Lehrerinnen, Eltern, Popstars) zu benennen, die sie in Typensatiren darstellen wollen;
- sich in Gruppen zusammenzusetzen, die je eine Rolle bearbeiten;
- in einer Tabelle typische Situationen, Verhaltensweisen, Rollenattribute (Gegenstände) und phrasenhafte Redewendungen zu sammeln, die dem zu bearbeitenden Rollentyp zugeordnet werden können;
- in Einzelarbeit einen lyrisch-satirischen Text zu verfassen.

Die S. können auf satirische Mittel (s. u.) hingewiesen werden.

Didaktischer Kommentar

Satire als Spottdichtung, die Kritik an menschlichen Schwächen und Lastern oder an gesellschaftlichen Missständen übt, spricht insbesondere kritisch eingestellte Jugendliche und junge Erwachsene sehr an. Es ist sinnvoll, im Anschluss an die Präsentation eigener Texte in der Lerngruppe nicht nur die von den S. verfolgten satirischen Absichten und die verwendeten darstellerischen Mittel hervorzuheben, sondern auch die in den Texten zum Ausdruck kommende Kritik an den dargestellten Rollen inhaltlich weiter zu entfalten.

Tipps zur Umsetzung

Vor einem eigenen Textversuch können die S. sich am Beispiel literarischer Texte einige satirische Darstellungsmittel erarbeiten. Dazu zählen neben → Stilisierung, → Sprachmusterverschiebung, → Falsches Deutsch, → Namenszusätze z. B.:

- unter- oder übertreibende Abwandlungen von Redewendungen (z. B. statt „Er haut auf den Putz" im oben zitierten Gedicht „Er tupft seinen Gram auf den Putz");
- auffällige Komposita (z. B. „Schlüsselaufbewahrungszusatzverordnung") zur Kennzeichnung besonderer Eigentümlichkeiten (hier: Bürokratismus);
- Situationskomik (eine nicht erwartbare Verkettung von Umständen, die den zu kritisierenden Rollenträger in Schwierigkeiten bringt);
- Rollenwechsel (z. B. Vertauschung einer superioren und inferioren Rolle);
- Ironie (das Gegenteil von dem sagen, was gemeint ist);
- eine besondere Syntax (bei Enzensberger z. B. kurzatmige Sätze).

Alternativen

- Geschlechterwechsel (S. 196)
- Vertauschte Rollen (S. 187)

Hinweise zur Weiterarbeit

- Veröffentlichung in einem Magazin (vgl. Methoden I, S. 246 f.) oder in einer Internet-Präsentation (ebd., S. 248 f.)

Literatur

Hans Magnus Enzensberger: Die Furie des Verschwindens. Frankfurt/M. 1980.

Aktuelle Satiren s. „Süddeutschen Zeitung" („Das Streiflicht") oder die Wochenzeitung „Die Zeit" („Harald Martenstein …")

Elfchen

Sozialformen: Einzel-, Gruppenarbeit
Dauer: 10 – 20 Min.
Medien: –
Klassen: 5 – 7

Didaktisches Potenzial
Die S. gestalten eine Aussage in einer lyrischen Kurzform.
Sie verteilen eine festgelegte Anzahl von Wörtern auf fünf Zeilen und entwickeln dabei eine plausible gedankliche Abfolge.

Vorbereitungen und Ablauf
Einzeln oder im Reihum-Verfahren schreiben die S. ein Gedicht mit elf Wörtern (Elfchen).
Folgende Regeln für die Textgestaltung werden vorgegeben:

1. Zeile ein Wort Thema, Idee
2. Zeile zwei Wörter etwas (Gegenstand oder Person), das zu dem ersten Wort passt
3. Zeile drei Wörter Eigenschaft, Tätigkeit des in der 2. Zeile Genannten
4. Zeile vier Wörter Weiterführung
5. Zeile ein Wort Pointe, Gegensatz oder Wiederholung des ersten Wortes

Didaktische Hinweise
Elfchen sind seit Jahrzehnten in der Deutschdidaktik – insbesondere auch der Grundschule – ein weit verbreitetes Verfahren der lyrischen Gestaltung. Sie eignen sich für die Arbeit mit jüngeren S., weil die Regelhaftigkeit der Zeilenfüllung S. eine Stütze für die Textproduktion gibt und dennoch individuelle Aussagen zulässt.

Alternativen
▪ Haiku (S. 206)
▪ Anagramm (S. 168)
▪ Ideenstern-Lyrik (S. 199)

Hinweise zur Weiterarbeit
▪ Publikation in einem Magazin (vgl. Methoden I, S. 246 f.)

Literatur
Ingrid Böttcher (Hrsg.): Kreatives Schreiben. Berlin 1999, S. 57 f. u. 92

Haiku

Sozialformen: Einzelarbeit
Dauer: 10 – 15 Min.
Medien: –
Klassen: ab 5

Didaktisches Potenzial
Die S. treffen eine Aussage in pointierter lyrischer Form.
Sie stellen in lapidarer Form Bezüge zwischen zwei Wirklichkeitsbereichen her.

Vorbereitungen und Ablauf
Den S. wird die Struktur eines Haikus erklärt (s. u.). Sie notieren dann eine gewünschte Aussage, die zunächst in mehreren Sätzen festgehalten wird. Diese wird mithilfe der Haiku-Vorgaben (s. u.) verdichtet und in Form gebracht. Ein Beispiel:

> Morgennebeldunst –
> Wie ein hingemalter Traum
> geht ein Mensch vorbei!
>
> *Buson (1715 – 1783)*

Didaktische Hinweise
Das Haiku, eine aus Japan stammende Gedichtform, besteht aus drei Zeilen und insgesamt siebzehn Silben, die sich nach dem folgenden Muster auf die Verse verteilen:
- 1. Vers: 5 Silben
- 2. Vers: 7 Silben
- 3. Vers: 5 Silben

Anders als lyrische Großgebilde wie Sonette oder Oden ist diese lyrische Kleinform auch bereits für jüngere S. überschaubar. Sie regt an, Aussagen zu konzentrieren. Zugleich bieten die formalen Vorgaben ein Gerüst für kreative Aussagen.
In der japanischen Tradition bringen Haikus Naturerscheinungen zur Sprache, die dann mit etwas anderem konfrontiert werden.

Alternativen
- Elfchen (S. 205)
- Rondell (S. 207)
- Ideenstern-Lyrik (S. 199)

Literatur
Japanische Jahreszeiten. Tanka und Haiku aus dreizehn Jahrhunderten. Hrsg. und übers. von Gerolf Coudenhove, 7. Aufl., Zürich 1994

Rondell

•	1	_____
✧	2	_____
✷	3	_____
•	4	_____
✷	5	_____
✷	6	_____
•	7	_____
✧	8	_____

Sozialformen: Einzelarbeit
Dauer: 10 – 15 Min.
Medien: –
Klassen: ab 5

Didaktisches Potenzial

Die S. äußern sich persönlich in einer einfach zu handhabenden lyrischen Form.
In einem formalisierten Verfahren verteilen sie ihre Aussage auf acht Zeilen und wiederholen dabei mehrfach eine Kernaussage.

Vorbereitungen und Ablauf

Die S. gehen von einer persönlichen Grundaussage aus und folgen bei der Ausgestaltung dann den folgenden Anregungen (nach Böttcher):

▨ Wähle ein für dich wichtiges Thema aus und bereite dazu ein Gedicht mit acht Zeilen vor.

▨ Schreibe einen kurzen Satz zu diesem Thema, der deine Meinung treffend zum Ausdruck bringt. Schreibe diesen Satz dreimal, und zwar in die Zeilen 1, 4 und 7.

▨ Führe deine Gedanken in einem weiteren kurzen Satz fort. Schreibe diesen Satz in die Zeilen 2 und 8.

▨ Schreibe weitere, verschiedene Aussagen zum Thema, die deiner Meinung entsprechen, in die Zeilen 3, 5 und 6.

Didaktische Hinweise

Rondelle waren vom 13. bis zum 15. Jahrhundert in Frankreich verbreitete Rundtanz- und Reigenlieder mit einem Refrain, wobei dieser vermutlich von einem Chor und der Rest von einem Vorsänger vorgetragen wurde. Die wenig anspruchsvolle Form gibt dem kreativen Schreiben bereits jüngerer S. einen Rahmen und überfordert sie nicht.

Alternativen

▨ Haiku (S. 206)
▨ Elfchen (S. 205)
▨ Ideenstern-Lyrik (S. 199)

Hinweise zur Weiterarbeit

▨ Veröffentlichung der S.-Texte in einem Klassenmagazin (vgl. Methoden I, S. 246 f.)

Literatur

Ingrid Böttcher (Hrsg.): Kreatives Schreiben. Berlin 1999, S. 62 f. u. 103

9 Schreibberatung

Selbstverfasste Texte kommentieren

Textüberarbeitung organisieren

Schreibberatung

Hilfsmittel einsetzen

Antworttexte

Sozialformen: Gruppen-, Einzelarbeit
Dauer: 10 – 30 Min.
Medien: –
Klassen: ab 8

Didaktisches Potenzial
Die S. setzen sich konstruktiv mit Texten von Mits. auseinander.
Sie betrachten Besonderheiten des Inhalts und der Gestaltung und entwickeln Ideen dazu.

Vorbereitungen und Ablauf
Die S. lesen Texte – z. B. aus kreativen Schreibprozessen – in kleineren Gruppen von vier bis sechs Personen nacheinander vor. Die Zuhörer sollen nach einem Textvortrag nichts sagen, sondern gründlich über das Gehörte nachdenken und ihre Überlegungen dann schriftlich niederlegen. Dabei können zu einzelnen Gestaltungsentscheidungen des Verfassers/der Verfasserin Änderungsvorschläge und insgesamt Erweiterungs- und Fortführungsideen notiert werden. Die „Antworttexte" werden dem Verfasser/der Verfasserin anschließend übergeben. Er/sie nimmt diese mit nach Hause, liest sie in Ruhe durch und bezieht die An-regungen bei einer Textüberarbeitung bzw. -fortsetzung ein.
Alternative: Alle Texte werden zunächst vorgetragen und dann in Form einer Blätterlawine (vgl. Methoden I, S. 100) reihum von Platz zu Platz weitergereicht und schriftlich kommen-tiert. So entsteht ein kollektiver Antworttext.

Didaktische Hinweise
Beim Schreiben von Antworttexten, auch *Echo-Texte* genannt, kann man evtl. die Verfas-serinteressen stärker ins Spiel bringen. Dazu weist der Verfasser/die Verfasserin sofort nach dem Textvortrag auf ein paar Entscheidungen hin, die er/sie beim Schreiben wichtig bzw. schwierig gefunden hat, und fragt, ob und inwiefern diese Entscheidungen richtig gewesen sind. Die Mits. befassen sich in ihren Antworttexten dann mit diesen Fragen.

Alternativen
▨ Textanwalt/Lektor (S. 213)
▨ Prüfstand (S. 211)
▨ Rezension (S. 85)

Hinweise zur Weiterarbeit
▨ Umarbeitung/Erweiterung eines Textes

Literatur
Gerd Brenner: Kreatives Schreiben. Frankfurt/M. 1998, S. 164

Ein-Satz-Resonanz

Sozialformen: Plenum, Gruppenarbeit
Dauer: 1–2 Min.
Medien: –
Klassen: ab 7

Didaktisches Potenzial

Die S. heben positive Gestaltungsleistungen ihrer Mits. hervor.
Sie spiegeln in der Auseinandersetzung mit Texten von Mits. Textelemente, die sie für gelungen halten.

Vorbereitungen und Ablauf

Die S. setzen sich in Gruppen von sechs bis zehn Personen zusammen. Ein S. trägt – z. B. im Rahmen einer Unterrichtsreihe zum kreativen Schreiben – einen von ihm verfassten Text vor. Während des Vortrags sollen die Mits. auf einem bereitliegenden Blatt eine einzelne Formulierung oder einen ganzen Satz mitschreiben, die/den sie für besonders gelungen halten. Jeder kann eine mitgeschriebene Formulierung wieder durchstreichen, wenn er eine noch überzeugendere hört und diese notieren möchte. Nach Ende des Textvortrags werden alle Ein-Satz-Resonanzen reihum vorgelesen. Dabei kann es durchaus zu Doppelungen kommen. Der Verfasser/die Verfasserin des Textes erfährt so, welche seiner/ihrer Gestaltungsideen bei den Zuhörern besonders gut angekommen sind.

Didaktische Hinweise

Insbesondere beim kreativen Schreiben wissen S. oft nicht, wie sie angemessen auf die z. T. sehr subjektiv gefärbten, auf Selbstausdruck setzenden, persönliche Fantasiewelten öffnenden Texte ihrer Mits. reagieren sollen. Ihnen ist klar, dass die Mits. mit ihren Texten besondere Risiken eingegangen sind, können in ihren Reaktionen in der Regel aber nur auf schulische Kritikprozeduren zurückgreifen, die auf „Fehlerkorrektur" aus sind. Diese wären aber angesichts der kreativen Wagnisse, die eingegangen worden sind, unangemessen. Nach dem Vortrag kreativ gestalteter Texte kommt es daher oft zu einem peinlichen Schweigen, weil keiner den Verfasser/die Verfasserin unangemessen behandeln möchte. Mit der Ein-Satz-Resonanz können die S. sofort und unterstützend auf einen vorgetragenen Text reagieren.

Alternativen

■ Antworttexte (S. 209)

Hinweise zur Weiterarbeit

■ Prüfstand (S. 211)
■ Textanwalt/Lektor (S. 213)
■ Rezension (S. 85)

Prüfstand

Sozialformen:	Gruppenarbeit, Plenum
Dauer:	10 – 20 Min. (pro Text)
Medien:	–
Klassen:	ab 11

Didaktisches Potenzial

Die S. setzen einen von ihnen verfassten Text bzw. einen Textanfang der konstruktiven Kritik der Mits. aus.

Sie trainieren, Texte von Mits. auf Stärken und Schwächen hin zu analysieren und weiterführende Gestaltungsideen zu entwickeln.

Vorbereitungen

S., die im Rahmen des kreativen Schreibens (z. B. in Literaturkursen) oder in anderen Unterrichtszusammenhängen einen Text oder einen angefangenen Text präsentieren möchten, setzen sich in Gruppen von sechs bis acht Personen zusammen.

Ablauf

In der Gruppe erhält jeder S. die Gelegenheit, seinen Text auf den Prüfstand zu stellen. Dies geschieht folgendermaßen:

- Ein S. präsentiert seinen Text(anfang) und legt sich dann einen Notizblock bereit.
- Rundum äußert nun jeder seine Reaktionen auf den Text. Dabei sollen Gesamturteile über den vorgelesenen Text vermieden werden. Vielmehr sollen zunächst einige positive Eindrücke formuliert werden, die sich auf inhaltliche und gestalterische Besonderheiten des Textes beziehen.
- Anschließend werden nach dem Motto „Keine Kritik ohne Verbesserungsvorschlag!" konstruktive Änderungsvorschläge gemacht. Diese Vorschläge der Gruppenmitglieder können durchaus in ganz verschiedene Richtungen gehen.
- Wurde ein Textanfang präsentiert, können auch Ideen für eine Weiterentwicklung des Textes geäußert werden.
- Der Verfasser/die Verfasserin des Textes sitzt während der mündlich vorgetragenen Textkritiken stumm dabei und macht sich Notizen. Hierbei konzentriert er/sie sich auf Bemerkungen, die nach eigener Einschätzung in besonderer Weise geeignet sind, den Textentwurf zu verbessern und voranzubringen.
- Am Ende kann der Verfasser/die Verfasserin kurz angeben, welche der Reaktionen auf den eigenen Text er/sie am interessantesten und überzeugendsten fand.
- Die anderen S. in der Gruppe erhalten dann die Gelegenheit, ihre Texte in gleicher Weise besprechen zu lassen.

Didaktischer Kommentar

Das Verfahren ist in Deutschland z. B. nach dem 2. Weltkrieg von der „Gruppe 47" praktiziert worden, einem losen Zusammenschluss von Autorinnen und Autoren, die sich wechselseitig unveröffentlichte Manuskripte vorlasen, um sie der kollegialen Kritik auszusetzen und dann evtl. noch einmal umzuschreiben, bevor sie über Verlage eine breitere Öffentlichkeit erreichten. In der Gruppe galten die folgenden Regeln: „Wer liest, hat sich vor die Gruppe auf den sogenannten ‚elektrischen Stuhl' zu begeben und nach einer durchschnittlichen Lesezeit von etwa einer halben Stunde die anschließende Kritik wortlos über sich ergehen zu lassen. Die Kritiker ihrerseits, meist schonungslos offen, haben sich streng auf den gelesenen Text zu konzentrieren" (Reisner, S. 8). In den bewertenden Gesprächen konzentrierten sich die Autorinnen und Autoren darauf, schriftstellerisches Handwerkszeug auszutauschen, mit dessen Hilfe sie die von ihnen gewählten Themen literarisch bewältigen konnten.

Weil das Verfahren nicht die Bewertung von Personen und ihrer schriftstellerischen Kompetenzen insgesamt in den Mittelpunkt rückt, sondern den Werkstattcharakter der Textkritik betont, kann das Prüfstand-Verfahren auch in schulischen Prozessen des kreativen Schreibens genutzt werden. Sein Vorteil ist, dass oft ganz verschiedene und auch widersprüchliche Kritik an Texten geäußert wird, sodass der Verfasser/die Verfasser sich verschiedene Urteile anhören und daraus Schlüsse ziehen kann. Allerdings sollte das Verfahren nur in Lerngruppen eingesetzt werden, in denen eine eher vertrauensvolle Zusammenarbeit erwartet werden kann.

Ein Vorteil des Verfahrens ist auch, dass die S. mit ihren Texten nicht unter Rechtfertigungsdruck geraten. Da sie nicht nach jeder Äußerung eines Mits. Stellung nehmen müssen, sondern sich alle Anmerkungen zu ihrem Text nacheinander stumm anhören, können sie sich in Ruhe Notizen machen, die sie für eine Textüberarbeitung nutzen können.

Tipps zur Umsetzung

Die Gesprächsrunde nach einem Textvortrag kann mit einer ➜ Ein-Satz-Resonanz eröffnet werden. In Lerngruppen entwickelt sich ein gelasseneres und offeneres Umgehen mit eigenen kreativen Versuchen, wenn die Texte mit einiger *Regelmäßigkeit* in einer konstruktiven Werkstattatmosphäre besprochen werden. Dadurch bauen sich auch Veröffentlichungsängste ab.

Alternativen

- Antworttexte (S. 209)
- Textanwalt/Lektor (S. 213)
- Schreibkonferenz (S. 227)
- Schreibberater (S. 225)

Hinweise zur Weiterarbeit

- Weiterentwicklung eines Textes

Literatur

Gerd Brenner: Kreatives Schreiben. Frankfurt/M. 1998, S. 167 f.
Hanns-Peter Reisner: Literatur nach 1945 – Die Gruppe 47. Düsseldorf 1979

Textanwalt/Lektor

Sozialformen: Gruppenarbeit
Dauer: 10 – 30 Min. pro Text
Medien: –
Klassen: ab 10

Didaktisches Potenzial
Die S. organisieren eine Textkritik verfasserschonend.
Sie setzen ihre Texte der Kritik der Mits. aus, ohne unter Rechtfertigungsdruck zu geraten.

Vorbereitungen und Ablauf
Nach dem Vortrag eines eigenen Textes im Plenum oder in einer Gruppe übernimmt ein Mits. diesen Text „anwaltlich". Er stellt sich mit dem Text der Kritik der Gruppe bzw. des Plenums, begründet Gestaltungsentscheidungen des Verfassers/der Verfasserin und bewertet Änderungsvorschläge. Es können evtl. auch zwei „Anwälte" im Team für einen Text tätig werden. Alternativen können sein:
Lektor: Bei diesem schriftlichen Verfahren wird die Tätigkeit eines Lektors in einem Verlag nachgeahmt. In einer Gruppe werden die verfassten Texte ausgetauscht. Ein Lektor/eine Lektorin schreibt dann ein kurzes Gutachten unter den Text und macht am Rand Verbesserungsvorschläge. Werden Gutachten und Verbesserungsideen auf einem gesonderten Blatt notiert, kann ein weiterer Lektor tätig werden.
Disputation: Ein Kritiker übt in einer mündlichen „Verhandlung" Kritik an einem Text, woraufhin ein Verteidiger die Entscheidungen des Autors/der Autorin rechtfertigt. Am Ende formuliert ein Richter sein Urteil.

Didaktische Hinweise
Das Verfahren erlaubt es dem Verfasser/der Verfasserin eines Textes, den eigenen Text nicht selbst rechtfertigen zu müssen; vielmehr kann man sich darauf konzentrieren, die Argumentationen sowohl der „Verteidiger"/„Anwälte" als auch die der Kritiker zur Kenntnis zu nehmen und sich Notizen zu machen, die bei einer Überarbeitung des Textes hilfreich sein können.

Alternativen
- Prüfstand (S. 211)
- Antworttexte (S. 209)

Hinweise zur Weiterarbeit
- Rezension (S. 85)
- Umarbeitung eines Textes/ Weiterarbeit

E-Mail-Verbesserungen

Beispiel
Dieser Text ist verbessert | *Gelöscht: s* |
worden.

Sozialformen: Einzel-/Gruppenarbeit
Dauer: mehrmals ab 5 Min.
Medien: PC/Internet
Klassen: ab 5

Didaktisches Potenzial
Die S. schicken sich wechselseitig per E-Mail Textverbesserungen.
Über einen E-Mail-Austausch besorgen sich die S. Verbesserungsvorschläge für einen Text
und stellen am PC dann eine revidierte Fassung her.

Vorbereitungen und Ablauf
Die S. erhalten die Aufgabe, von Abschnitten eigener Texte, die verbessert werden sollen,
Textdateien zu erstellen. Diese werden dann so eingerichtet, dass der Prozess der nachfolgenden Änderungen sichtbar wird. Beim Programm MS Word wird die Funktion „Änderungen nachverfolgen" eingestellt (unter „Extras" bzw. über die Symbolleiste). Es sind verschiedene Optionen einstellbar.
Eine so eingerichtete Datei wird nacheinander als E-Mail an einige Mits. geschickt. Diese
schreiben ihre Verbesserungsvorschläge in den Text und schicken ihn dann an den Verfas-
ser/die Verfasserin zurück. Alle vorherigen Versionen des Textes bleiben dabei sichtbar.
Der Verfasser/die Verfasserin sichtet abschließend alle Verbesserungs-Optionen der Mits.
und stellt eine Endfassung her, indem er/sie die ausgewählten Formulierungen noch einmal schreibt. Über die Funktion „Alle Änderungen annehmen" können die Vorversionen
gelöscht werden, sodass nur noch die Schlussfassung sichtbar ist.

Didaktische Hinweise
Stehen in der Schule vernetzte Computer zur Verfügung, so können Textverbesserungen
auch mit der gesamten Lerngruppe organisiert werden.

Alternativen
▦ Schreibkonferenz (S. 227)
▦ Proben/Textlupe (S. 221)

Hinweise zur Weiterarbeit
▦ Ausdruck und Reflexion aller Versionen

Literatur
Gerd Brenner: Textrevision per E-Mail. In:
Sybille Breilmann u. a. (Hrsg.): Computer,
Internet & Co. im Deutsch-Unterricht.
Berlin 2003, S. 140 ff.

Ersatzprobe

Beispiel

Durch sein junges Alter hat er einige Vorteile bei der Jobsuche.	Aufgrund seines jungen Alters

Sozialformen: Einzel-, Partner-, Gruppenarbeit
Dauer: 10 – 30 Min.
Medien: –
Klassen: ab 5

Didaktisches Potenzial

Die S. verbessern einen Text durch gezieltes Probieren.
Sie ersetzen einen sprachlichen Ausdruck durch einen text- bzw. situationsangemesseneren.

Vorbereitungen

Die S. markieren in eigenen Texten, die überarbeitet werden sollen, Formulierungen, von deren Qualität sie nicht (ganz) überzeugt sind.

Ablauf

Die S. erhalten den Auftrag, markierte Wörter, Sätze oder Abschnitte durch bedeutungsähnliche oder funktional ähnliche zu ersetzen und das Ergebnis in seiner Wirkung zu beurteilen. Überprüft werden können damit *inhaltliche Unstimmigkeiten*:
- Realitätsunangemessenheit („Entspricht das Dargestellte euren Alltagserfahrungen?"),
- Figurenunangemessenheit (beim kreativen Schreiben: „Passt dieses Verhalten zu der dargestellten Figur?"),

aber auch *Kohärenzbrüche* wie:
- unmotivierter Tempuswechsel („Wurde die gewählte Zeit beibehalten?"),
- falsche Bezüge/Beziehungsfehler („Gibt es für jedes Personalpronomen das richtige Bezugswort im vorhergehenden Satz?"),
- unlogische Anschlüsse („Stimmen die Konjunktionen oder sonstige logische Verbindungswörter, mit denen Aussagen verknüpft werden?"),
- unmotivierter Wechsel der Erzählperspektive („Wird die am Anfang gewählte Erzählperspektive durchgehalten?"),
- Stilbrüche („Wird ein gewählter Stil durchgehalten oder bricht der Text z. T. aus?").

Bei Texten des kreativen Schreibens kann das Augenmerk auf
- diffuse Bilder („Werden Bilder zu Bildbereichen verbunden oder gibt es ein Sammelsurium von Einzelbildern?")

gelenkt werden.
Hilfsmittel können sein:
→ Rad der Gelenkwörter zur Variation von Textkonnektoren,
→ Haus der Stile zur Prüfung stilistischer Alternativen,
→ Wortfelder/Thesaurus zur Variation des Ausdrucks,
→ Symbol-Checks zur Klärung von Rechtschreibproblemen.

Didaktischer Kommentar

Die Ersatzprobe, auch *Austauschprobe* oder *Ersetzungsprobe* genannt, wird im schulischen Unterricht u. a. eingesetzt, um die grammatische Richtigkeit eines sprachlichen Ausdrucks oder die Korrektheit einer Schreibung nachweisen zu können (vgl. Heringer, S. 79). So kann man in einer Ersatzprobe klären, ob die Schreibung „das" oder „dass" gewählt werden muss, indem man das fragliche Wort in einem Satz gegen „dieses" oder „welches" austauscht. Ergibt dies weiterhin einen sinnvollen Satz, ist die Schreibung „das" zu wählen. Ersatzproben sind jedoch insbesondere in Verfahren der Textrevision von Belang, die in schulischen Bildungsgängen insgesamt oft zu kurz kommen. Aus der Schreibforschung ist bekannt, dass insbesondere jüngere S., aber durchaus auch noch S. der Sekundarstufe II Texte nicht oder nur sporadisch überarbeiten (vgl. Becker-Mrotzek, S. 106). Das betrifft insbesondere die oben aufgeführten komplexeren Fehlleistungen wie Kohärenzbrüche oder einen unmotivierten Tempuswechsel. Oft beschränken sich die eigenständig vorgenommenen Verbesserungen auf punktuelle sprachliche Oberflächenphänomene.

Tipps zur Umsetzung

Die Ersatzproben jüngerer S. können ergänzt werden durch einen Blick in Orsennas Kinderbuch „Die Grammatik ist ein sanftes Lied"; hier verhalten sich die Substantive wie Menschen und sind an einer Stelle z. B. mit ihren Partnern, den Adjektiven, unzufrieden, weil diese sich auch mit anderen Substantiven zusammengetan haben. Dazu heißt es:

> „Jetzt standen sie im Laden und wollten ihre Partner umtauschen. Dieses Mal würden sie ein Adjektiv von einem Stapel wählen, der am Ausgehen war. Dann konnte es keine Rivalinnen mehr geben. Das eine Haus dachte an so etwas wie ‚verträumt' oder ‚rosenbewachsen' und das andere an ‚verrucht' oder ‚grimmig'. Von neuem begann die Qual der Wahl" (S. 73).

Alternativen

- Wortfelder (S. 161)
- Umstellprobe (S. 223)
- Erweiterungsprobe (S. 217)
- Weglassprobe (S. 229)

Hinweise zur Weiterarbeit

- Sprachmusterverschiebung (S. 197)
- Stilisierung (S. 201)

Literatur

Michael Becker-Mrotzek: Schreibkonferenzen in der Grundschule. In: Gerd Bräuer (Hrsg.): Schreiben(d) lernen. Hamburg 2004, S. 105–119
Gerd Brenner: Kurzprosa: Kreatives Schreiben und Textverstehen. Berlin 2000, S. 58 ff.
Hans Jürgen Heringer: Kleine deutsche Grammatik. Berlin 1997
Erik Orsenna: Die Grammatik ist ein sanftes Lied. München 2004

Erweiterungsprobe

Beispiel

Das ⌈ Haus lag tief ⌈ *mit Efeu berankte*
im Wald.

Sozialformen:	Einzel-, Partner-,
	Gruppenarbeit
Dauer:	10 – 30 Min.
Medien:	–
Klassen:	ab 5

Didaktisches Potenzial

Die S. verbessern einen Text durch gezieltes Probieren.
Sie erweitern einen sprachlichen Ausdruck textsorten- bzw. situationsangemessen und
präzisieren ihn dadurch.

Vorbereitungen

Die S. markieren in eigenen Texten, die überarbeitet werden sollen, Formulierungen, von
deren Qualität sie nicht (ganz) überzeugt sind. Insbesondere sollen sie dabei auf die Genauigkeit der Aussage achten.

Ablauf

Die S. erhalten den Auftrag, markierte Formulierungen zu ergänzen und das Ergebnis in
seiner Wirkung zu beurteilen. Sie können sich dabei von den folgenden Fragen leiten lassen:

- Werden Aussagen durch Hinzufügen von Adjektivattributen, sonstigen Attributen
  (Appositionen, Genitivattributen, präpositionalen Attributen), adverbialen
  Bestimmungen etc. anschaulicher?
- Werden Formulierungen durch Hinzufügen weiterer Details präziser?
- Gibt es im Text unfreiwillige Ellipsen (Auslassungen), die behoben werden müssen?
- Sind gar wichtige gedankliche Zwischenschritte ausgelassen worden, die nachgetragen
  werden müssen?

Für Texte des kreativen Schreibens:

- Kann eine Situation/ein wichtiger Erzählschritt szenisch genauer ausgestaltet werden?
- Können Handlungsimpulse und Beweggründe von Figuren durch Ausgestaltung der inneren Handlung (erlebte Rede, innerer Monolog, Bewusstseinsstrom etc.) genauer dargestellt werden?
- Kann eine Figur durch eine bestimmte Redeweise oder durch eine bestimmte Gestik
  und Mimik genauer charakterisiert werden?
- Kann das äußere Erscheinungsbild einer Figur intensiver vorgestellt werden?
- Kann das Geschehen atmosphärisch intensiver dargestellt werden? Wie könnten Land-
  schafts- oder sonstige Schilderungen dazu beitragen?

Didaktischer Kommentar

Die Erweiterungsprobe, auch *Ergänzungsprobe* genannt, wird nicht nur in der Textrevision verwendet, sondern auch zur Klärung von Problemen der Rechtschreibung. So kann man probieren, ob sich ein Wort mit einem Begleiter (einem bestimmten oder unbestimmten Artikel) erweitern lässt. Ist dies der Fall, handelt es sich um ein Nomen, das großgeschrieben werden muss (vgl. Heringer, S. 26). Anders als sonstige grammatische Proben, z. B. die Listenprobe (vgl. Dudenredaktion, S. 140), Einsetzprobe (ebd., S. 140 f.), Flexionsprobe (ebd., S. 141) oder die Umschreibungsprobe (ebd., S. 144), hat die Erweiterungsprobe aber auch eine besondere Bedeutung für die inhaltliche oder stilistische Verbesserung von Texten. Erweiterungen sollten jedoch nicht ziellos vorgenommen werden; vielmehr sollten sie Aussageschwerpunkte eines Textes verstärken und deshalb auf bestimmte Passagen eines Textes konzentriert werden.

Tipps zur Umsetzung

Auf unterhaltsame Weise können jüngere S. mit dem folgenden Auszug aus einem Kinderbuch auf den Sinn von Texterweiterungen hingewiesen werden. In dem Text von Orsenna (s. u.) werden Wörter personalisiert; sie stellen u. a. fest, dass es ihnen an Ausstrahlung fehlt. Sie fassen den Entschluss, daran etwas zu ändern:

> „Das Substantiv ‚Haus' stößt die Ladentür auf. ‚Guten Tag, ich komme mir etwas schmucklos vor, ich möchte mich ausstaffieren.' ‚In unseren Regalen liegen ganze Stapel von dem, was Sie brauchen', entgegnet der Ladenbesitzer und reibt sich schon die Hände in Erwartung des guten Geschäfts. Das Substantiv ‚Haus' beginnt mit der Anprobe. Welche Unschlüssigkeit! Wie schwierig ist es, sich zwischen den verschiedenen Adjektiven zu entscheiden! Das Haus geht mit sich zu Rate. Die Auswahl ist groß. Will es ‚blau', ‚hoch', ‚befestigt', ‚bayerisch', ‚kinderfreundlich', ‚blumengeschmückt' nehmen? Die Adjektive tanzen verführerisch um das Haus herum, um von ihm erwählt zu werden" (Orsenna, S. 69).

Schließlich wählt das „Haus" das Adjektiv „verhext", um die Kinder zu verschrecken und sich interessant zu machen.

Alternativen

- Ersatzprobe (S. 215)
- Umstellprobe (S. 223)
- Weglassprobe (S. 229)

Hinweise zur Weiterarbeit

- Neufassung eines Textes
- Schreibberater (S. 225)
- Schreibkonferenz (S. 227)

Literatur

Dudenredaktion (Hrsg.): Duden. Die Grammatik. Mannheim 2005, S. 142 u. 909 f.

Hans Jürgen Heringer: Kleine deutsche Grammatik. Berlin 1997

Erik Orsenna: Die Grammatik ist ein sanftes Lied. München 2004

Gruppenpyramide *(Group pyramid)*

Sozialformen:	Einzel-, Gruppenarbeit, Plenum
Dauer:	45 – 90 Min.
Medien:	–
Klassen:	ab 8

Didaktisches Potenzial

Die S. führen selbstverfasste Texte zusammen und erstellen ein Kollektivprodukt.
Sie gestalten eine Synthese aus Elementen mehrerer Ausgangstexte.

Vorbereitungen

Die S. schreiben in Einzelarbeit einen Text, in dem sie jeweils eine bestimmte Aufgaben-stellung umsetzen. Dabei kann es sich um Formen des kreativen Schreibens, aber auch um Aufsatzformen (Interpretations-, Erörterungsaufsätze, Essays) handeln. Das Verfahren kann im Prinzip in vielen Unterrichtszusammenhängen genutzt werden.

Ablauf

Alle S. präsentieren die von ihnen geschriebenen Texte nach den folgenden Regeln:

1. Die Lerngruppe wird in mehrere *Stammgruppen* aufgeteilt, die – nach zugeteilten Far-ben – rote, grüne, blaue, gelbe Gruppe usw. genannt werden und nicht mehr als fünf S. umfassen sollten.

2. In der Stammgruppe lesen alle ihre Texte vor. Sie einigen sich auf einen der vorgetra-genen Texte, der Basis für die Weiterarbeit sein soll. In diesen Text arbeiten sie interes-sante Ideen und Formulierungen aus den anderen Texten der Gruppe ein, sodass eine Synthese entsteht. Diese Textversion wird abgeschrieben und vervielfältigt.

3. Die S. treffen sich anschließend in *bunten Gruppen*, in denen alle vorhandenen Farben vertreten sein sollen. Jeder dieser Gruppen liegen nun erneut verschiedene Texte zur Begutachtung vor. Diesmal werden jedoch keine Textsynthesen mehr hergestellt; viel-mehr geht es nun darum, die beste der vorliegenden Versionen zu bestimmen. Dazu entwirft jede Gruppen zunächst einen Katalog von *Kriterien,* nach denen die Texte be-urteilt werden sollen. Der Kriterienkatalog wird dann erprobt, indem alle in der Gruppe vorliegenden Texte mit seiner Hilfe beurteilt werden. Es wird eine Entscheidung über den *Favoriten* getroffen. Zum Schluss wählt jede Gruppe einen Sprecher/eine Spreche-rin.

4. Alle Gruppen treffen sich nun im Plenum. Die Sprecher/Sprecherinnen tragen jeweils den ausgewählten Text vor und begründen die Wahl der Gruppe detailliert anhand der erarbeiteten Kriterien.

5. Abschließend kann das Plenum entscheiden, welcher Text für alle kopiert werden soll. Außerdem kann auch ein praktikabler Kriterienkatalog vervielfältigt werden.

Didaktischer Kommentar

Während das Gruppenpuzzle (vgl. Methoden I, S. 44 f.) in der Regel der Informationsaufnahme und -vermittlung dient, lässt sich die Gruppenpyramide besonders nutzen, um Schreibprodukte der S. zur Geltung kommen zu lassen. Wenn Hausaufgaben oder Texte aus dem Unterricht ins Plenum eingebracht werden sollen, ergibt sich in schulischen Klassen bzw. Kursen meist eine Dilemma-Situation: Lässt die Lehrperson nur einige S.-Texte vorlesen, die dann ausführlich betrachtet werden können, werden viele andere – oft auch mit einigem Engagement hergestellte – Texte ignoriert. Werden andererseits (nahezu) alle Texte im Plenum vorgelesen, bleibt kaum Zeit für genauere Betrachtung und gründlichere Analysen einzelner Schreibprodukte. Das Verfahren der Gruppenpyramide befreit von diesem Dilemma; allerdings kann die Lehrperson die kritische Prüfung von Texten nicht so intensiv wie im Plenumsgespräch selbst mitsteuern. Dies ist nur in der letzten Phase möglich (Schritt 5).

Ein Vorteil des Pyramiden-Verfahrens ist auch, dass viele S. ihre Texte von sich aus nicht ins Plenum einbringen würden, da sie von deren Qualität vielleicht nicht ganz überzeugt sind und eher anderen den Vortritt lassen möchten. Die Regeln des Pyramiden-Verfahrens sehen dagegen vor, dass jeder seinen Text zur Verfügung stellt. Das Verfahren sorgt außerdem dafür, dass jeder die Chance hat, zumindest eine Idee oder Formulierung aus seinem Text für ein gemeinsames Projekt beizusteuern (Schritt 2).

Tipps zur Umsetzung

Für kreative Schreibprozesse im Englischunterricht (Zu-Ende-Schreiben einer Kurzgeschichte) schlagen Schallhorn und Peschel u. a. die folgenden Arbeitsaufträge vor:

- „Read out your story to the others. When the last one of you has read his or her story take the story you liked best and work on it to improve it with the other ideas or phrases from the others. You have 20 minutes. Each of you has to write down the new version of the best story on an separate sheet of paper!" (Schritt 2)
- „Read out the story from your first group. When the last has read his or her story discuss which one is the best. Thereby take notes stating your criteria for voting that story the best. For example: language – suspense – plot … You have 15 minutes." (Schritt 3)

Alternativen

- Vorlesen einiger der entstandenen Texte im Unterricht (in der Regel unbefriedigend für viele S., die nicht zum Zuge kommen oder nicht den Mut haben, kurs- oder klassenöffentlich etwas zu präsentieren)
- Textanwalt/Lektor (S. 213)

Hinweise zur Weiterarbeit

- Klausur oder Klassenarbeit mit ähnlicher Aufgabenstellung

Literatur

Karola Schallhorn/Alexandra Peschel: Method Guide. Paderborn 2004, S. 58–63

Proben/Textlupe

Sozialformen:	Einzel-, Partner-, Gruppenarbeit
Dauer:	15 – 45 Min.
Medien:	–
Klassen:	ab 5

Didaktisches Potenzial

S. verbessern Texte.

Sie bekommen Verfahren an die Hand, mit denen sie sich im Prozess des Schreibens kontrollieren können. In ➔ Schreibkonferenzen oder anderen Organisationsformen der Textrevision können sie sich mithilfe von Proben wechselseitig unterstützen.

Vorbereitungen

Die S. machen sich vorweg mit den verschiedenen Probenarten vertraut:

➔ Weglassprobe (Werden Aussagen durch das Streichen überflüssiger Wörter aussagekräftiger?)

➔ Erweiterungsprobe (Werden Aussagen durch Hinzufügen von Adjektiven, adverbialen Bestimmungen etc. anschaulicher?)

➔ Ersatzprobe (Kann man ein Wort durch ein aussagekräftigeres oder präziseres ersetzen?)

➔ Umstellprobe (Kann man Aussagen/Sätze umstellen, um eine logischere oder interessantere Gesamtaussage zu erhalten?)

Ablauf

Die S. erhalten die Aufgabe, in einer ➔ Schreibkonferenz oder auf andere Weise Texte zu überarbeiten. Dabei können sie sich zunächst alternative Formulierungsmöglichkeiten vorsprechen, um die Wirkung im Satzzusammenhang zu überprüfen. Das laute Formulieren erlaubt oft Verbesserungen, ohne dass die S. ihre Revisionen grammatisch, stilistisch oder auf andere Weise zunächst genau begründen müssen. Die Verbesserungen werden anschließend schriftlich fixiert (s. u.).

Didaktischer Kommentar

Proben folgen dem Motto „writing is rewriting". Sie präzisieren und intensivieren das Korrekturverhalten der S. Oft haben sie zwar intuitiv den Eindruck, dass in eigenen Texten oder in Texten von Mits. etwas verbessert werden müsste, sie können ihren ersten Eindruck jedoch nicht präzisieren und konkret an sprachlichen oder an textstrukturellen Merkmalen festmachen. Proben fokussieren das Korrigieren auf bestimmte Operationen, sodass sinnvolle Änderungsvorschläge möglich werden.

Tipps zur Umsetzung

Fix (s. u.) schlägt vor, Proben systematisch bei schriftlichen Kurzrevisionen von Texten zu verwenden. Dazu soll ein Text von vornherein nur auf die rechte Hälfte eines Blattes geschrieben (bzw. als Textdatei so gestaltet) werden. In der rechten Hälfte des Blattes steht zunächst, welche Anmerkungen möglich sind; es folgen dann Kurzhinweise zu einzelnen Textstellen oder Abschnitten.

Beispiele:

Name der Korrigierenden (evtl. in verschiedenen Farben):	**Notizen:**
_____	+ = gut gelungen
_____	U = Umstellen
_____	W = Weglasen
	E = Ergänzen/Erweitern
	A = Austausch/Ersetzen
	+ = gute Überleitung
	W = eigentlich
	E = Adjektiv wie „hager",
Text	„ausgemergelt"
	U = Gesamteindruck als Erstes
	A = „herunter" statt „runter"
	E = logisches Verknüpfungswort
	wie „folglich"
	+ = genaue Beschreibung

Diese Seitenaufteilung mit Kopfleiste kann den S. auf kopierten Blättern vorgegeben werden.

Alternativen
▓ E-Mail-Verbesserungen (S. 214)

Hinweise zur Weiterarbeit
▓ Komplette Neufassung eines Textes

Literatur

Ingrid Böttcher/Michael Becker-Mrotzek: Texte bearbeiten, bewerten und benoten. Berlin 2003
Martin Fix: „... dann schneidest du einen Ritz in die Mitte des Leitwerks." Bastelanleitungen nach dem „UWE"-Prinzip verständlicher formulieren. In: Praxis Deutsch, H. 179, 2003, S. 22–26

Umstellprobe

Beispiel
Dunkel war's, der Mond schien helle,
schneebedeckt die grüne Flur,
...

Sozialformen:	Einzel-, Partner-, Gruppenarbeit
Dauer:	10 – 30 Min.
Medien:	–
Klassen:	ab 5

Didaktisches Potenzial
Sie S. verbessern einen Text durch gezieltes Probieren.
Sie stellen Elemente eines Satzes oder Textes um und erreichen damit eine bessere Aussagequalität.

Vorbereitungen
Die S. markieren in eigenen Texten, die überarbeitet werden sollen, Formulierungen, ganze Sätze oder Abschnitte, von deren Qualität sie nicht (ganz) überzeugt sind.

Ablauf
Die S. erhalten den Auftrag, markierte Formulierungen, Sätze oder Abschnitte in ihrer Wort- und/oder Gedankenfolge zu ändern und das Ergebnis in seiner Wirkung zu beurteilen. Sie können sich von den folgenden Fragen leiten lassen:
- Kann man Abschnitte/Aussagen/Sätze umstellen, um eine logisch schlüssigere Gesamtaussage zu erhalten?
- Kann die Gesamtaussage eines Satzes/Textes durch eine Umstellung interessanter gemacht werden?
- Lässt sich durch eine Umstellung ein besserer gedanklicher Anschluss an das Vorhergehende herstellen?
- Ist es sinnvoll, ein Satzteil durch eine Umstellung stärker zu betonen?
- Können stark verschachtelte Sätze für Leser dadurch übersichtlicher werden, dass man die Sätze umorganisiert und evtl. mehrere Sätze aus dem Satzgefüge macht?

Didaktischer Kommentar
Mit der Umstellprobe, auch *Verschiebeprobe* genannt, wird im Grammatikunterricht ein Satzteil oder ein Wort an eine andere Position gebracht, um grammatische Sachverhalte zu klären. So kann man Satzteile verschieben, um zu ermitteln, welche Wörter eines Satzes überhaupt Bestandteil eines Satzgliedes sind. Dabei ergibt sich z. B., dass Attribute zusammen mit einem Objekt oder Subjekt an eine andere Stelle „wandern" und damit Teil dieses Satzgliedes sind; denn Satzteile können in einer Umstellprobe nur als Ganzes verschoben werden.
Mit Umstellproben lassen sich Texte aber auch stilistisch variieren und verbessern. Bekannt sind z. B. die oft ungewöhnlichen Satzteil-Umstellungen von Theodor W. Adorno (vgl. z. B. Adorno 1970). Die S. können darauf hingewiesen werden, dass mit solchen Abweichungen von der normalen Satzteilfolge *(Inversionen)* Informationen betont werden. Besonders markant ist dies durch Anfangs- und Endstellung möglich.

Umstellproben können aber auch bei der Neustrukturierung ganzer Texte sinnvoll eingesetzt werden, wenn die Folge der Teilaussagen zunächst keine logische Stringenz aufweist.

Tipps zur Umsetzung

Ein bewährtes Verfahren, mit dem Umstellungen im Ausgangstext vor der Verbesserung markiert werden können, ist die Kennzeichnung mit fortlaufenden Ziffern, die die neue, nach der Umstellung geplante Anordnung angeben.

Um mit Umstellproben spielerisch zu experimentieren, kann man Sätze auf einen Papierstreifen schreiben und dann an den Satzteilgrenzen zerschneiden. In Partnerarbeit können dann alle möglichen Kombinationen ausprobiert und auf ihre Wirkung hin geprüft werden.

Beim kreativen Schreiben lassen sich mithilfe von *Inversionen* (Umkehrungen üblicher Wortstellungen im Satz) besondere Aussage-Effekte erzielen (s. o.); in der Regel werden damit Wörter, die an syntaktisch ungewohnter Stelle stehen, hervorgehoben. Um das Verfahren kennenzulernen, kann den S. ein literarisches Beispiel vorgelegt werden. Geeignet sind einige Gedichte von Friedrich Hölderlin, z. B. „Hälfte des Lebens". Eine Inversion findet sich in der ersten Strophe:

> Mit gelben Blumen hänget
> Und voll mit wilden Rosen
> Das Land in den See,
> Ihr holden Schwäne,
> Und trunken von Küssen
> Tunkt ihr das Haupt
> Ins heilignüchterne Wasser.

Die S. können dann eigene lyrische oder epische Texte mithilfe von Inversionen umgestalten, falls Teilaussagen von Sätzen besonders hervorgehoben werden sollen. Dazu ist der Hinweis sinnvoll, dass Inversionen nur ab und zu und ganz gezielt eingesetzt werden sollten, um den Eindruck des Manierismus (esoterisch-spielerische Verzerrungen im Übermaß) zu vermeiden.

Alternativen
- Ersatzprobe (S. 215)
- Weglassprobe (S. 229)
- Erweiterungsprobe (S. 217)

Hinweise zur Weiterarbeit
- Schreibberater (S. 225)
- Schreibkonferenz (S. 227)

Literatur

Theodor W. Adorno: Gesammelte Schriften 7. Ästhetische Theorie. Frankfurt/M. 1970

Hans Jürgen Heringer: Kleine deutsche Grammatik. Berlin 1997

Dudenredaktion (Hrsg.): Duden. Die Grammatik. Mannheim 2005, S. 143

Schreibberater

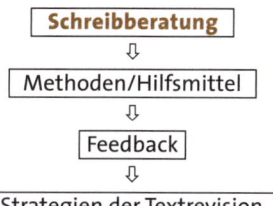

Sozialformen: Partnerarbeit
Dauer: 10 – 30 Min.
Medien: –
Klassen: ab 10

Didaktisches Potenzial

S. werden zu Schreibberatern ausgebildet und helfen Mits. bei Schreibproblemen.
Sie erkunden ihre eigene Schreibbiografie, lernen Beratungsverfahren kennen und geben ihre Kompetenzen auf Anfrage an Mits. weiter. Dabei konzentrieren sie sich – im Sinne von „Hilfe zur Selbsthilfe" – auf die Klärung von Schreibstrategien und die exemplarische Lösung von Schreibproblemen.

Vorbereitungen

S. – insbesondere ab der Jahrgangsstufen 10 – , die sich als Schreibberater engagieren möchten, werden ausgebildet, indem sie

- angeregt werden, sich mit ihrer eigenen Schreibbiografie auseinanderzusetzen und dabei besonders ihre Stärken und bisherigen Schwächen zu reflektieren,
- Methoden der Schreibberatung (→ Proben) und Hilfsmittel wie →Haus der Stile, → Stil-In/Out oder → Rad der Gelenkwörter kennenlernen,
- sich Methoden des Feedbacks aneignen (eher fragen als feststellen, eher Wirkungen von Änderungen aufzeigen als vorschreiben, eher ein gemeinsames Revisionskonzept entwickeln statt Rezepte vermitteln) und erproben (vgl. auch Feedback-Gespräch, Methoden I, S. 306).

Ablauf

Die ausgebildeten S.-Schreibberater unterstützen Mits. z. B. beim Verfassen von Facharbeiten und größeren Hausarbeiten oder in der Portfolioarbeit (vgl. Methoden I, S. 155), indem sie als Testleser Texte verbessern helfen (vgl. Feist, S. 134). Zu Textteilen oder ganzen Texten, die der ratsuchende Mits. ihnen vorlegt, spiegeln die Schreibberater zunächst (vgl. Spiegeln, Methoden I., S. 81), wie sie den Text wahrgenommen haben. Dann erarbeiten sie mit Feedback-Methoden (s. o.) und verschiedenen Instrumenten der Schreibberatung (s. o.) gemeinsam Strategien der Textrevision.
Variante: Eine Schule bietet über ihre Homepage Unterstützung durch S.-Schreibberater an. Deren E-Mail-Adressen werden bekanntgegeben, sodass Mits. Textentwürfe und konkrete Fragen dazu einsenden können. Die Schreibberater nutzen in ihrer Antwort Verfahren der → E-Mail-Verbesserungen, wobei allerdings nur *Strategien* vorgeschlagen und *exemplarische* Verbesserungen vorgenommen werden sollten (z. B. bei MS Word mit der Funktion „Kommentare einfügen").

Didaktischer Kommentar

S. erleben Schreibprobleme oft als persönliches Versagen und nicht als einen für Lernende selbstverständlichen Begleitumstand komplexer Textgestaltungen. Sie verzichten daher eher auf notwendige Rückmeldungen als auf ihre Schreibprodukte. Der *Peer*-Ansatz der Schreibberater *(Peer-Tutoring)* bietet S. den Vorteil, dass die Beratung im Einzelfall im Hinblick auf Textstruktur und sprachliche Qualität diskret erfolgen kann. Die Beratung sollte sich auf Schreibberatung beschränken. Die Berater sollten davon Abstand nehmen, Mits. grundlegende, inhaltlich relevante Tätigkeiten wie Recherchieren, Materialsammlung, Textanalyse etc. abzunehmen. Der S.-Berater agiert als kritischer Leser, der dem Ratsuchenden vermittelt, ob und wie Textaussagen bei ihm ankommen. Wichtig ist, dass nicht einfach nur Texte verbessert werden, sondern dass der Ratsuchende sich als Schreiber weiterentwickelt und seine Kompetenzen stärkt.

Tipps zur Umsetzung

In der Schreibberatung durch *Peers* besteht die Gefahr, dass S. den mühsamen Prozess der Textrevision an Mits. abschieben, um sich zu entlasten. Die Berater sollten darauf vorbereitet sein, solche Ansinnen abzuwehren. Um Verbesserungen einen nicht gewünschten Vorschriften- bzw. Rezeptcharakter zu nehmen, können bei Einzelverbesserungen evtl. öfter mehrere alternative Vorschläge eingebracht bzw. erarbeitet werden, aus denen der Ratsuchende dann selbstständig auswählen sollte. Anregungen zur Schreibberatung findet man unter www.ph-freiburg.de/schreibzentrum.

Alternativen
- Schreibkonferenz (S. 227)
- E-Mail-Verbesserungen (S. 214)

Hinweise zur Weiterarbeit
- S.-Schreibberater werden mit Experten aus Zeitungsredaktionen bzw. Verlagen in Kontakt gebracht.

Literatur
Gerd Bräuer: Schreiben verändern und durch Schreiben verändern. Potenziale moderner Schreibdidaktik für die Schul- und Hochschulentwicklung. In: Ulf Abraham u. a. (Hrsg.): Schreibförderung und Schreiberziehung: Eine Einführung für Schule und Hochschule. Donauwörth 2004, S. 213 – 222
Jürgen Feist: Schreibberatung am Gymnasium. In: Gerd Bräuer (Hrsg.): Schreiben(d) lernen. Hamburg 2004, S. 133 – 143
Rune Rapp: Ausbildung von Pädagogikstudenten zu Schreibberatern. Ebd., S. 171 – 181
William Macauley: Setting the Agenda for the Next 30 Minutes. In: Ben Rafoth (Ed.): A Tutor's Guide: Helping Writers One to One. Portsmouth 2000

Schreibkonferenz

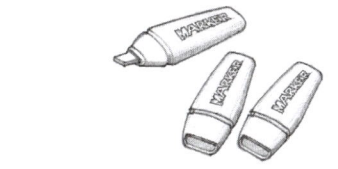

Sozialformen:	Gruppenarbeit
Dauer:	45 – 90 Min.
Medien:	Sammlung von Hilfsmitteln
Klassen:	ab 5

Didaktisches Potenzial

Die S. verbessern durch Feedback (teil)autonom eigene Texte.
Sie erfahren in Gruppen, wie ihre Texte von anderen S. wahrgenommen werden. Die S. vergleichen ihre Schreibintentionen mit der realen Wirkung ihrer Texte. Nach dem Modell der Redaktionskonferenzen von Zeitungen wechseln sie laufend zwischen Autoren- und Leserrolle und teilen sich Intentionen und Wirkungen ihres Schreibens mit. Die Außenperspektive hilft dabei, die Selbstwahrnehmung beim Schreiben zu verbessern.

Vorbereitungen

Besonders im Hinblick auf Ausdrucksmängel werden die S. mit verschiedenen Proben-Verfahren (→ Ersatzprobe; → Umstellprobe; → Erweiterungsprobe; → Weglassprobe; → Proben allgemein), entsprechenden Checklisten und Hilfsmitteln (s. u.) vertraut gemacht, um in Konferenzen Alternativen entwickeln zu können.

Ablauf

Die S. setzen sich zu dritt oder viert zusammen und besorgen sich Arbeitsmittel wie farbige Marker, ein Rechtschreibwörterbuch, eine Grammatik, eine Sammlung von Zeichensetzungsregeln und evtl. ein Stilwörterbuch. Jeder bringt einen Text ein, der überarbeitet werden soll. Damit wird folgendermaßen verfahren (vgl. Fix 2004):

▦ Ein S. präsentiert seinen Text. Er erklärt zunächst sein Schreibziel und den gedachten Adressaten des Textes, in den sich die anderen S. hineinversetzen sollen. Dann trägt der S. seinen Text vor. Die anderen hören zu und sagen dann kurz, wie der Text bei ihnen angekommen ist.

▦ Der S. liest den Text Satz für Satz erneut vor, während die anderen mithilfe von Checklisten oder sonstiger Hilfsmittel Tipps geben.

▦ Der Verfasser/die Verfasserin des Textes notiert Revisionsvorschläge laufend am Rand des Manuskripts oder in Leerzeilen und entscheidet später, was übernommen werden soll. Bei ungeklärten Sachverhalten werden → Rückfragekarten an die Lehrperson gegeben.

▦ Nach dem gemeinsamen Durcharbeiten schreibt jeder einen revidierten Text, in den die Verbesserungsvorschläge eingearbeitet werden.

▦ Die überarbeiteten Texte werden in der Gruppe noch einmal vorgelesen.

Didaktischer Kommentar

Die Überarbeitung von Texten (Textrevision) war in der schreibdidaktischen Literatur lange Zeit ein Randthema. In der Praxis kommt die Textrevision in vielen Fällen immer noch zu kurz, da Auseinandersetzungen mit Textgestaltungen der S. im Klassenplenum langwierig und ermüdend sein können. Ein Grund ist, dass sich sprachliche und textstrukturelle Fehlleistungen einzelner S. oft nicht generalisieren lassen, sodass sie im Klassenplenum nicht von allgemeinem Interesse sind. Zudem können immer nur Mängel einzelner Texte besprochen werden, während die übrigen unbearbeitet bleiben.

Die zunächst in der Grundschule entwickelte Schreibkonferenz (Spitta 1992, Becker-Mrotzek 2004) stellt ein Verfahren dar, mit dem S. sich wechselseitig so beraten können, dass die Texte aller S. bedacht werden. Allerdings hat das Verfahren auch seine Grenzen. So weist Fix darauf hin, dass die Kommunikation der S. in Schreibkonferenzen normorientiert ist, dass stärker normierte Texte wie Inhaltsangaben eher angemessen reflektiert und verbessert werden können als kreative Gestaltungen; bei deren Bewertung und Revision zeigen sich S. oft überfordert. Außerdem überwiegt die Wahrnehmung eher punktueller Fehlleistungen (Rechtschreibung, Wortwiederholungen etc.), während komplexere Textgestaltungsleistungen eher weniger beurteilt werden können. Hinzu kommt, dass das Verfahren der Schreibkonferenz sehr zeitaufwändig ist.

Tipps zur Umsetzung

Alternatives Vorgehen: Die Texte gehen reihum, bis sie von allen gelesen worden sind. Während des Lesens streicht jeder mit seinem Farbmarker Wörter, Formulierungen oder ganze Sätze an, über die er später mit den anderen sprechen möchte. Die Kleingruppe bespricht nach und nach die angestrichenen Wörter und Textteile. In schwierigen Fällen können die bereitliegenden Hilfsmittel hinzugezogen werden. So kann die Textrevision unterstützt werden durch → In-/Out-Listen, das → Haus der Stile, das → Rad der Gelenkwörter, → Symbol-Checks oder – falls ein PC verfügbar ist – durch einen → Thesaurus. Auch die Lehrperson kann angesprochen werden. Das schriftliche Verfahren hat den Vorteil, dass auch Verbesserungen von Rechtschreibung und Zeichensetzung möglich sind.

Ist eine Schreibkonferenz geplant, können die S. Texte, die dort bearbeitet werden sollen, gleich mit einem breiten Rand versehen, damit genügend Raum für Notizen bleibt.

Alternativen

▨ E-Mail-Verbesserungen (S. 214)

Hinweise zur Weiterarbeit

▨ Neufassungen von Texten
▨ Ergänzungen persönlicher Fehlerkarteien

Literatur

Michael Becker-Mrotzek: Schreibkonferenzen in der Grundschule. In: Gerd Bräuer (Hrsg.): Schreiben(d) lernen. Hamburg 2004, S. 105–119
Martin Fix: Textfeedback in der Sekundarstufe I. Ebd., S. 120–13
Ders.: Textrevisionen in der Schule. Baltmannsweiler 2000
Gudrun Spitta: Schreibkonferenzen in Klasse 3 und 4. Frankfurt/M. 1992

Weglassprobe

Beispiel

Wortmüll ist ~~gewissermaßen echt~~ eine Katastrophe. Er ist ~~irgendwie regelrecht~~ überflüssig.

Sozialformen:	Einzel-, Partner-, Gruppenarbeit
Dauer:	10 – 30 Min.
Medien:	–
Klassen:	ab 5

Didaktisches Potenzial

Die S. verbessern einen Text durch gezieltes Probieren.
Sie kürzen einen sprachlichen Ausdruck textsorten- bzw. situationsangemessen, präzisieren ihn dadurch und gestalten ihn übersichtlicher.

Vorbereitungen

Die S. markieren in eigenen Texten, die überarbeitet werden sollen, Formulierungen oder ganze Sätze, von deren Qualität sie nicht (ganz) überzeugt sind. Sie überprüfen außerdem den inhaltlichen Gesamtaufbau ihres Textes und stellen evtl. Doppelungen fest.

Ablauf

Die S. erhalten den Auftrag, markierte Wörter oder Sätze wegzulassen und anschließend das Ergebnis in seiner Wirkung zu beurteilen. Sie können sich von den folgenden Fragen leiten lassen:

- Sind ganze Aussagen irrtümlich – evtl. aufgrund mangelnder Schreibplanung – doppelt getroffen worden? An welcher Stelle kann eine Doppelaussage gestrichen werden? Müssen in diesem Zusammenhang Aussagen umorganisiert und Anschlüsse neu formuliert werden?
- Werden Aussagen durch das Streichen überflüssiger Wörter aussagekräftiger?
- Wird der gedankliche Zusammenhang durch das Weglassen von Wörtern oder Sätzen klarer?
- Sind Wörter wie „eigentlich", „nun", „praktisch", „irgendwie", „also", „(ein)mal", „ja", „natürlich" im vorliegenden Fall wirklich notwendig oder handelt es sich um überflüssige Floskeln?

Für Texte des kreativen Schreibens:

- Wurden im Text bewusst „Leerstellen" gelassen, also gewollte Aussagelücken, die den Zweck haben, den Leser zu beschäftigen? Können solche Stellen geschaffen werden?
- Enthält der Text selbstinterpretative Elemente, weil der Autor/die Autorin nicht damit rechnet, dass alles klar genug vermittelt wurde, und weil befürchtet wird, dass die Leser etwas nicht verstehen könnten? Können diese selbstinterpretativen Aussagen ersatzlos gestrichen werden?

Didaktischer Kommentar

Die Darstellungsökonomie ist für ungeübte Schreiberinnen und Schreiber ein wichtiges Übungsfeld. Oft können sie zunächst nicht hinreichend abschätzen, wann Aussagen präzise genug sind. Da sich ihnen selbst oft der Eindruck aufdrängt, ihre Formulierungen seien nicht treffsicher genug, neigen sie zu Redundanzen. Wiederholungen von Vagheiten machen die Sache aber nicht besser. Weglassproben haben in solchen Fällen die Funktion, Wiederholungen und Wortmüll zu entsorgen und sich in den Kernaussagen auf Präzisierungen zu konzentrieren.

Ein weiteres Schreibproblem schreibungeübter S. besteht darin, dass sie im Schreibprozess oft den Überblick über das bereits Ausgeführte verlieren und daher ebenfalls zu Redundanzen neigen. Weglassproben werden in diesem Fall genutzt, um die Textaussage insgesamt zu straffen und sie evtl. zu reorganisieren.

Tipps zur Umsetzung

S. können durch den folgenden Textauszug mit der Frage befasst werden, wo sinnvolle Grenzen für Weglassproben liegen. Das Kinder- und Jugendbuch „Der Sprachabschneider" von Hans Joachim Schädlich stellt einen S. vor, der Elemente und Funktionen der Sprache verkauft und dafür von Hausaufgaben befreit wird. Ein Herr Vielolog schwatzt Paul nach und nach verschiedene Bestandteile der Sprache ab (S. 14):

„Übernehme gegen Lohn
Aufsicht über Präposition.
Suche dringend Prädikat,
biete frischen Wortsalat.
Kaufe einzeln und komplett
Konsonanten (außer Z).
Wer tauscht alte Stammsyllaben
gegen fertige Hausaufgaben?"

Anschließend produziert Paul Krüppelsätze der folgenden Art: „Regen stürzte Straßenbahn wie haushohe Wellen ein Schiff." (S. 35)

Alternativen
- Erweiterungsprobe (S. 217)
- Ersatzprobe (S. 215)

Hinweise zur Weiterarbeit
- Schreibberater (S. 225)
- Schreibkonferenz (S. 227)

Literatur
Dudenredaktion (Hrsg.): Duden. Die Grammatik. Mannheim 2005, S. 142
Hans Joachim Schädlich: Der Sprachabschneider. Reinbek 1980 (auch als rororo rotfuchs 20685)

Haus der Stile

Beispiel		

Beispiel
Anschließend bemühte er sich, seine Gesprächspartnerin schräg anzuquatschen.

Sozialformen:	Einzel-, Partnerarbeit
Dauer:	15 – 25 Min.
Medien:	Arbeitsblatt
Klassen:	ab 7

Didaktisches Potenzial
Die S. prüfen die stilistische Qualität ihrer Texte.
Sie erarbeiten aktuelle Stilebenen der deutschen Sprache, reflektieren die Angemessenheit dieser Stilebenen im Hinblick auf ihre Texte und ersetzen unpassendes Wortmaterial.

Vorbereitungen
Die S. erhalten ein Arbeitsblatt mit dem folgenden Haus der Stile (vgl. Brenner 2000, S. 59):

Haus der Stile

dichterisch	sehr gewählt, bisweilen feierlich wirkende, oft bildhafte Ausdrucksweise *Beispiele:* Lenz (für Frühling), Himmelsleuchten (für Sterne)
bildungssprachlich	gebildete, gewisse Kenntnisse voraussetzende Ausdrucksweise *Beispiele:* konnotieren, assoziieren
gehoben	gepflegt wirkende, in Alltagsgesprächen oft überheblich klingende Ausdrucksweise *Beispiele:* wandeln (für spazieren gehen), jemandem etwas verhehlen (jemandem nicht alles sagen)
amtssprachlich	unpersönlich wirkende, steif-offizielle Ausdrucksweise *Beispiele:* Indienststellung (für Einstellung), Verausgabung (Ausgabe)
normalsprachlich	allgemein verwendete Ausdrucksweise, die in den meisten Kommunikationssituationen am wenigsten auffällt *Beispiele:* gehen, sich die Nase putzen
umgangssprachlich	locker wirkende, in informellen Alltagsgesprächen verwendete Ausdrucksweise, die in Gesprächssituationen mit offiziellem Charakter bereits unangemessen wirkt *Beispiele:* motzen (für schimpfen), etwas mit jemandem haben (mit jemandem befreundet sein)
salopp	stark emotional gefärbte, metaphernreiche Stilschicht des Alltags, die in vielen Gesprächssituationen nicht mehr verwendbar ist *Beispiele:* sich kloppen (für sich zanken), Zaster, Schotter, Kröten (für Geld)
jargonhaft	umgangssprachliche Ausdrucksweise, die an eine bestimmte soziale oder eine Altersgruppe gebunden ist (z. B. Jugendsprache) *Beispiel:* supergeil (für sehr gut)
derb/vulgär	drastisch und grob wirkende Ausdruckweise, die von sehr vielen Gesprächspartnern für unangemessen gehalten wird *Beispiele:* bescheißen (für betrügen), Visage (für Gesicht)

Ablauf

In Textrevisionsprozessen (s. u.) nutzen die S. das Haus der Stile folgendermaßen:

- Sie markieren diejenigen Stilebenen, die in dem zu prüfenden Text verwendet werden können.
- Anschließend markieren sie in dem zu prüfenden Text Formulierungen, die aus dem wünschenswerten stilistischen Spektrum herausfallen.
- Diese Formulierungen werden mithilfe von → Ersatzproben oder auch → Umstellproben verbessert.

Didaktischer Kommentar

Stilistische Qualitäten sind für die Wirkung eines Textes oft ausschlaggebend. Die S. sollten darauf hingewiesen werden,

- dass eine in sich geschlossene stilistische Gestaltung ein besonderes Qualitätsmerkmal eines Textes ist,
- dass Schriftsteller z. T. aber auch gezielt Stilbrüche in ihren Texten einsetzen, um bestimmte Wirkungen (wie konjunktionale Ironie) zu erzielen. Auch Stilmischungen sind möglich, wenn z. B. ein Figurenspektrum aus verschiedenen sozialen Schichten dargestellt werden soll.

Stile können in kreativen Texten auch in besonderer Weise profiliert (vgl. → Stilisierungen) oder auf ungewohnte Situationen bezogen werden (vgl. → Sprachmusterverschiebungen). In Kursen der Sekundarstufe II können auch Begriffe wie *Nominal- und Verbalstil* sowie *parataktischer und hypotaktischer Stil* eingeführt werden. Außerdem kann man die Stilisierungsbemühungen in der sozialen Lebenswelt (Lebensstil, Mode, Jugendkulturen) thematisieren.

Die S. können darauf hingewiesen werden, dass es in einer Sprache neben stilistischen auch zeitliche und räumliche Varietäten gibt, die in Wörterbüchern mit Angaben wie „veraltend/*old use*", „veraltet/*old-fashioned*" , „landschaftlich/*dialect*" oder „norddeutsch, süddeutsch, österreichisch, schweizerisch/*Australian English, Indian English, North American English*" etc. gekennzeichnet werden.

Tipps zur Umsetzung

Als vorbereitende Übung können die S. zu ausgewählten Wörtern möglichst viele Entsprechungen auf verschiedenen Ebenen des Hauses der Stile zusammenstellen. Besonders in der Sekundarstufe I verbessert eine solche Übung das Stilgefühl der S.

Alternativen

- Stil-In/Out (S. 277)

Hinweise zur Weiterarbeit

- Schreibberater (S. 225)
- Schreibkonferenz (S. 227)

Literatur

Gerd Brenner: Kurzprosa: Kreatives Schreiben und Textverstehen. Berlin 2000, S. 59
Dudenredaktion (Hrsg.): Duden. Das Stilwörterbuch. Mannheim 2010

Rad der Gelenkwörter

Sozialformen:	Einzel-, Partnerarbeit
Dauer:	10 – 15 Min.
Medien:	Arbeitsblatt
Klassen:	ab 7

Didaktisches Potenzial

Die S. verbessern die Textkohärenz.

In einem gründlichen Verfahren der Textoptimierung präzisieren und variieren die S. die logischen Verbindungen zwischen Einzelaussagen eines Textes, indem sie Konnektoren überlegt einsetzen und gedankliche Bezüge sprachlich eindeutig markieren.

Vorbereitungen

Die S. erhalten das folgende Rad der Gelenkwörter:

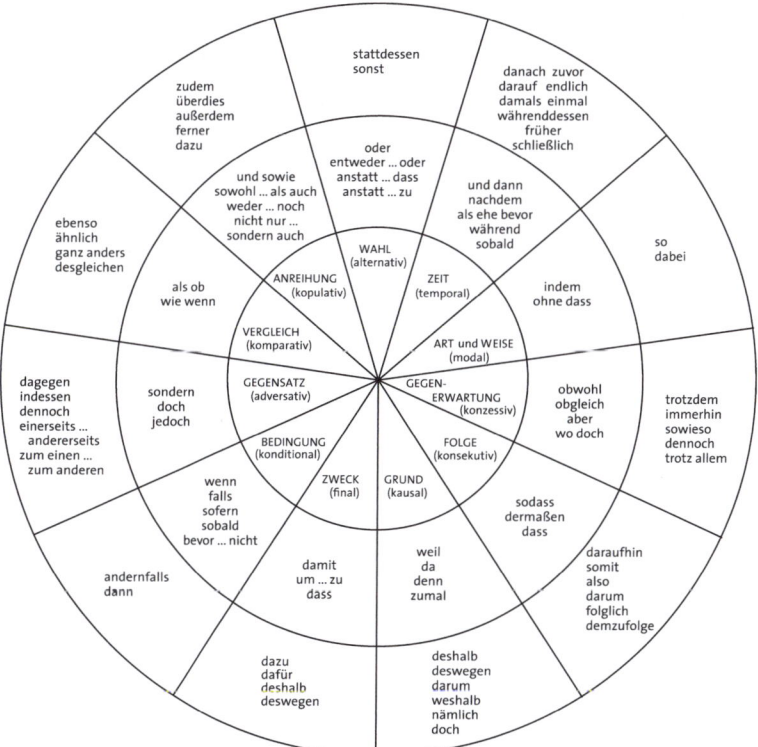

233

Ablauf

Die S. konzentrieren sich bei Textrevisionen – z. B. im Rahmen einer Schreibkonferenz – auf die Verbesserung der Textkohärenz, indem sie

- in selbstverfassten Texten alle verwendeten Konnektoren (Konjunktionen und Adverbien zur Satzverknüpfung) unterstreichen;
- anhand des Rades der Gelenkwörter (s. o.) überprüfen, welche logischen Zusammenhänge sie vorzugsweise hergestellt haben und welche in dem Text zwar dem Sinne nach vorliegen, aber sprachlich nicht umgesetzt worden sind;
- in einer → Ersatzprobe Konnektoren austauschen;
- an anderen Stellen in einer → Erweiterungsprobe weitere Konnektoren in den Text einfügen.

Didaktischer Kommentar

S. gelingt es oft nicht, den gedanklichen Zusammenhang eines Textes (seine Kohäsion) durch Konnektoren wie Konjunktionen (wohingegen), Adverbien (folglich) oder präpositionale Ausdrücke (auf diese Weise) angemessen sprachlich umzusetzen. Oft sind die Arten logischer Verknüpfungen (kausal, konditional, konsekutiv, final, adversativ konzessiv, modal, komparativ, temporal), die S. zur Verfügung stehen, sehr begrenzt. Es ist daher wichtig, die Schreibkompetenz der S. zu verbessern, indem ihnen ein breites Spektrum von Kohärenzsignalen vermittelt wird. Diese sind besonders beim Verfassen von Sachtexten (bis hin zu wissenschaftlichen Texten) unabdingbar, denn wer z. B. logisch stringent argumentieren will, benötigt Konnektoren, die logische Bezüge sprachlich klar markieren.

Tipps zur Umsetzung

Über das Rad der Gelenkwörter hinaus können die S. Redewendungen wie „Daraus ergibt sich, dass …" oder „Unter der Annahme, dass …" sammeln und in einer Liste zusammenstellen, die nach den oben genannten Gesichtspunkten (kausal, konditional etc.) gegliedert ist. In weiteren Listen können z. B. logische Verknüpfungsbausteine zur Verbindung gleichgerichteter („Hinzu kommt, dass …") und gegenteiliger Argumente („Dem steht jedoch die Einsicht entgegen, dass …") zusammengestellt werden. Den S. kann empfohlen werden, beim Schreiben von Texten diese Listen und das Rad der Gelenkwörter demnächst auf dem Schreibtisch bereitliegen zu haben.

Alternativen

- Untersuchung der Konnektoren in einem wissenschaftlichen Text und grafische Rekonstruktion des logischen Aufbaus

Hinweise zur Weiterarbeit

- Neufassung eines Textes

Literatur

Gerd Brenner: Texte schreiben: Alles klar! Trainingskurs für die Oberstufe. Berlin 2004, S. 55

Rückfragekarten

Sozialformen:	Einzel-, Gruppenarbeit
Dauer:	1–2 Min.
Medien:	Karteikarten
Klassen:	ab 5

Didaktisches Potenzial

Die S. notieren präzise ein für sie ungeklärtes Schreibproblem.
Ungeklärte Sachverhalte, die bei Textrevisionen auftauchen, geben sie schriftlich an die Lehrperson weiter.

Vorbereitungen und Ablauf

Während einer ➜ Schreibkonferenz oder bei einem anderen Verfahren der Textrevision notieren die S. auf (Kartei-)Karten jeweils ein Schreibproblem, das sie selbst nicht lösen können oder das sie nicht hinreichend verstehen. Die Rückfragekarten werden laufend an die Lehrperson weitergegeben. Die kann folgendermaßen damit verfahren:

- Die Rückfragekarten werden durchgesehen und nach Ähnlichkeiten der Fragestellungen gebündelt.
- Haben die S. mehrere Fragen zu einem Problembereich eingereicht, wird dazu eine Folgestunde (bzw. ein Teil einer Stunde) gestaltet.
- Betrifft eine Frage nur einen Einzelfall, bekommt der jeweilige S. auf der Karte eine kurze schriftliche Rückmeldung (Bearbeitungshinweis und evtl. Erklärung).

Didaktische Hinweise

Das Verfahren reagiert auf die Tatsache, dass insbesondere jüngere S. nicht in der Lage sind, alle Formulierungsprobleme eigenständig zu lösen und dass z. T. auch in der gesamten Lerngruppe entsprechende Kompetenzen zunächst fehlen.

Alternativen

- Einschaltung von S- „Experten" für verschiedene Schreibprobleme (falls dies möglich ist)

Hinweise zur Weiterarbeit

- Schriftliche Textverbesserung/ Neufassung eines Textes

Literatur

Martin Fix: Textfeedback in der Sekundarstufe I. In: Gerd Bräuer (Hrsg.): Schreiben(d) lernen. Hamburg 2004, S. 120–132

10 Rechtschreibung

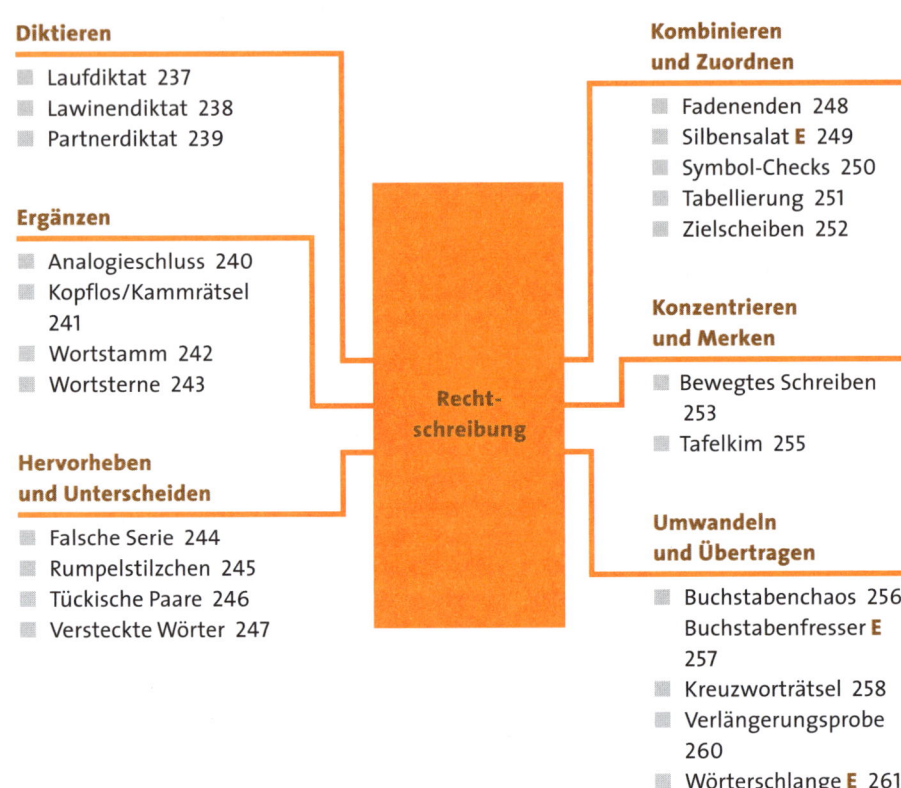

Recht-schreibung

Laufdiktat

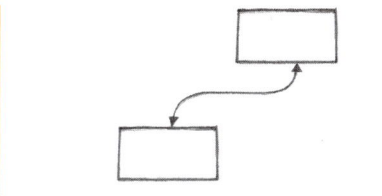

Sozialformen:	Einzel- u. Partnerarbeit
Dauer:	10 – 20 Min.
Medien:	Textaushänge
Klassen:	5 – 6

Didaktisches Potenzial

Die S. konzentrieren sich über eine räumlich-zeitliche Distanz auf einen Satz/ein Wort.
Das Verfahren nutzt Bewegungsmöglichkeiten, um die Merkfähigkeit der S. zu trainieren.
Zwischen Textaufnahme und Niederschrift wird eine räumliche und zeitliche Distanz gelegt, die von den S. mit gesteigerter Konzentration überbrückt werden muss.

Vorbereitungen und Ablauf

Nachdem der aufzuschreibende Text verlesen worden ist, werden mehrere Kopien davon an der Tafel und anderswo im Raum aufgehängt.
Die S. steuern mehrfach hintereinander den von ihrem Sitzplatz aus entferntesten Aushang des Textes an. Die Aufgaben lauten:
- Präge dir den ersten oder – wenn du mehr behalten kannst – die ersten Sätze ein.
- Laufe zum Platz zurück. Dabei kannst du den Text leise vor dich hin murmeln.
- Schreibe am Platz alles sofort wortwörtlich auf.
- Wenn du etwas vergessen hast, kannst du noch einmal zurücklaufen und den Satz/die Sätze noch einmal durchlesen.
- Verfahre mit den folgenden Sätzen ebenso.
- Dein Nachbar kann deinen Text mithilfe einer Textkopie korrigieren.

Didaktische Hinweise

Das Verfahren wird insbesondere im muttersprachlichen Unterricht (zum Training der Rechtschreibung) und im Fremdsprachenunterricht genutzt, kann aber auch in anderen Fächern sinnvoll eingesetzt werden, wenn die Konzentration der S. nachlässt. Die Möglichkeit, sich im Raum zu bewegen, verbindet sich dabei mit der Notwendigkeit, einzelne Aussagen (Sätze) zu memorieren.

Alternativen
- Bewegtes Schreiben (S. 253)
- Tafelkim (S. 255)

Hinweise zur Weiterarbeit
- Eintragung falsch geschriebener Wörter in eine Fehlerkartei

Literatur
Liane Paradies/Hans Jürgen Linser:
Üben, Wiederholen, Festigen.
Berlin 2003, S. 188 f.

Lawinendiktat *(Progressive dictation)*

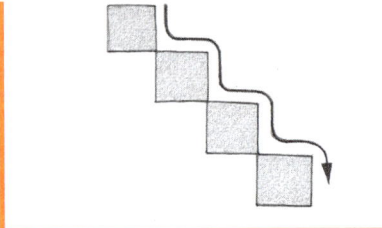

Sozialformen: Einzelarbeit
Dauer: 10 – 30 Min.
Medien: –
Klasse: 5 – 8

Didaktisches Potenzial
Die S. trainieren den Wechsel von Schreiben und Textrevision.
In einem mehrfachen Wechsel kurzer Schreib- und Textrevisionsphasen festigen die S. in einem gruppendynamischen Verfahren ihre orthografischen Kenntnisse.

Vorbereitungen und Ablauf
Alle S. der Klasse erhalten – der Sitzordnung folgend – fortlaufende Nummern. Jeder S. hat einen Bogen Papier vor sich. Dann wird so vorgegangen:

- Jeder schreibt zunächst ein bis zwei von der Lehrperson diktierte Sätze.
- Nach einer kurzen orthografischen Prüfung werden die Blätter an die S. mit der nächsthöheren Nummer weitergegeben.
- Jeder prüft die erhaltenen Sätze und korrigiert sie evtl. mit einem andersfarbigen Stift.
- Dann diktiert die Lehrperson zwei weitere Sätze.
- Auch diese werden wieder kurz auf richtige Orthografie hin überprüft und anschließend weitergegeben.
- Der nun schon etwas umfangreichere Gesamttext wird erneut kontrolliert; Fehler werden korrigiert.

Das Verfahren wird fortgesetzt, bis jeder Bogen Papier fünf oder mehr Stationen durchlaufen hat. Am Ende gehen die Texte wieder an ihre erste Station zurück und jeder schaut sich insbesondere die falsch geschriebenen und korrigierten Wörter noch einmal gründlich an.

Didaktische Hinweise
Das Verfahren hält die S. dazu an, Geschriebenes in kürzeren Abständen auf orthografische Korrektheit hin zu überprüfen. Da der diktierte Text im Fortgang der Übung schon mehrfach – evtl. in verschiedenen Schreibungen – zur Kenntnis genommen worden ist, verstärkt sich zunehmend die Kompetenz der Textrevision. Zugleich werden den S. die Fallen deutlich, die in bestimmten Wörtern lauern.

Alternativen
- Partnerdiktat (S. 239)
- Laufdiktat (S. 237)

Hinweise zur Weiterarbeit
- Plenumsgespräch über Zweifelsfälle
- Tafelkim (S. 255)

Partnerdiktat

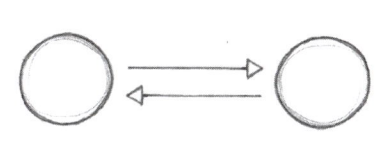

Sozialformen: Partnerarbeit
Dauer: 5–10 Min.
Medien: –
Klassen: ab 5

Didaktisches Potenzial
Die S. trainieren die Rechtschreibung in einem intensiven Kooperationsprozess.
Als Diktierende und Schreibende sind sie mehrfach mit der Schreibung von Wörtern befasst.

Vorbereitungen und Ablauf
Die S. erhalten von der Lehrperson einen Diktattext, in dem evtl. zu übendes Wortmaterial gehäuft vorkommt. Der folgende Ablauf ist sinnvoll:
- Die beiden S. lesen zusammen einen Text durch, den sie sich anschließend wechselseitig diktieren sollen.
- Sie suchen in dem Text Wörter, die ihnen in einem Diktat möglicherweise Probleme bereiten könnten, und schauen sich diese genau an.
- Sie diktieren sich den Text abwechselnd.
- Treten während des Diktierens Unsicherheiten auf, helfen sich die Partner und erklären sich Schreibungen von Wörtern.
- Schließlich kontrolliert jeder seinen eigenen Text anhand der Vorlage und dann noch einmal den Text des Partners.

Didaktische Hinweise
In der neueren Schreibdidaktik werden herkömmliche Diktate sehr kritisch gesehen. „Das traditionelle Diktat zur Überprüfung der Rechtschreibleistungen sollte aus dem Unterricht verschwinden", heißt es dort (Fenske u. a. 2002). Das Partnerdiktat wird in der Regel positiver eingeschätzt, da es den S. die Möglichkeit eröffnet, bei auftretenden Schreibschwierigkeiten sofort Hilfe einzuholen.

Alternativen
- Laufdiktat (S. 237)
- Lawinendiktat (S. 238)
- Tafelkim (S. 255)

Hinweise zur Weiterarbeit
- Test oder Klassenarbeit

Literatur
Ute Fenske u. a. (Hrsg.): Deutschbuch 5/6. Ideen für den Unterricht. Berlin 2002, S. 202 f.

Analogieschluss *(Analogies)*

$$a : b = c : d$$

Sozialformen:	Einzel-, Partnerarbeit
Dauer:	1–5 Min.
Medien:	Arbeitsblatt
Klassen:	5–7

Didaktisches Potenzial
Die S. üben die Schreibung von Zielwörtern, indem sie Kontextlücken füllen.
Sie trainieren gleichzeitig die Strukturierung von Wortfeldern nach logischen Gesichtspunkten.

Vorbereitungen und Ablauf
Die S. erhalten auf einem Arbeitsblatt Zusammenstellungen von Analogien, die am Ende eine zu füllende Lücke enthalten. Im Englischunterricht ist beispielsweise die folgende Aufgabenstellung möglich:

How are the following words related? Think about how the first two words are connected. Then apply the same relationship to the second couple in order to find the missing word.

a) seldom is to rare   as   often to _____
b) small is to large   as   quiet to _____
c) car is to wheel   as   helicopter to _____

Solutions: a) frequent; b) noisy; c) propeller

Didaktische Hinweise
Die Analogieschlüsse können mithilfe von Synomymen (sinnverwandte Wörtern, Beispiel a) oder mit Antonymen (Wörtern von entgegengesetzter Bedeutung, Beispiel b) konstruiert werden. Auch andere logische Beziehungen sind möglich, z. B. Ganzes und Teil des Ganzen (Beispiel c) oder Oberbegriff (wie Werkzeug) und Unterbegriff (wie Hammer). Im Sinne einer inneren Differenzierung können leistungsstarke S. Übungsmaterial dieser Art für Mits. selbst entwickeln.

Alternativen
▨ Falsche Serie (S. 244)

Hinweise zur Weiterarbeit
▨ Partnerdiktat (S. 239) mit dem geübten Wortmaterial
▨ Lawinendiktat (S. 238)

Kopflos/Kammrätsel

Sozialformen: Einzel-, Partnerarbeit
Dauer: 2 – 5 Min.
Medien: Arbeitsblatt
Klassen: 5 – 7

Didaktisches Potenzial
Die S. nehmen die Schreibung zu übender Wörter intensiv wahr, weil diese unvollständig sind und ergänzt werden müssen.
Sie gehen handelnd mit diesen Wörtern um, indem sie je einen Buchstaben ergänzen.

Vorbereitungen und Ablauf
Die S. erhalten ein Arbeitsblatt mit Wörtern, deren Buchstaben senkrecht in ein Karoraster geschrieben sind. Der erste Buchstabe der Wörter fehlt jeweils und soll ergänzt werden. Die waagerechte erste Zeile ergibt ebenfalls ein Wort:

.....	.....	.....	.....	.....	.....	.....	.....	.....	.....	.....
a	n	e	e	n	e	a	n	m	h	o
a	t	g	f	d	e	h	t	k	e	h
g	e	a	e	l	r	l	t	e	m	n
e	r	t	k	i	g		ä	r	i	
	e	i	t	c	u		u		s	
	s	v		h	t		s		c	
	s						c		h	
	e						h			
							t			

Lösungswort: windelweich

Didaktische Hinweise
Das Verfahren wird auch Kammrätsel genannt. Im Sinne einer inneren Differenzierung können die Kammrätsel-Vorgaben auch von leistungsstarken S. für Mits. erstellt werden.

Hinweise zur Weiterarbeit
▪ Diktatformen (S. 237 ff.)

Literatur
Gerd Brenner (Hrsg.): Fundgrube Deutsch. Neue Ausgabe. Berlin 2006, S. 184

Wortstamm *(Root word)*

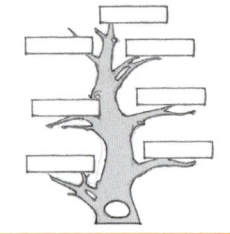

Sozialformen: Partner-, Gruppenarbeit
Dauer: 3 – 5 Min. pro Stamm
Medien: –
Klassen: ab 5

Didaktisches Potenzial

Die S. trainieren die Rechtschreibung mithilfe von Wortstämmen.
Sie differenzieren dabei ähnliche Stämme und erkennen die Zuordnungslogik.

Vorbereitungen und Ablauf

Die S. erhalten den Auftrag, zu zwei ähnlichen Wortstämmen zwei Bäume mit vielen über-
einanderliegenden Ästen zu zeichnen. In den Stamm eines Baumes wird jeweils der Wortstamm, auf die Äste werden möglichst viele Wörter geschrieben, die von diesem Wortstamm abgeleitet sind. Zwei Beispiele:

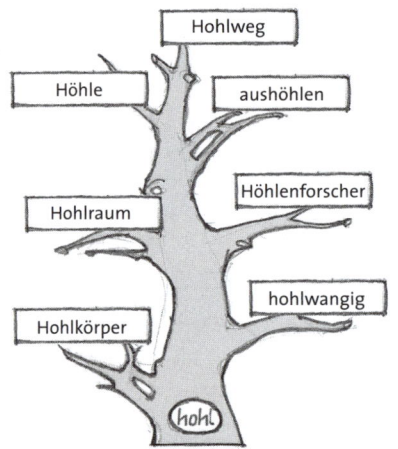

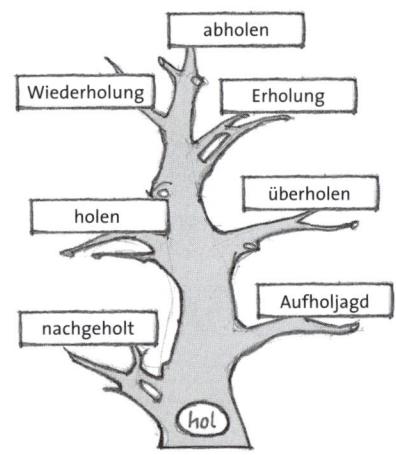

Didaktische Hinweise

Weitere Wortstämme können z. B. zu den Paaren „mahl/mal", „Waren/(be)wahren" oder
„Sohn/(Per)son" erarbeitet werden. Die S. werden darauf hingewiesen, dass Ableitungen
von den Wortstämmen öfter einen Umlaut aufweisen (hohl → Höhle).

Alternativen
▨ Wortsterne (S. 243)

Hinweise zur Weiterarbeit
▨ Partnerdiktat (S. 239)
▨ Lawinendiktat (S. 238)

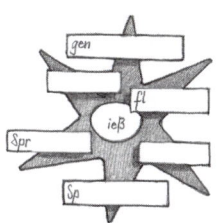

Sozialformen: Einzel-, Partner-, Gruppenarbeit
Dauer: 1–3 Min. pro Stern
Medien: Arbeitsblatt
Klassen: ab 5

Didaktisches Potenzial
Die S. üben einen bestimmten orthografischen Bereich.
Sie ergänzen Wörter zu einem vorgegebenen Wortkern.

Vorbereitungen und Ablauf
Die S. erhalten Wortsterne der folgenden Art und füllen sie aus:

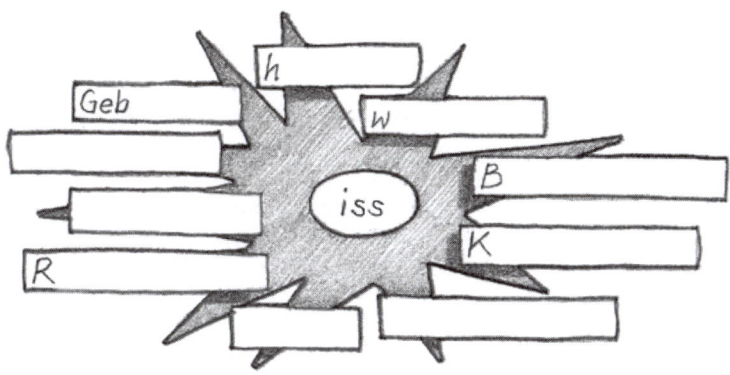

Variante: Die S. erstellen selbst Wortsterne, indem sie
- Wortkerne wie „aß", „ass", „oß", „oss" oder „iss", „ieß" in einen Stern einfügen,
- selbst die Strahlen des Sterns mit passenden Wörtern beschriften bzw.
- dies anderen S. zur Aufgabe stellen.

Didaktische Hinweise
Mit Wortsternen prägen die S. sich Wortgruppen mit einem identischen orthografischen Verfahren ein.

Alternativen
- Wortstamm (S. 242)
- Kopflos (S. 241)

Hinweise zur Weiterarbeit
- Partnerdiktat (S. 239)
- Lawinendiktat (S. 238)

Falsche Serie *(Odd man out)*

Beispiele	**Sozialformen:** Plenum
gefräßig, nämlich, gefährlich, mäßig	**Dauer:** 1 Min. (pro Durchgang)
lehrreich, mehrfach, leer, ehrenhaft	**Medien:** –
stahlen, sahen, waren, prahlten	**Klassen:** ab 5

Didaktisches Potenzial

Die S. rekapitulieren beim Vorlesen die Schreibung von Wörtern.
Sie führen sich die Orthografie vor Augen und vergegenwärtigen sich unterschiedliche Schreibungen ein und desselben Lautes.

Vorbereitungen und Ablauf

Den S. wird eine Serie von vier Wörtern vorgelesen, die in ihrer Mehrheit ein und dasselbe Rechtschreibphänomen aufweisen, z. B. den langen Vokal „a" mit der Schreibung „ah".
Ein Wort passt jedoch nicht in diese Reihe. Beispiele:

> Saat, Haar, Qual, Paar (unpassend: Qual)
>
> Schnee, Fee, Leber, See (unpassend: Leber)
>
> Klee, Idee, Zeh, Gelee (unpassend: Zeh)

Das unpassende Wort soll möglichst rasch genannt werden.
Variante I: Die S. bekommen eine Serie von drei Wörtern vorgelesen, die alle das gleiche Rechtschreibphänomen aufweisen. Anschließend wird ihnen eine zweite Serie von drei Wörtern vorgelesen, von denen nur eines in die erste Serie passt.
Variante II: Den S. werden bis zu zehn Serien dieser Art präsentiert, sie schreiben die Lösungen in Einzelarbeit nacheinander auf ein Blatt und tauschen dieses Blatt dann mit dem Nachbarn. Die Lehrperson liest die richtigen Lösungen vor. Der Nachbar stellt fest, wie viele Lösungen richtig waren.

Didaktische Hinweise

Im Englischunterricht können mit dem Verfahren z. B. Schreibungen mit einem oder zwei Konsonanten (careful, fully, fulfil, painful etc.) präsentiert werden. Der Arbeitsauftrag könnte lauten: Find the word that is improperly used in this line.

Alternativen
▦ Versteckte Wörter (S. 247)

Hinweise zur Weiterarbeit
▦ Partnerdiktat (S. 239)
▦ Diktat als Element einer Klassenarbeit

Literatur
Viel Übungsmaterial findet sich in „Deutschbuch interaktiv" (Cornelsen Verlag)

Rumpelstilzchen *(The little green men)*

Beispiele

The little green men like *knives* but they don't like spoons.

The little green men like *wives* but they don't like girls.

Sozialformen:	Plenum
Dauer:	1–3 Min. (pro Durchgang)
Medien:	–
Klassen:	5–6

Didaktisches Potenzial

Die S. trainieren die Schreibung von Wörtern und aktivieren ihren Wortschatz.
Sie vergleichen eine Serie von Wörtern systematisch miteinander und führen sich dabei Gemeinsamkeiten und Unterschiede der Schreibung vor Augen.

Vorbereitungen und Ablauf

Nach dem Motto „… ach, wie gut ist, dass niemand weiß, dass ich Rumpelstilzchen heiß" wählt ein S. als Spielleiter ein Orthografie-Phänomen aus (bzw. bekommt es von der Lehrperson genannt) und verschlüsselt es nach folgendem Muster:
Rumpelstilzchen mag *Boote,* aber keine Schiffe.
Rumpelstilzchen mag seine *Seele,* aber nicht seine Füße. …
The little green men like *school* but they don't like lessons.
The little green men like *sweets* but they don't like chocolate.
Er formuliert dann nach und nach drei Sätze, in denen jeweils ein Wort ein bestimmtes Phänomen (hier: Doppelvokal) aufweist; dieses wird in jedem Satz mit einem anderen Wort kombiniert, das dieses Phänomen nicht aufweist. Dann werden alle Mits. aufgefordert, Sätze nach dem gleichen Prinzip zu bilden. Der Spielleiter sagt nach jedem genannten Satz, ob er „richtig" oder „falsch" ist. Errät jemand das Prinzip und setzt es richtig um, kann er zu dem Spielleiter treten und die weiteren Vorschläge mitbeurteilen. Sind fünf Rumpelstilzchen zusammen, wird unter ihnen der nächste Spielleiter ausgelost.

Didaktische Hinweise

Weitere mögliche Orthografie-Phänomene sind z. B.: Doppelkonsonanten, Wörter mit Dehnungs-h, Substantivierungen (Gehacktes, Süßes etc.), Wörter mit „ie" oder einfachem „i".
Im Englischunterricht sind z. B. Gerundien von starken (shooting) und schwachen Verben (playing) bzw. regelmäßige und unregelmäßige Plurale (knives) vorstellbar.

Alternativen
- Falsche Serie (S. 244)
- Tückische Paare (S. 246)

Hinweise zur Weiterarbeit
- Diktatformen (S. 237 ff.)

Tückische Paare

Sozialformen:	Einzel-, Partnerarbeit
Dauer:	15 – 20 Min.
Medien:	Arbeitsblatt
Klassen:	ab 5

Didaktisches Potenzial
Die S. kontrastieren Wörter, die gleich klingen, aber verschieden geschrieben werden.
Sie prägen sich ihre unterschiedliche Schreibung ein, indem sie sie verschiedenen Aussagekontexten zuordnen.

Vorbereitungen und Ablauf
Die S. erhalten ein Arbeitsblatt, auf dem ungeordnet – und evtl. eingefügt in bildliche Darstellungen von Gegenstandspaaren (Schuhen etc.) – Wortpaare wiedergegeben sind, die orthografisch verwechselt werden können. Beispiele sind:

Fund	Pfund	Ferse	Verse	Vetter	fetter
Pfahl	fahl	vor	Fort	fiel	viel
Feile	Pfeile	Pflug	Flug	fährt	Pferd

Die S. erhalten dann den Auftrag
- Wörter zu Paaren zu ordnen, die gleich oder ähnlich ausgesprochen werden, sich orthografisch und semantisch (in ihrer Bedeutung) aber unterscheiden;
- anschließend zu jedem Wort eine Wortfeldergänzung vorzunehmen und
- mit jedem der Ausgangswörter einen sinnvollen Satz zu bilden und diesen aufzuschreiben.

Didaktische Hinweise
Die „tückischen Paare" verursachen bei vielen S. Fehler. Es ist daher sinnvoll, die unterschiedliche Schreibung in mehrfacher Hinsicht semantisch zu kontextuieren.

Alternativen
- Falsche Serie (S. 244)

Hinweise zur Weiterarbeit
- Diktatübungen (S. 237 ff.)

Literatur
Gerd Brenner: Jeden Tag ein bisschen besser. Deutsch. 8. Schuljahr. Berlin 1999, S. 38 f.

Versteckte Wörter *(Roots and shoots)*

Beispiel *vegetable:* table, get, able, tea, a, vet, let, beat, leave	**Sozialformen:** Einzel- und Partnerarbeit **Dauer:** 5 – 15 Min. **Medien:** Arbeitsblätter **Klassen:** 5 – 7

Didaktisches Potenzial
Die S. nehmen Wörter und ihre Schreibung intensiv wahr.
Sie prüfen ein Wort intensiv und spielen gedanklich mit dem vorgegebenen Buchstaben-
material, um neue Wörter zu finden. Dabei merken sie sich die Schreibung schwieriger
Wörter.

Vorbereitungen und Ablauf
Zur Verfügung gestellt werden längere Wörter mit schwieriger Orthografie, aus denen
sich – in bereits angelegter Buchstaben-Reihenfolge oder durch veränderte Zusammensetzung – andere, kürzere Wörter bilden lassen. Diese Wörter werden herausgeschrieben.
Mögliche Aufgabenstellung: „Schau dir die folgenden Wörter ganz genau an. In jedem dieser Wörter sind einige andere versteckt. Schreibe möglichst viele heraus. Achte dabei auf
korrekte Schreibung."
Variante: Die S. sollen aus langen Wörtern nur kürzere Wörter herausschreiben, die bestimmten Wortarten angehören (z. B. Pronomen oder Adjektive).

Didaktische Hinweise
Die Übung kann auch als Wettbewerb angelegt werden: Innerhalb einer vorgegebenen
Zeit (z. B. zwei Minuten) sollen aus je einem Wort durch Herauslösen anderer oder Rekon-
struktion weiterer Wörter möglichst viele neue Wörter zusammengestellt werden, wobei
falsche Schreibungen zu Punktabzug führen.
Die S. können solche Übungen selbst vorbereiten, indem sie ihnen schwer erscheinende
längere Wörter sammeln und dann selbst auf „versteckte" Wörter hin untersuchen.
Anschließend stellen sie ihren Mits. die Aufgabe, diese Wörter zu schreiben.

Alternativen
▪ Fadenenden (S. 248)
▪ Silbensalat (S. 249)

Hinweise zur Weiterarbeit
▪ S. gestalten die schwierigen Wörter als
  Buchstabenchaos (S. 256) und stellen
  ihren Mits. damit neue Aufgaben

Literatur
Gerd Brenner: Fundgrube Deutsch. Neue
Ausgabe. Berlin 2006, S. 98

Fadenenden

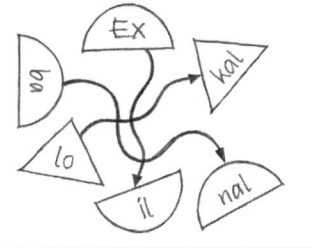

Sozialformen: Einzel-, Partnerarbeit
Dauer: 5 – 20 Min.
Medien: Arbeitsblatt
Klassen: ab 5

Didaktisches Potenzial

Die S. nehmen die Schreibung von Fremdwörtern durch Segmentierung intensiv wahr.
Sie lernen typische Silben von Fremdwörtern kennen und üben die Schreibung dieser Wörter.

Vorbereitungen und Ablauf

Die Lehrperson erstellt für Fremdwörter, die geübt werden sollen, ein Arbeitsblatt der folgenden Art:

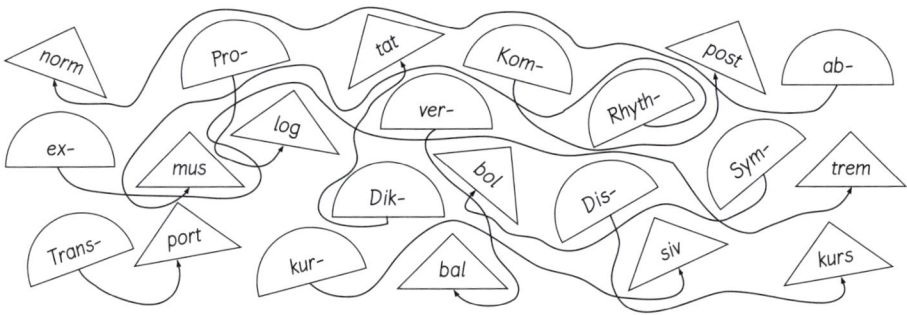

Die S. erhalten die Aufgabe, die Fäden zu „entwirren", die gefundenen Wörter aufzuschreiben und in einem Wörterbuch deren Bedeutungen nachzuschlagen.

Didaktische Hinweise

Die Schreibung von Fremdwörtern wirft für S. einige Probleme auf. So gibt es bei langen Vokalen in der Regel keine Dehnungszeichen. Deshalb besteht erhöhter Übungsbedarf.

Alternativen

▨ Silbensalat (S. 249)
▨ Kreuzworträtsel (S. 258)

Hinweise zur Weiterarbeit

▨ Formen des Diktats (S. 237 ff.)

Literatur

Renate Mann/Beate Saßmann: Deutschunterricht: kreativ. Kopiervorlagen für das 9./10. Schuljahr. Berlin 2005, S. 14

Silbensalat *(Syllable match)*

Beispiel

phi ri ma sisch so Pha sä zie phisch er lo Phar phy

(Auflösung: philosophisch, Pharmazie, physisch, Pharisäer)

Sozialformen:	Einzel- oder Partnerarbeit
Dauer:	5 – 5 Min.
Medien:	Arbeitsblatt
Klassen:	5 – 8

Didaktisches Potenzial

Die S. intensivieren die Wahrnehmung schwieriger Wörter.

Sie werden veranlasst, einzelne Bestandteile von Wörtern genau zu prüfen und zu entscheiden, wie sie kombiniert werden können. Dabei intensivieren sie die Wahrnehmung und prägen sich die Orthografie der Wörter ein.

Vorbereitungen und Ablauf

Wörter aus einem zu übenden Bereich der Rechtschreibung werden in Silben aufgelöst. Mit dem „Silbensalat" kann auf verschiedene Weise verfahren werden:

a) Bei zweisilbigen Wörtern werden die jeweils ersten und zweiten Silben in zwei Spalten gebracht und anschließend innerhalb der Spalte gemischt. Mögliche Aufgabenstellung in diesem Fall: „Ordne die passenden Silben aus der ersten und der zweiten Spalte einander zu und schreibe die Wörter in dein Heft."

b) Bei Wörtern mit einer unterschiedlichen Anzahl von Silben werden die Silben aller Wörter gemischt und nacheinander aufgeführt (vgl. das Beispiel). Mögliche Aufgabenstellung: „Setze die Silben zu x Wörtern zusammen und schreibe sie auf."

Didaktische Hinweise

Um den S. eine Entscheidungshilfe zu geben, sollte bei Version b die Anzahl der Zielwörter angegeben werden. Viele S. können am PC für ihre Mits. Übungsblätter zur Version a und – mithilfe der Tabellenfunktion – Übungen zur Version b selbst herstellen. Damit wird der Übungseffekt weiter gesteigert. Die Lehrperson kann evtl. Wortmaterial für solche Übungen vorgeben. Das handlungsorientierte Dekonstruktions- und Rekonstruktionsverfahren wälzt Wörter mehrfach um und sorgt für einen besonderen Übungseffekt.

Alternativen

▦ Zielscheiben (S. 252)

▦ Versteckte Wörter (S. 247)

Hinweise zur Weiterarbeit

▦ Formulieren kurzer Sätze, in denen die Zielwörter vorkommen

▦ Tafelkim (S. 255)

Literatur

Gerd Brenner (Hrsg.): Fundgrube Deutsch. Neue Ausgabe. Berlin 2006, S. 185

Symbol-Checks

Beispiele		Sozialformen:	Plenum
__ + mm		Dauer:	je 1–2 Min.
		Medien:	Tafel, Arbeitsblatt, Folie
__ + m		Klassen:	ab 5

Didaktisches Potenzial
Die S. erhalten zur Bewältigung zentraler Probleme der Rechtschreibung eine visuelle Unterstützung.
Zur Verbesserung ihrer Merkfähigkeit bekommen sie möglichst einfache symbolische Darstellungen an die Hand.

Vorbereitungen und Ablauf
An der Tafel oder mithilfe eines Tageslichtprojektors erarbeitet die Lehrperson mit den S. für wichtige Bereiche der Rechtschreibung symbolische Paare der folgenden Art:

wieder	0 + 0	wiederholen, Wiedergabe, Wiederbringen
wider	→ ←	widersprechen, widersetzen, Widerhall
end	⌐	Ende, endlich, Endstation
ent	↻	entweichen, entstehen, Entsaftung
ss	__ + ss	hassen, messen, wissen
ß	__ + ß	Spaß, Spieß, gießen

Didaktische Hinweise
Symbol-Checks können Probleme der Rechtschreibung auf ihre logischen Kerne reduzieren und zugleich jene S. erreichen, die Lernstützen auf mehreren Wahrnehmungskanälen benötigen. Über das Regelwissen hinaus, das auditiv vermittelt wird, steht so auch ein visuelles Lernangebot bereit.

Hinweise zur Weiterarbeit
▪ Arbeitsblätter mit entsprechendem zusätzlichem Übungsmaterial

Literatur
Gerd Brenner: Kurzprosa: Kreatives Schreiben und Textverstehen. Berlin 2000, S. 58

Tabellierung *(Sort of a sort)*

Sozialformen:	Einzel-, Partnerarbeit
Dauer:	5 – 10 Min.
Medien:	–
Klassen:	5 – 7

Didaktisches Potenzial
Die S. reorganisieren zu übende Wörter.
Sie gehen handelnd mit ihnen um und prägen sich dabei ihre Schreibung ein.

Vorbereitungen und Ablauf
Die S. erhalten Wörter mit einem bestimmten Rechtschreibphänomen (z. B. mit lang gesprochenem „a" und Schreibung „ah") und ordnen sie in eine Tabelle ein. Dabei können grammatische Vorgaben (z. B. Wortartvorgaben) gemacht werden. Es entstehen Tabellen wie:

Nomen	*Adjektiv*	*Verb*
Pfahl	fahl	stahl
Zahl	kahl	befahl
Wahl		mahl
Strahl		prahl

Variante: Die S. sammeln die Wörter zunächst selbst, bevor sie sie in eine Tabelle einordnen. Auch die Tabellenüberschriften können von den S. nach Vorgabe bestimmter Gesichtspunkte (hier: Wortarten) selbst benannt werden. Für die Tabelle können auch semantische Vorgaben (z. B. Lebendiges/Unbelebtes) gemacht werden.

Didaktische Hinweise
Die Lernforschung sagt, dass Wissensstoff sich besser einprägt, wenn mehrfach gedanklich organisierend mit ihm umgegangen werden muss. Die wenig zeitaufwändige Methode sollte daher mit anderen (s. Alternativen) kombiniert werden.

Alternativen
▦ Stadt, Land, Fluss
▦ Silbensalat (S. 249)
▦ Wörterschlange (S. 261)
▦ Tafelkim (S. 255)

Hinweise zur Weiterarbeit
▦ Partnerdiktat (S. 239)
▦ Lawinendiktat (S. 238)
▦ Laufdiktat (S. 237)

Zielscheiben *(Targets)*

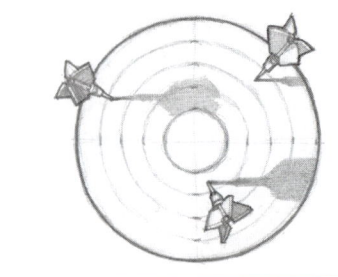

Sozialformen:	Einzel- oder Partnerarbeit
Dauer:	10 – 20 Min.
Medien:	Arbeitsblatt oder Tafel
Klassen:	5 – 10

Didaktisches Potenzial

Die S. üben Rechtschreibung, indem sie Vorgaben ergänzen.
Kontrastierend bearbeiten sie orthografische oder Wortbildungs-Bereiche, in denen sie erfahrungsgemäß oft Verwechslungsfehler machen, indem sie eine Reihe von Zuordnungsentscheidungen treffen und schwierige Wörter dann schreiben.

Vorbereitungen und Ablauf

Vorbereitet werden jeweils zwei Zielscheiben mit Wortbestandteilen, die S. oft verwechseln. Im Fach Deutsch kann es sich z. B. um die Präfixe „end-"/„ent-", die Suffixe „-and"/ „-ant" oder die Adjektivendungen „-ig"/„-lich" handeln. Bereitgestellt werden außerdem Listen mit Wörtern, in denen die ausgewählten Suffixe, Präfixe etc. enthalten sind. Die Problembereiche sind in diesen Wörtern jedoch ausgespart und durch ein Fragezeichen ersetzt (zur Opposition „ent-"/„end-" also z. B. folgende unvollständige Wörter: en?lich, en?werfen, en?gültig, en?igen, en?falten). Die S. erhalten ein Zielscheiben-Paar und die zugehörigen Listen unvollständiger Wörter. Sie sollen überlegen, welche Wörter in welche Zielscheibe gehören. Jedes Wort wird nach gründlicher Prüfung in die Zielscheibe geschrieben.

Didaktische Hinweise

Die S. können zu den orthografischen und Wortbildungs-Problemen, die sie mit dieser Methode zu lösen haben, Regeln erhalten, die ihnen die Zuordnungsentscheidungen erleichtern. Leistungsstärkere S. können zu einem vorher definierten Orthografieproblem für ihre Mits. selbst Übungsblätter bzw. an der Tafel Aufgaben entwerfen.
Im Fach Englisch kann z. B. eine Übung zu den Adjektiv-Präfixen „un-"/„dis-"/„il-"/„ir-" etc. entwickelt werden.

Alternativen

▨ Silbensalat (S. 249)
▨ Tabellierung (S. 251)

Hinweise zur Weiterarbeit

▨ Mit einigen der Wörter in den Zielscheiben kurze Sätze bilden
▨ Klopfwörter-Text (S. 169) mit einer Zielscheiben-Füllung schreiben

Bewegtes Schreiben

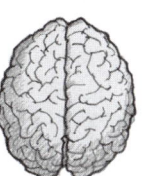

dominant
für

linke
Gehirnhälfte

rechte
Gehirnhälfte

Sprache,
Analyse,
Schreiben
…

Bilder,
Synthese,
Musik
…

Sozialformen:	Einzelarbeit, Plenum
Dauer:	10 Sek. – 1 Min.
Medien:	–
Klassen:	ab 5

Didaktisches Potenzial

S. schreiben mit „dem ganzen Körper" und aktivieren beide Gehirnhälften.
Mit dieser Methode verbessern S. nach Auskunft der Kinesiologie ihre Hand-Augen-Koordination, ihre Schrift, das Dekodieren von Zeichen und das Leseverstehen, das abstrakte Denken und insgesamt ihre Konzentrations-, Merk- und Denkfähigkeit. Aus kinesiologischer Sicht sinnvoll sind Methoden, die einen Sachverhalt (Orthografie eines Wortes im Deutschen oder einer Fremdsprache, Einprägen eines Begriffs) so in Formen des bewegten Schreibens überführen, dass beide Gehirnhälften (s. u.) miteinander ins Spiel gebracht werden und der Informationsfluss zwischen beiden Hemisphären verstärkt wird. Die S. nutzen dabei die Einsicht, dass Konzentration und Merkfähigkeit umso besser sind, je intensiver das Zusammenspiel von linker und rechter Gehirnhälfte ist.

Vorbereitungen

Die S. sollten mit wesentlichen Grundlagen der Kinesiologie (s. u.) vertraut gemacht werden, damit sie sich auf Verfahren des „Bewegten Schreibens" einlassen.

Ablauf

Folgende Verfahren sind vorstellbar und können jeweils in ganz kurzen Phasen im Unterricht eingesetzt werden.

- Wichtige Wörter erst mit der rechten, dann noch einmal mit der linken Hand schreiben (bei Rechtshändern). Effekt: Die Nerven der linken Körperseite aktivieren die rechte Gehirnhälfte.
- Wörter gleichzeitig mit beiden Händen in Spiegelschrift schreiben.
- Wörter oder Sätze mit der linken Hand in die Luft schreiben.
- Wörter oder Sätze mit beiden Händen in die Luft schreiben.
- Ein Wort schreiben (linke Gehirnhälfte) und sich dabei möglichst intensiv eine bildliche Vorstellung machen (rechte Gehirnhälfte).
- Ein Wort schreiben (linke Gehirnhälfte) und sich dabei intensiv ein bestimmtes Musikstück (rechte Gehirnhälfte) vorstellen.
- Schreibnase: Wörter werden mit der Nase in die Luft geschrieben und müssen von einem anderen „entziffert" und aufgeschrieben werden.

Didaktischer Kommentar

Die Angewandte Kinesiologie hat in den letzten Jahrzehnten eine Reihe methodischer Ansätze wie das „Bewegte Schreiben" oder die im Primarschulunterricht inzwischen verbreiteten → „Laufdiktate" hervorgebracht. Die Kinesiologie befasst sich mit dem Einfluss körperlicher Bewegungen und des Muskelzusammenspiels auf Kommunikation und Lernfähigkeit. Die lernpsychologisch ausgerichtete Richtung der Kinesiologie (z. B. Dennison) richtet ihr Interesse besonders auf die Frage, welchen Einfluss spezielle Bewegungsübungen auf die Lernfähigkeit der S. haben können. Ausgangspunkt solcher lernmethodischer Konzepte ist die Einsicht, dass unser Gehirn aufgrund der menschlichen Entwicklungsgeschichte hauptsächlich damit beschäftigt ist, (körperliche) Bewegungen zu organisieren. Kommen diese dann im schulischen Lernen nicht vor, zeigen S. eine Fülle bewegungsorientierter Nebenhandlungen (Spielen mit Kulis, Malen etc.). Die Empfehlung der Angewandten Kinesiologie lautet daher, körperliche Bewegungen möglichst umfassend in schulische Lernprozesse einzubeziehen. Eine Spielart davon ist das „Bewegte Schreiben".

Tipps zur Umsetzung

Zur Plausibilisierung von Verfahren des „Bewegten Schreibens" können S. mit hirnbiologischen Grundlagen über die rechte und linke Hemisphäre der Großhirnrinde vertraut gemacht werden. Nach Edelmann (S. 6, 13) sind die meisten Funktionen symmetrisch beiden Hirnhälften zugeordnet, wobei die sensorischen und motorischen Verarbeitungen im Gehirn jeweils für die gegenüberliegende Körperhälfte zuständig sind (Überkreuz-Stellung). Asymmetrisch, also eher einseitig zugeordnet sind:

- *Rechte Hälfte:* bildhafte und einheitliche Vorstellungen (Synthese), Orientierungen auf anschaulicher Grundlage, räumliche Vorstellung, musikalisches Empfinden.
- *Linke Hälfte:* Sprechen, analytisches und abstraktes Denken (Regeln, Gesetze etc.), Schreiben, Rechnen, motorisches System (Rechtshänder).

Eine gleichzeitige Beschäftigung beider Gehirnhälften (z. B. durch Bewegen rechter und linker Körperteile) verstärkt die Verbindung zwischen beiden Hemisphären.

Alternativen
- Denk-Starter (vgl. Methoden I, S. 86)

Hinweise zur Weiterarbeit
- Wiederholungs- und Transferübungen

Literatur
Rudolf Müller: Mehr Bewegung ins Lernen bringen. Weinheim, Basel 2003, S. 32 ff.
Paul E. Dennison/Gail E. Dennison: Brain-Gym. Kirchzarten b. Freiburg 2005
Claudia Meyenburg (Hrsg.): Die Sache mit dem X. BrainGym in der Schule. Kirchzarten b. Freiburg 2005
Dorothea Beigel u. a.: Das bewegte Klassenzimmer. Kirchzarten b. Freiburg 2005
Walter Edelmann: Lernpsychologie. Weinheim 2000, S. 1 ff.

Tafelkim *(Kim's game)*

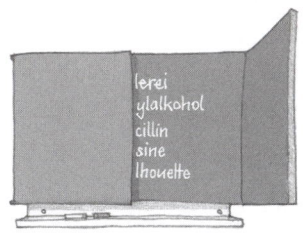

Sozialformen:	Plenum/Einzelarbeit
Dauer:	5 – 15 Min.
Medien:	Tafel
Klassen:	5 – 8

Didaktisches Potenzial
Die S. merken sich schwierige Schreibungen.
Die Konzentrations- und Merkübung steigert die Wahrnehmungsintensität der S.

Vorbereitungen und Ablauf
Benötigt wird eine Sammlung von Wörtern, deren Schreibung den S. schwerfällt. Diese kann von der Lehrperson vorbereitet werden, aber auch S. können schwierige Wörter vorschlagen. Zwei S. gehen zur Tafel und notieren zügig bis zu zehn von der Lehrperson diktierte bzw. von Mits. zugerufene Wörter. Es folgt ein Korrekturgang, in dem alle falschen Schreibungen ausgewischt und die Wörter noch einmal richtig geschrieben werden.
Nun haben alle eine Minute Zeit, sich sämtliche an der Tafel stehenden Wörter in der richtigen Schreibung einzuprägen; dann wird die Tafel zugeklappt und alle schreiben so viele Wörter wie möglich aus dem Gedächtnis in ihr Heft – möglichst in korrekter Orthografie. Nach einer Minute müssen alle aufhören zu schreiben. Dann wird die Tafel wieder aufgeklappt und die Hefte werden von den Banknachbarn kontrolliert. Geprüft wird, ob alle Wörter im Heft stehen und ob sie richtig geschrieben sind. In diesem Fall wird ein Punkt vergeben. Nach mehreren Durchgängen kann ermittelt werden, wer die meisten Punkte erzielt hat.

Didaktische Hinweise
Der Kim-Spiel-Charakter dieses Orthografie-Trainings fordert die Merkfähigkeit der S. in besonderer Weise heraus; das Kontrollieren der Hefteintragungen durch die Mits. sorgt für ein zusätzliches Einprägen des schwierigen Wortmaterials. Die Übung kann z. B. vor Klassenarbeiten eingesetzt werden, in denen die S. u. a. ihre Orthografiekenntnisse nachweisen sollen. In Klasse 5 und 6 sollten nicht mehr als sieben Wörter an der Tafel stehen.

Alternativen
- Alphabetisches Sortieren
- Wörterschlange (S. 261)

Hinweise zur Weiterarbeit
- Klopfwörter (kreatives Schreiben mit einzelnen Wortpäckchen; vgl. S. 169)

Literatur
Gerd Brenner (Hrsg.): Fundgrube Deutsch. Neue Ausgabe. Berlin 2006, S. 89

Buchstabenchaos *(Scrambled words)*

Sozialformen: Einzel-, Partnerarbeit
Dauer: 3 – 5 Min.
Medien: Arbeitsblatt
Klassen: ab 5

Didaktisches Potenzial
Die S. prägen sich die Schreibung für sie schwieriger Wörter ein.
Sie steigern ihre Wahrnehmungsintensität, indem sie die Buchstabenfolgen von Wörtern reorganisieren.

Vorbereitungen und Ablauf
Die S. erhalten eine Zusammenstellung von Buchstabenfolgen, die offensichtlich erst dann einen Sinn ergeben, wenn sie jeweils neu angeordnet werden. Dabei werden nur Groß-buchstaben verwendet. Beispiele für Deutsch und Englisch:

ÜCHSEB	HUCSL	EKKS	CKLEKS
XINE	SACKLISCH	TAX	GLICKPÜLZS
EATRETH	YARBIRL	WONWID	GEPONS

Die S. sollen die Buchstaben umstellen und die so gefundenen Wörter in normaler Schrei-bung (Großschreibung bestimmter Wortarten am Wortanfang im Deutschen) in ihr Heft übertragen. Lösungen für die Beispiele oben:

Büchse	Luchs	Keks	Klecks
Nixe	Schicksal	Axt	Glückspilz
theatre	library	window	sponge

Didaktische Hinweise
Die Lehrperson kann für das Buchstabenchaos gezielt Wortmaterial verwenden, das mit den S. intensiv geübt werden soll, weil sie z. B. mit der Schreibung dieser Wörter Schwierig-keiten haben. Die durch das Buchstabenchaos veranlasste intensive Wahrnehmung aller Einzelbuchstaben eines Wortes ist besonders für diejenigen S. sinnvoll, die sich nicht ge-nug auf die Wahrnehmung von Schreibungen konzentrieren.

Alternativen
▨ Silbensalat (S. 249)
▨ Wörterschlange (S. 261)

Hinweise zur Weiterarbeit
▨ Partnerdiktat (S. 239)
▨ Andere Formen des Diktats (S. 238 f.)

Buchstabenfresser

Beispiel
Die . üben chreibweien, indem ie einen betimmten Buchtaben au Texten heraunehmen und von Mit. wieder ergänzen laen.

Sozialformen: Einzel-, Partner-,
Gruppenarbeit
Dauer: 5 – 15 Min.
Medien: Arbeitsblatt/Datei
Klassen: 5 – 7

Didaktisches Potenzial
Die S. üben interaktiv ein Problem der Rechtschreibung.
Sie trainieren Schreibweisen, indem sie einen bestimmten Buchstaben aus Texten herausnehmen und von Mits. wieder ergänzen lassen.

Vorbereitungen und Ablauf
Zur Vorbereitung erhalten die S. die Aufgabe, am Computer einen kurzen Text zu verfassen, in dem ein bestimmtes Orthografieproblem (z. B. die Schreibung s/ss/ß) besonders häufig vorkommen soll (s. auch ➜ Vokalvereinzelung). Sie markieren ihren Text anschließend. Mithilfe der Funktion „Ersetzen" (bei MS Word unter „Bearbeiten") bzw. mit einer entsprechenden anderen Befehlskette sollen sie dann nacheinander alle vereinbarten Buchstaben (im angenommenen Fall „s" und „ß") suchen lassen; in der angebotenen Zeile „Ersetzen durch" wird nichts eingetragen. Durch Anklicken von „Alle ersetzen" verschwindet dann der angegebene Buchstabe im ganzen Text.
Die Buchstabenfresser-Texte werden an Mits. weitergegeben. Diese schreiben sie unter Einfügung der fehlenden Buchstaben auf ein Blatt Papier ab bzw. ergänzen die ihnen zugeteilte Datei am Computer.

Didaktische Hinweise
Das Verfahren nutzt das Interesse vieler S. an der Arbeit mit dem Computer. Es kann u. a. in der Freiarbeit (vgl. Methoden I, S. 3 f.) eingesetzt werden. Die S. sollten sich jeweils nur auf einen Problembereich (z. B. die Schreibung des a-Lautes als „a", „aa" oder „ah") konzentrieren und Problemstellungen nicht mischen, da sonst zu viele Buchstaben verschwinden und die Texte leicht unübersichtlich werden.

Alternativen
▩ Wörterschlange (S. 261)
▩ Kreuzworträtsel (S. 258)
▩ Tafelkim (S. 255)
▩ Bewegtes Schreiben (S. 253)

Hinweise zur Weiterarbeit
▩ Falsche Serie (S. 244)
▩ Formen des Diktats (S. 237 ff.)

Kreuzworträtsel *(Crossword puzzle)*

Sozialformen:	Einzel-, Partnerarbeit, Plenum
Dauer:	5 – 20 Min.
Medien:	Arbeitsblatt bzw. karierte Blätter
Klassen:	ab 5

Didaktisches Potenzial

S. lernen die Bedeutung und Schreibung von Wörtern durch Reorganisation.
Sie gehen aktiv prüfend mit Wortmaterial um und prägen es sich damit besser ein.

Vorbereitungen

Bei der Vorbereitung gibt es eine aufwändige und eine weniger arbeitsintensive Option:
Möglichkeit 1: Vorlagen für Kreuzworträtsel können – im Fach Deutsch, besonders aber auch in den Fremdsprachen – vielen Übungsheften entnommen werden, die von Verlagen angeboten werden.
Möglichkeit 2: Das Kreuzworträtsel wird selbst entwickelt und damit auf den speziellen Übungsbedarf der Lerngruppe abgestimmt.
Die Lehrperson erstellt dazu ein Arbeitsblatt mit dem Gerüst eines Kreuzworträtsels und dazugehörigen Verschlüsselungen von Wörtern. Diese können verschiedene Formen haben:

- In jüngeren Klassen können die Verschlüsselungen in Form von Zeichnungen präsentiert werden.
- Besonders im Fremdsprachenunterricht können Lückensätze vorgegeben werden, in die das zu suchende Wort hineinpasst (Beispiel: You can play a Zu ergänzen: game).
- In höheren Klassen können anspruchsvollere Verschlüsselungen *(clues)* gewählt werden (Beispiele: Kind of meat we get from cows. Lösung: beef).

Da der Reiz eines Kreuzworträtsels nachlässt, wenn es zu wenige Überlagerungen von Wörtern gibt, sollte darauf geachtet werden, dass bei der Erstellung eines Rätsels eine genügende Anzahl von Wörtern vertikal gelesen werden muss.

Ablauf

Die S. erhalten das Arbeitsblatt mit Kreuzworträtsel-Gerüst und dazugehörigen Verschlüsselungen, die sie veranlassen, aus mehreren Optionen, die ihnen jeweils in den Sinn kommen, die passenden Wörter auszuwählen. Auswahlkriterien sind dabei die Anzahl der Buchstaben (so wie im Raster vorgegeben) und bereits durch andere Eintragungen festgelegte Buchstaben. In diesem Auswahlprozess sind die S. laufend veranlasst, die Schreibung von Wörtern zu überprüfen.

Im Sinne einer inneren Differenzierung in der Lerngruppe können einige S. für Mits. auf karierten Blättern selbst Kreuzworträtsel erstellen. Diese werden von der Lehrperson geprüft und dann evtl. für die gesamte Lerngruppe oder für Teilgruppen vervielfältigt.

Didaktischer Kommentar

Besonders in Lehrwerken des Fremdsprachenunterrichts sind Kreuzworträtsel als Übungsformen und zur Überprüfung von Orthografiekompetenzen weit verbreitet. Beim Kreuzworträtsel ist die Fehlerkorrektur in die Prozesslogik eines Rätsels hineinverlegt; sie wird damit unter der Hand – aber durchaus effektiv – wirksam. S. nehmen die Schreibung von Wörtern intensiv wahr und überprüfen die orthografische Richtigkeit selbst.

Tipps zur Umsetzung

Die Lehrbuchverlage bieten Software für die Herstellung von Kreuzworträtseln an (s. u.). *Variante:* Nutzbar ist auch eine Vorform des Kreuzworträtsels, der *Wörterschieber (Column Puzzle)*. Er stellt keine hohen Anforderungen. Vorbereitet wird eine kurze Liste zu übender Wörter. Sie sollten je einen Buchstaben aufweisen, der in ein weiteres Wort integriert werden kann. Auf einem Blatt karierten Papiers sollen die S. die Wörter waagerecht so eintragen, dass sich senkrecht ein Zielwort ergibt, für das eine Ersatzbedeutung vorgegeben wird. Beispiel für den Übungsbereich „langes i":
Ordne die Wörter so an, dass sich von oben nach unten gelesen ein Ersatzwort für „Gegenwehr" ergibt.

angewidert
kassieren
dir
ziemlich
widersprechen
stilistisch
detailliert
passieren
nie
jedoch

Alternativen

- Buchstabenchaos (S. 256)
- Tafelkim (S. 255)
- Wörterschlange (S. 261)

Hinweise zur Weiterarbeit

- Vokabeltest (Fremdsprachen)
- Diktatformen (Deutsch; vgl. S. 237 ff.)
- Fantasieerzählung, in der die Wörter aus dem Kreuzworträtsel oder dem Wörterschieber in sinnvoller Weise vorkommen müssen

Software

Toolbox English G. Berlin 2000 (Cornelsen)

Verlängerungsprobe

Beispiele

Das Schiff begann langsam zu singen.

Das Tor hatte eine silberne Klinge.

Sozialformen:	Einzel-, Partnerarbeit
Dauer:	5 – 20 Min.
Medien:	Tafel oder Arbeitsblatt
Klassen:	ab 5

Didaktisches Potenzial

Die S. trainieren die Schreibung am Ende von Wörtern.

Sie befassen sich u. a. mit dem Phänomen der Auslautverhärtung und seinen Folgen für die Schreibung von Endlauten.

Vorbereitungen und Ablauf

Die S. bekommen eine Liste von Wörtern, deren Schlusslaut nach langem Vokal stimmlos und deren Schreibung fehleranfällig ist (Beispiele: gro?, Gla?, hei?, Lo?, Prei?, Verlie?, verlie?, Hun?, Ta?, Win?, Sar?). Sie klären die Schreibung am Ende dieser Wörter, indem sie Verlängerungsproben machen, also Ableitungen vom Wortstamm mit mindestens einer weiteren Silbe suchen (z. B. größer, Gläser, heißer, Lose, Preise, Verliese, verließen, Hunde, Taten, Winde, Särge). Zur gedanklichen Klärung erhalten die S. außerdem Regeln wie diese:

- Ein stimmloses „s" wird mit einfachem „s" geschrieben, wenn sich bei einer Verlängerungsprobe des Wortes ein stimmhaftes „s" ergibt.
- Ein stimmloses „s" wird nach langem Vokal und einem Doppellaut (Diphthong) mit „ß" geschrieben, wenn der Laut in einer Verlängerungsprobe stimmlos bleibt.

Didaktische Hinweise

Mithilfe des Stammprinzips lassen sich schwierige Schreibungen stimmloser Endkonsonanten nach langen Vokalen in der Regel schnell klären. Die S. kommen z. B. mit der Genitiv- oder Pluralbildung zum Ziel.

Mit dem gleichen Verfahren kann auch die Schreibung von Adjektiven auf „-isch" bzw. „-ig" (oft „ich" oder unter dialektalem Einfluss „isch" gesprochen) geklärt werden. Hier können in der Verlängerungsprobe außer den Deklinationsformen Steigerungsformen verwendet werden (riesi? – riesige; launi?– launische; vernünfti? – vernünftiger; kriegeri? – kriegerische; gifti? – giftiger).

Alternativen

- Wortstamm (S. 242)

Hinweise zur Weiterarbeit

- Partnerdiktat (S. 239)
- Lawinendiktat (S. 238)

Wörterschlange *(Word snake)*

Beispiel

SEITDEMAUFSTEHENSINDSIEMITDENVOR
BEREITUNGENBESCHÄFTIGT.LAUTESRU
FENSCHALLTÜBERDENZELTPLATZBISALLE
SANSEINEMPLATZIST

Sozialformen:	Einzel- oder Partnerarbeit
Dauer:	10 – 15 Min.
Medien:	Arbeitsblatt oder Tafel
Klassen:	5 – 7

Didaktisches Potenzial

Die S. trainieren Groß- und Kleinschreibung und intensivieren ihre Wahrnehmung.
Sie identifizieren die in der Wörterschlange versteckten Wörter, individualisieren sie und
treffen dann aufgrund des Satzzusammenhangs (evtl. auch mithilfe von Regellisten) begründete Entscheidungen über Groß- und Kleinschreibung. Die ungewöhnliche Formatie-
rung zwingt zum gründlichen Lesen und intensiven Wahrnehmen der Orthografie.

Vorbereitungen und Ablauf

Vorbereitet wird ein kurzer Text, der nur in Großbuchstaben geschrieben ist und der keine
Leerzeichen enthält. Die so entstandene Wörterschlange soll von den S. in Einzelwörter
aufgelöst und dann abgeschrieben werden. Der in Groß- und Kleinbuchstaben reorgani-
sierte Text wird mithilfe eines Lösungsblatts oder einer (zunächst verdeckten) Auflösung
an der Tafel kontrolliert. Diese Überprüfung kann in Partnerarbeit erfolgen.

Didaktische Hinweise

Die Verfremdung durch Großbuchstaben und die Auflösung der Wortgrenzen legt den S.
ein genaues Betrachten der Buchstabenfolgen nahe. Das Verfahren eignet sich daher zu
einem generellen Rechtschreibtraining. Auch in den Fremdsprachen wird das Verfahren
zur Festigung orthografischer Kenntnisse eingesetzt.
Textvorlagen in Großbuchstaben können am PC erstellt werden, indem man einen normal
geschriebenen Gesamttext markiert und eine entsprechende Umwandlung vornimmt (in
MS Word über „Format", „Zeichen", „Großbuchstaben"); anschließend werden die Leerzeichen zwischen den Wörtern gelöscht.

Alternativen

▨ Buchstabenfresser (S. 257)

Hinweise zur Weiterarbeit

▨ Wörterschlangen von S. für Mits. zu
Hause am PC erstellen und per E-Mail
verschicken lassen (Hinweis auf die
Umwandlungs-Funktion)

Einsetzen *(Drag and drop)*

Sozialformen: Einzel-, Partnerarbeit
Dauer: 2 – 5 Min.
Medien: Arbeitsblatt
Klassen: ab 5

Didaktisches Potenzial
Die S. trainieren einen vorher erarbeiteten Stoff.
Sie treffen Zuordnungsentscheidungen, bei denen sie ihr Wissen anwenden und reorganisieren.

Vorbereitungen und Ablauf
Die S. erhalten einen Lückentext (vgl. Methoden I, S. 281), dem ein Kasten mit allen Textelementen beigefügt ist, die in die Lücken gefüllt werden müssen. Diese Einfüll-Elemente sind nicht in der richtigen Reihenfolge angeordnet. Ein Beispiel für Klasse 5:

Verben sagen uns mithilfe verschiedener ...., wann etwas passiert. Das .... drückt die Gegenwart eines Geschehens aus. Im mündlichen Erzählen verwendet man für Vergangenes meist das ...., in einem schriftlichen Bericht dagegen in der Regel das .... Wenn man etwas Zukünftiges ausdrücken will, verwendet man das ....

Präsens
Futur
Tempora
Präteritum
Perfekt

Didaktische Hinweise
Das Verfahren wird außer für Übungsphasen auch als *Testformat* eingesetzt.
Einsetzübungen können leicht am PC hergestellt werden, indem aus vollständigen Texten Begriffe, deren Anwendung trainiert werden soll, herausgelöst und in einen Kasten verschoben werden. Für die entnommenen Wörter müssen Platzhalter eingesetzt werden.
Im Fremdsprachenunterricht kann das Verfahren außer zum Aktivieren grammatikalischer Wissensbestände auch zum Vokabeltraining eingesetzt werden.

Alternativen
- Multiple-Choice-Test
  (vgl. Methoden I, S. 290 f.)
- Zuordnung/Paarfindung (S. 274)

Hinweise zur Weiterarbeit
- Klassenarbeit
- Lernstandstest
- Abschlussprüfung Klasse 10

Richtig oder falsch *(True or False quiz)*

$f.$ ✓

Sozialformen:	Einzel-, Partnerarbeit
Dauer:	2 – 5 Min.
Medien:	Arbeitsblatt
Klassen:	ab 5

Didaktisches Potenzial
Die S. trainieren einen vorher vermittelten Stoff.
Sie ordnen behauptenden Aussagen die Bewertungen „richtig" oder „falsch" zu, wenden so ihr Wissen an und reorganisieren es.

Vorbereitungen und Ablauf
Die S. erhalten eine Liste von Aussagen, die richtig oder falsch sein können. Neben jeder Aussage gibt es die Möglichkeit, sie als richtig oder falsch zu kennzeichnen. Die S. erhalten den Hinweis, dass auf jede Teilaussage geachtet werden sollte, da einige Äußerungen teilweise richtig oder auch teilweise falsch sein können.
Beispiele:

	richtig	falsch
Adv. Bestimmungen lassen sich in Konjunktionalsätze verwandeln.	x	
Adv. Bestimmungen lassen sich in Objektsätze verwandeln.		x
Objektsätze können mit „wo" oder „weil" anfangen.		x
Relativsätze nennt man auch Attributsätze.	x	
Zu den unterordnenden Konjunktionen gehören „wenn" und „denn".		x

Didaktische Hinweise
Das Verfahren ist als *Testformat* weit verbreitet.
Im Fremdsprachenunterricht wird es angewendet, um nach der Lektüre eines Textes dessen Verständnis zu überprüfen, um grammatische Aussagen zu bewerten usw. Bei der Überprüfung von *Textverstehensleistungen* im Deutschunterricht lautet die Aufgabe z. B.: „Entscheide, welche der folgenden Aussagen mit den Informationen übereinstimmen, die in dem gerade gehörten/gelesenen Text zu finden sind."

Alternativen
▦ Einsetzen (S. 263)
▦ Zuordnung/Paarfindung (S. 274)
▦ Multiple-Choice-Test (vgl. Methoden I, S. 290 f.)

Hinweise zur Weiterarbeit
▦ Klassenarbeit
▦ Lernstandstest
▦ Abschlussprüfung Klasse 10

Anbindung

Beispiel

Er wusste noch nicht, dass sie krank war.

Sozialformen:	Einzel-, Partnerarbeit
Dauer:	5 – 10 Min.
Medien:	Arbeitsblatt
Klassen:	ab 6

Didaktisches Potenzial

Die S. erarbeiten sich grammatische Grundlagen für die Schreibung von „dass/das".
In einer *Matching*-Übung kombinieren sie Haupt- und Nebensätze und klären die unterschiedliche Anbindung von „das" und „dass" an den Hauptsatz (Konjunktion „dass" angebunden an ein Verb, Relativpronomen „das" angebunden an Substantiv im Hauptsatz).

Vorbereitungen und Ablauf

Die Lehrperson erstellt ein Arbeitsblatt, auf dem in der ersten Spalte eine Reihe von Hauptsätzen aufgeführt ist, an die sich „dass"- oder „das"-Nebensätze anschließen lassen. Diese Nebensätze werden in einer willkürlichen Reihenfolge in der zweiten Spalte zusammengestellt, wobei allerdings das „s" bzw. „ss" ausgespart ist.
Die S. erhalten die Information, dass die Nebensätze mit einleitendem „dass" bzw. „das" in unterschiedlicher Weise an Hauptsätze „angebunden" werden: *„dass"*-Sätze an ein *Verb* und *„das"*-Sätze an ein *Substantiv*. Sie sollen dann die folgenden Aufgaben lösen:

- Findet je einen Haupt- und Nebensatz, die dem Sinne nach zueinander passen.
- Prüft, ob das „da…" an ein Verb oder ein Substantiv des Hauptsatzes gebunden werden muss.
- Schreibt Haupt- und Nebensatz dann ab und verwendet dabei die richtige Schreibung von „dass/das". Orientiert euch dabei an der Regel: *dass – Verb; das – Substantiv*.
- Bindet dann „dass" bzw. „das" mit einem gemalten Faden an das zugehörige Wort.

Didaktische Hinweise

Die S. sollten darauf hingewiesen werden, dass sie für jeden Satz in ihrem Heft mehrere Zeilen benötigen, da der visualisierende Zusatz (Bindfaden) Platz benötigt.

Alternativen

- Satzstreifen (S. 270)

Hinweise zur Weiterarbeit

- Lückentext zur „dass/das"-Problematik

Literatur

Gerd Brenner: Jeden Tag besser. Deutsch 7. Klasse. Berlin 2009, S. 46 f.

Frageprobe

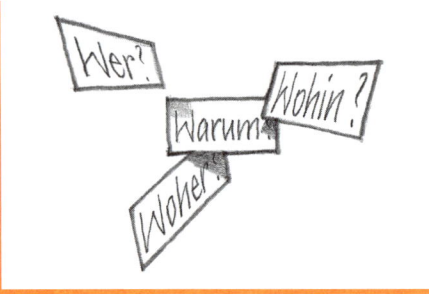

Sozialformen:	Einzel-, Partnerarbeit
Dauer:	5 – 20 Min.
Medien:	Frageliste
Klassen:	ab 5

Didaktisches Potenzial
Die S. gliedern Sätze grammatisch mithilfe von Fragen.
Sie erkennen, dass Satzteile verschiedene fragegeleitete Erweiterungen des Prädikats sind.

Vorbereitungen
Die S. erhalten die folgende Frageliste:

Wer oder was?	→	Subjekt
Wessen?	→	Genitivobjekt
Wem?	→	Dativobjekt
Wen oder was?	→	Akkusativobjekt
Über, auf, mit … was/wem?	→	Präpositionalobjekt
Wann?	→	Adverbiale Bestimmung der Zeit
Wo? Wohin? Woher?	→	Adverbiale Bestimmung des Ortes
Warum?	→	Adverbiale Bestimmung des Grundes
Wie?	→	Adverbiale Bestimmung der Art und Weise
Wie oft?	→	Adverbiale Bestimmung der Häufigkeit
Was für ein(e)?	→	Attribut (im Singular)
Was für welche?	→	Attribut (im Plural)

Die Fragen (bis auf die beiden letzten) gehen jeweils vom Prädikat aus.

Ablauf
Die S. bestimmen mit dieser Frageliste Satzteile, indem sie:
- durch eine → Umstellprobe feststellen, welche Wörter zusammen ein Satzteil bilden,
- diesen Teil des Satzes unterstreichen oder mit einer Klammer versehen,
- eine passende Frage darunter schreiben und
- den grammatischen Begriff hinzufügen.

Didaktischer Kommentar
Die Frageprobe ist die am weitesten verbreitete Probe im Grammatikunterricht. Dabei wird ein Wort oder eine Wortgruppe durch ein Interrogativpronomen (Fragepronomen) oder eine Fragewendung ersetzt, um ein Satzteil eindeutig bestimmen zu können.

Tipps zur Umsetzung

Damit für das Einfügen der Frageproben genügend Platz zur Verfügung steht, sollten die S. Sätze, deren Teile bestimmt werden sollen, mit jeweils zwei oder mehr Leerzeilen in ihre Hefte abschreiben.

Da S. oft Präpositionalobjekte und adverbiale Bestimmungen, aber auch Genitivobjekte und Genitivattribute verwechseln, können hier zusätzliche Hilfen gegeben werden:

- Bei adverbialen Bestimmungen werden räumliche, zeitliche oder sonstige Vorstellungen aktiviert, die sich logisch aus dem Fragewort ergeben („Er steht auf einer Mauer"; Wo? → Ort); bei Präpositionalobjekten ist das nicht der Fall („Er freut sich auf sie" → kein Bezug zu einem Ort).
- Genitivobjekte („Sie gedenken *ihrer Toten*"), die ausschließlich die Frage „Wessen?" zulassen, werden oft nicht erkannt, weil S. sie kaum noch aktiv verwenden. Die S. sollten daher eine Liste mit Verben erhalten, nach denen das Genitivobjekt verwendet wird. Genitivattribute („Sie fährt das Auto *ihres Vaters*") erfordern die Frage „Was für ein?". Oft stellen S. hier aber die Frage „Wessen?", die den Genitiv bestimmt, nicht aber das Genitiv*attribut*. Faustregel also: Wessen? + Was für ein? = Genitivattribut.

Die S. sollten auch darauf hinwiesen werden, dass Satzteile aus verschiedenen Wortarten und auch aus mehreren Wörtern bestehen können, adverbiale Bestimmungen z. B. aus einem Adjektiv („Er redet *schnell*"), einem Adverb („Das machen wir *nie*") oder einer Nominalgruppe mit Präposition/einer präpositionalen Wendung („Es fiel *in den Teich*") .

Die Frageliste kann in jüngeren Klassen spielerisch im Plenum umgesetzt werden:

- *Polizei-Spiel:* Die Lehrperson gibt eine Situation vor, die durch Fragen geklärt werden soll, z. B. eine Unfallsituation („Der Junge wurde angefahren"). Die S. werden dann aufgefordert, sich in die Rolle eines protokollierenden Polizisten hineinzuversetzen, der mit Frageproben (Wann? Warum? Wie?) weitere Details des Unfalls in Erfahrung zu bringen versucht.
- *Fundbüro:* Auch in diesem Fall wird eine Situation knapp vorgegeben, z. B.: „Sie hat verloren". Durch Frageproben (Was? Wo? Wann? Warum? usw.) werden weitere Details ermittelt.

Der Kernsatz wird jeweils an die Tafel geschrieben. Die ergänzten Satzteile können dann in einem Cluster (vgl. Methoden I, S. 167 f.) um diesen herum notiert werden. Die entsprechenden grammatischen Fachbegriffe werden in einem zweiten Kreis um den Kernsatz angeordnet.

Alternativen

- Einordnung von Satzteilen in eine Tabelle

Hinweise zur Weiterarbeit

- Klassenarbeit mit Grammatikteil

Literatur

Dudenredaktion (Hrsg.): Duden. Die Grammatik. Mannheim 2005, S. 139

Bernd Schurf (Hrsg.): Deutschbuch. Orientierungswissen. Berlin 2006, S. 94 ff.

Konnektoren-Fächer

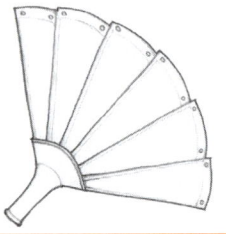

Sozialformen:	Einzel-, Partnerarbeit
Dauer:	je Fächer 5–10 Min.
Medien:	Arbeitsblatt
Klassen:	ab 6

Didaktisches Potenzial

Die S. erkennen und trainieren die Verwendung von Konjunktionen und Relativpronomen, die leicht verwechselt werden können.

Im Fach Deutsch üben die S. insbesondere die Unterscheidung zwischen „dass" und „das", im Fach Englisch z. B. die Verwendung von „which", „who" und „that". Das Training hilft, grammatische bzw. orthografische Fehler zu vermeiden und analytische Kompetenzen im Bereich der Grammatik aufzubauen.

Vorbereitungen

Die Lehrperson bereitet einen Konnektoren-Fächer vor, der in reduzierter Form wichtige grammatische Informationen bietet und in den die S. Nebensätze mit den zu übenden Konnektoren (Konjunktionen, Relativpronomina) hineinschreiben können.

Für den Deutschunterricht kann ein solcher Fächer z. B. so gestaltet werden:

Wer?/ Was	Dass es Ärger geben würde, ...	war zu erwarten	dass
Wen?/ Was	Er weiß	, dass das viel Geld kostet.	dass
Was für ein …?	Das Haus	, das (→ welches) sie geerbt hat, …	das

Ablauf

Die S. schreiben Sätze in den Fächer und unterstreichen die Konnektoren, die geübt werden sollen (dass/das bzw. which/who/that). Sie erhalten den Hinweis, dass sie dabei die im Fächer enthaltenen grammatischen Stützen nutzen sollten.

Didaktischer Kommentar

Das Verfahren hilft den S., gedankliche Zusammenhänge zwischen problematischen Konnektoren (Konjunktionen, Relativpronomen) und ihren grammatischen Bezugspunkten aufzubauen und zu stabilisieren.

Tipps zur Umsetzung

Im Englischunterricht können die S. z. B. die folgenden Fächer erhalten:

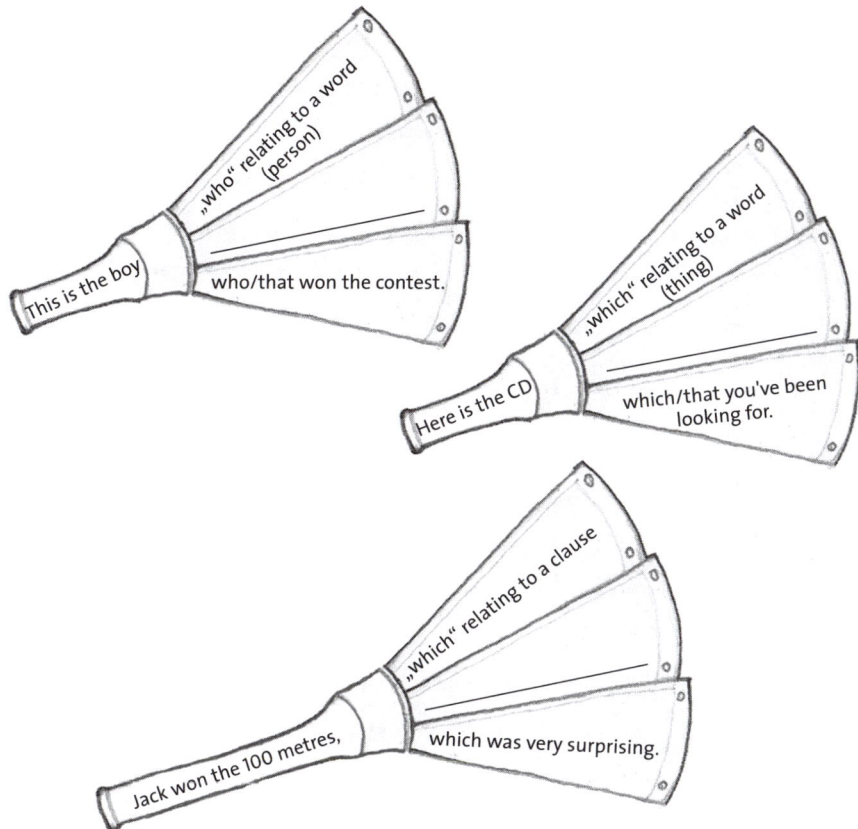

Nach einem ersten Probelauf können die dargestellten Fächer von S. auch selbst entwickelt und den Mits. zur Aufgabe gestellt werden.

Alternativen
- Satzstreifen (S. 270)
- Anbindung (S. 265)

Hinweise zur Weiterarbeit
- Formen des Diktats (S. 237 ff.)
- Grammatische Lückentexte

Literatur
Gerd Brenner: Jeden Tag ein bisschen besser. Deutsch 8. Schuljahr. Berlin 1999, S. 60 f.

Satzstreifen

Beispiel
Da… da… Konzert, d…wir gebucht hatten, ausfallen würde, … konnten wir doch nicht ahnen.

Sozialformen:	Gruppenarbeit
Dauer:	15 – 30 Min.
Medien:	Informations- und Spielkarten, Lösungsblatt
Klassen:	ab 6

Didaktisches Potenzial
Die S. erwerben spielerisch Grammatik- und Rechtschreibkompetenzen.
In einem Entscheidungsspiel setzen die S. kurze informierende Vorgaben zu „dass/das" als Konjunktion, Relativpronomen, Demonstrativpronomen und Artikel um. Sie trainieren, grammatisch zwischen „dass" und „das" zu unterscheiden.

Vorbereitungen
Die Lehrperson bereitet für jede Vierergruppe in der Klasse Informationskarten zu den vier grammatischen Verwendungsweisen von „das/dass" vor. Auf ihnen steht gut lesbar ein grammatischer Terminus und ein Beispielsatz:

> *Konjunktion*
> *Dass* er gewinnen würde, hatte er geahnt.

> *Relativpronomen*
> Das Auto, *das* du dort siehst, gehört ihm.

> *Demonstrativpronomen*
> *Das* sieht dir ähnlich.

> *Artikel*
> *Das* Gedicht sollen wir auswendig lernen.

Außerdem werden pro Spielgruppe mit je vier S. etwa 40 nummerierte Satzstreifen als *Spielkarten* vorbereitet. Diese enthalten je einen Satz mit einem „dass" oder „das"; darin sind die Buchstaben „ss" bzw. „s" jedoch ausgespart. Es können auch schwieriger zu lösende Aufgabenkarten mit zwei oder mehr Lücken geschrieben werden:

Zwei Beispiele:

> Meine Oma hat mir erzählt, da … hier früher eine alte Mühle
> gestanden hat.

> Ich konnte ja nicht ahnen, da … da … Handy, da … ich letzte Woche gekauft habe,
> heute im Sonderangebote sein würden.

Auf einem *Lösungsblatt* für die Hand des Spielleiters sind alle richtigen Lösungen notiert.

Ablauf
Die S. setzen sich in Vierergruppen jeweils um einen möglichst kleinen Tisch. Jede Gruppe erhält einen Satz Informationskarten und einen Satz Spielkarten. Drei der vier S. spielen einige Runden gegeneinander, der vierte S. ist Spielleiter, kontrolliert die Einhaltung der Regeln und prüft anhand des Lösungsblatts, ob die von den Mits. gefundenen Lösungen richtig sind. Folgende Regeln gelten:

- Die Gruppe schaut sich die Informationskarten gründlich an.
- Die Spielkarten werden verdeckt in einem Stapel auf den Tisch gelegt. Jeder zieht dann reihum eine Karte, liest den Satz vor und hat dann etwa zehn Sekunden Zeit zu entscheiden, ob das „dass/das" *mit einem oder zwei „s"* geschrieben wird und um welche *Wortart* es sich handelt.
- Der Spielleiter prüft jeweils anhand des Lösungsblatts, ob die beiden Lösungen richtig sind. Ist dies der Fall, kann der jeweilige Spieler die Spielkarte an sich nehmen. Ist eine Lösung falsch, wird die Spielkarte wieder unter den Stapel gelegt.
- Jeweils nach einer Runde wird der Spielleiter gewechselt.
- Wer am Ende die meisten Spielkarten gesammelt hat, hat gewonnen.

Didaktischer Kommentar
Im Fach Deutsch ist die grammatische Unterscheidung von „dass" und „das" eine der häufigsten Fehlerquellen. Zu dieser Problematik muss daher vielfältiges Übungsmaterial angeboten werden.

Tipps zur Umsetzung
Ausgearbeitete Materialien können dem Band von Mann/Saßmann entnommen werden.

Alternativen
- Konnektorenfächer (S. 268)

Hinweise zur Weiterarbeit
- Lückentext zur „dass/das"-Problematik

Literatur
Renate Mann/Beate Saßmann: Deutschunterricht: kreativ. Kopiervorlagen für das 9./10. Schuljahr. Berlin 2005, S. 6 ff.

Teekesselchen *(Homonyms)*

Sozialformen:	Plenum
Dauer:	1–3 Min. pro Runde
Medien:	–
Klassen:	ab 5

Didaktisches Potenzial
Die S. erkunden die Doppel- oder Mehrfachbedeutungen von Homonymen.
Sie beschreiben Sachverhalte möglichst vage; andere finden Doppelbegriffe aufgrund dieser Andeutungen.

Vorbereitungen
Im Deutsch- oder Fremdsprachenunterricht hält die Lehrkraft Listen mit Homonymen (und Polysemen) bereit, um S., die keine Beispiele finden, aushelfen zu können.

Ablauf
Oft ist das Verfahren den S. bereits vertraut, da es ein beliebtes Spiel bei Geburtstagsfeiern und ähnlichen Festen ist. Zwei S. einigen sich auf ein Teekesselchen-Wort und treten vor die Klasse. Einer beginnt, mit einem Satz die erste Bedeutung des Wortes ganz vage anzugeben. Mit diesem ersten Satz soll möglichst nur ein unwichtiges Bedeutungselement preisgegeben werden („Mein Teekesselchen kommt oft vor"). Der zweite S. verfährt mit der zweiten Bedeutung des Wortes ebenso. Bereits nach der ersten Runde können einige im Plenum anfangen, das Wort zu erraten. In der zweiten Runde geben die beiden S. eine ebenfalls randständige Zusatzinformation zu dem Teekesselchen-Wort. In weiteren Runden können die Informationen konkreter werden, bis jemand endlich das Wort errät. Dieser S. darf sich einen zweiten S. aussuchen und zusammen mit ihm eine neue Runde eröffnen.

Didaktischer Kommentar
Homonyme (Wörter, die mit anderen gleich lauten) können im Deutschen geschlechtsgleich (die Bank, die Birne, der Stamm, das Schloss, der Nagel, das Glas, das Futter, die Tafel) oder geschlechtsverschieden sein (s. u.). Im Englischen gibt es diese Unterscheidung nicht; dafür gibt es in der englischen Sprache aber eine ganze Reihe von wortartübergreifenden Homonymen. *Beispiele:*

bear	→	noun	=	Bär,	verb	= ertragen
tie	→	noun	=	Krawatte,	verb	= binden
spit	→	verb	=	spucken,	noun	= Bratspieß
ring	→	noun	=	Ring,	verb	= läuten/klingeln
hop	→	verb	=	hüpfen,	noun	= Hopfen
rail	→	noun	=	Geländer/Gleis,	verb	= schimpfen
object	→	verb	=	einwenden/Einspruch erheben,	noun	= Objekt/Gegenstand

Aufgrund der Großschreibung von Substantiven kommen solche Homonyme im Deutschen nicht vor. Neben wortartübergreifenden gibt es im Englischen auch wortartgleiche Homonyme (temple → Schläfe/Tempel). Weitere Beispiele für deutsche Homonyme können dem folgenden Jugendbuchauszug entnommen werden.

Tipps zur Umsetzung

Kombinieren lässt sich das Teekesselchen-Spiel mit einem Auszug aus dem Kinder- und Jugendbuch von Erik Orsenna (s. u.), in dem die Wörter personalisiert auftreten. Es wird u. a. dargestellt, wie alle Substantive einen Exklusivitätsanspruch erheben und nur einmal auf der Welt vorkommen wollen. Da sie eines Tages Doppelgänger entdecken, gehen sie aufs Beschwerdeamt. Dazu heißt es:

> „Vor dem Beschwerdeamt hatte sich eine Gruppe von Wörtern versammelt. Jeweils zwei standen sich gegenüber und redeten aufgeregt aufeinander ein. Jedes Wort ist stolz auf seine Einmaligkeit. Umso ärgerlicher wird es, wenn es sein Double trifft, das sich nur durch sein Geschlecht, den Artikel, von ihm unterscheidet. Vor allem die männlichen Wörter sind in ihrer Eitelkeit gekränkt, wenn ihnen ihre weibliche oder sächliche Gestalt begegnet. Der Leiter eines Büros war gezwungen gewesen, auf eine Leiter zu steigen, um Akten von Schrank zu holen; der Tau hatte eines Morgens bemerkt, dass er seine Tropfen an einem Tau aufgehängt hatte; der Tor war in Gedanken gegen ein Tor gerannt; *der* Leiter und *die* Leiter, *der* Tau und *das* Tau, *der* Tor und *das* Tor und noch viele andere, *der* Marsch und *die* Marsch, *der* Heide und *die* Heide, *der* Kiefer und *die* Kiefer, und auch *der* See und *die* See, die ich am Strand getrocknet hatte, – alle standen sie vor dem Beschwerdeamt, um ihrem Double das Geschlecht absprechen zu lassen" (S. 75 f.).

Die S. können auch darauf hingewiesen werden, dass die deutsche Sprache bei Homonymen gleicher Aussprache in vielen Fällen in der Rechtschreibung das differenzierende Prinzip anwendet. Beispiele sind:

Moor – Mohr	Lid – Lied	Stil – Stiel	Seite – Saite
Leib – Laib	Tor – Thor (Name)	viel – fiel	

Diese Wörter können auch in das Teekesselchen-Spiel einbezogen werden.

Alternativen
▨ Marsmensch (S. 32)
▨ Malermeister (S. 275)

Hinweise zur Weiterarbeit
▨ Schüttelreime
▨ Hinweis, dass aus deutschen Homonymen beim Erlernen des Englischen „false friends" werden können

Literatur
Erik Orsenna: Die Grammatik ist ein sanftes Lied. München, Wien 2004

Zuordnung/Paarfindung

	Sozialformen:	Einzel-, Partnerarbeit
	Dauer:	2 – 10 Min.
		(je nach Umfang)
	Medien:	Arbeitsblatt
	Klassen:	ab 5

A ———————— A und c, ———————— a
B ———————— B und a ———————— b

C ———————— C und d ———————— c
D ———————— D und b ———————— d

Didaktisches Potenzial

Die S. trainieren einen vorher vermittelten Stoff.

Sie nehmen logische Zuordnungen vor, bei denen sie ihr Wissen anwenden und reorganisieren.

Vorbereitungen und Ablauf

Die S. erhalten ein Arbeitsblatt, auf dem in zwei Spalten Angaben zu zwei verschiedenen Aspekten gemacht werden (z. B. Terminus und Definition). Jeweils eine der Angaben in Spalte I lässt sich einer Angabe in Spalte II logisch zuordnen. Beispiel:

Imperativ	gibt die Meinung eines anderen wieder
Konjunktiv I	ist als Aufforderung zu verstehen
Konjunktiv II	gibt ein wirkliches Geschehen wieder
Indikativ	gibt etwas nicht Wirkliches wieder

Die S. erhalten die Aufgabe, die zueinander passenden Angaben mit Strichen zu verbinden oder die Angaben in der richtigen Zuordnung abzuschreiben.

Didaktische Hinweise

Zuordnungen/Paarfindungen können außer für Übungszwecke auch als *Testformat* genutzt werden. Die Übung kann auch auf drei oder mehr Spalten erweitert werden. Im Fremdsprachenunterricht wird das Verfahren u. a. auch zur Überprüfung des Textverständnisses eingesetzt.

Die Tatsache, dass bei dieser Übungsmethode *alle* Elemente sinnvoll zugeordnet werden müssen, hilft S., punktuell auftretende Unsicherheiten zu überwinden; denn die Übung erlaubt es, zunächst unklare Sachverhalte bis zum Ende offen zu lassen. Dann bleibt evtl. nur noch eine Lösung als richtige übrig.

Alternativen

- Einsetzen (S. 263)
- Multiple-Choice-Test (vgl. Methoden I, S. 290 f.)

Hinweise zur Weiterarbeit

- Klassenarbeit
- Lernstandstest
- Abschlussprüfung Klasse 10

Malermeister

Sozialformen: geteiltes Plenum
Dauer: 12 – 24 Min.
Medien: Tafel
Klassen: 5 – 7

Didaktisches Potenzial

Die S. festigen und differenzieren ihren Wortschatz.
In einem handlungsorientierten Verfahren mit bewegungsorientiertem Akzent konzentrieren sich die S. darauf, für visuelle Reize, die sich an der Tafel aufbauen, die passenden Begriffe zu finden. Sie wiederholen und festigen dabei größere Teile ihres Wortschatzes. Die Übung kann – außer in den Fremdsprachen – auch im muttersprachlichen Unterricht eingesetzt werden, um in einer kollektiven Anstrengung den Wortschatz zu erweitern.

Vorbereitungen und Ablauf

Benötigt wird eine Sammlung von Wörtern (z. B. die Wörterliste am Ende eines Fremdsprachen-Lehrwerks oder – für das Fach Deutsch – ein Stilwörterbuch).
Die Klasse wird in zwei Mannschaften unterteilt; jede soll in einer vorgegebenen Zeit (z. B. drei Minuten) möglichst viele Wörter erraten. Dazu geht einer aus der Mannschaft an die Tafel und bekommt vom Spielleiter (meist die Lehrperson) aus der Wörtersammlung ein Wort gezeigt, das er nicht aussprechen darf. Dieses Wort soll er an der Tafel möglichst zügig zeichnerisch umsetzen. Sobald die Mitspieler der eigenen Mannschaft eine Ahnung haben, um was es gehen könnte, rufen sie Begriffe in den Raum. Wenn einer das richtige Wort erraten hat, bestätigt der Spielleiter den Treffer; der erfolgreiche S. löst den „Malermeister" ab und das Verfahren beginnt erneut. Ist die vorgegebene Zeit abgelaufen, werden die erzielten Punkte zusammengezählt und die Mannschaften wechseln. Es können mehrere Runden gespielt werden.

Didaktische Hinweise

Dieses Lernspiel, das an das Fernseh-Format „Montagsmaler" angelehnt ist, bringt meist eine besondere Lautstärke mit sich und aktiviert die S. sehr stark.
Wird die Übung im Fach Deutsch eingesetzt, empfiehlt es sich, auch Wörter anzubieten, die viele S. vermutlich noch nicht in ihren aktiven Wortschatz übernommen haben.

Alternativen
- Baumdiagramm (vgl. Methoden I, S. 158)

Hinweise zur Weiterarbeit
- Fremdsprachen: Hinweis auf die Notwendigkeit des Vokabellernens, um bessere Spielchancen zu haben

Palindrom *(Palindrome)*

Beispiel	**Sozialformen:** Partnerarbeit
Anna,	**Dauer:** 1–3 Min.
ein Ego-Genie.	**Medien:** –
	Klassen: ab 7

Didaktisches Potenzial
Die S. entdecken, wie flexibel und vielfältig sprachliche Zeichen verwendet werden können. Sie trainieren flexibles Denken.

Vorbereitungen und Ablauf
Vorbereitet wird eine Liste mit Palindromen, z. B.:

Esel	–	lese	Burg	–	grub	Beil	–	lieb
Zier	–	Reiz	Gas	–	sag	Tor	–	rot
Sarg	–	Gras	Rebe	–	Eber			

Den S. wird das sprachliche Phänomen des Palindroms erklärt. Nach Art des → Teekessel-chen-Spiels erhalten zwei S. dann ein Wortpaar zugeteilt und eröffnen damit vor der Klasse ein Ratespiel. Sie geben zunächst die Wortarten der beiden Begriffe an und äußern sich dann nur ganz vage zu deren Bedeutung. Die anderen S. versuchen, die Wörter zu erraten. Gelingt dies nicht, können die Angaben der beiden Spieler etwas konkreter werden. Derjenige, der die Wörter errät, darf sich einen Partner/eine Partnerin auswählen und eine neue Runde eröffnen.

Didaktische Hinweise
Palindrome (von griech. *palindromos* = rückläufig) sind Wörter, die vorwärts und rückwärts gelesen Sinn ergeben. Manche Palindrome ergeben vorwärts und rückwärts gelesen sogar dasselbe Wort. Palindrome gehören zu den antiken Sprachspielen, kommen aber auch in allen Sprachen zufällig vor (z. B. Reliefpfeiler, Retter, Ehe, nun, stets, Lagerregal, Rentner, neben, Ebbe, Radar) und treten sogar in Form von Ortsnamen auf (Woddow, Neppen, Lessel, Mussum, Saas, Staats, Burggrub). Künstlich sind Satzpalindrome (Ein Neger mit Gazelle zagt im Regen nie./Nur du, Gudrun! /Nie solo sein!)

Alternativen
- Anagramm (S. 168)
- Stilisierung (S. 201)

Literatur
Gerd Brenner: Kreatives Schreiben. Frankfurt/M. 1998, S. 61
Hansgeorg Stengel: Annasusanna. Neuaufl., München 1995

Stil-In/Out

Beispiel	**Sozialformen:** Einzel-, Gruppenarbeit
die ganzen Leute – alle Leute	**Dauer:** laufend unterrichts-begleitend
	Medien: –
	Klassen: ab 5

Didaktisches Potenzial
Die S. machen sich den Unterschied zwischen Schriftsprache und gesprochener Sprache klar. Sie stellen entsprechende Oppositionen von Formulierungen zusammen.

Vorbereitungen und Ablauf
Die S. legen sich eine Liste von Ausdrücken an, die in schriftsprachlichen Texten nicht vorkommen sollten, die in der Umgangssprache aber gang und gäbe sind. Dazu wird jeweils ein passendes schriftsprachliches Wort gesucht und in eine Tabelle der folgenden Art eingetragen:

rauf (laufen)	hinauf-/herauflaufen
runter(fallen)	hinunter-/herunterfallen
kriegen	bekommen
was (tun)	etwas (tun)
so (Leute)	solche (Leute)
wegen (dem Geld)	wegen (des Geldes)
mal	einmal

Die Tabelle kann für ➔ Ersatzproben oder zur Vorbereitung von Klassenarbeiten bzw. Klausuren verwendet werden.

Didaktische Hinweise
Besonders nach Klassenarbeiten mit entsprechenden stilistischen Fehlern können die S. ihre Stil-In/Out-Tabelle ergänzen.

Alternativen
▦ Malermeister (S. 275)
▦ Lernplakat (vgl. Methoden I, S. 61)

Hinweise zur Weiterarbeit
▦ Schreibkonferenz (S. 227)

Literatur
Gerd Brenner: Kurzprosa: Kreatives Schreiben und Textverstehen. Berlin 2000, S. 60

12 Lernstrategien

Lerncollage

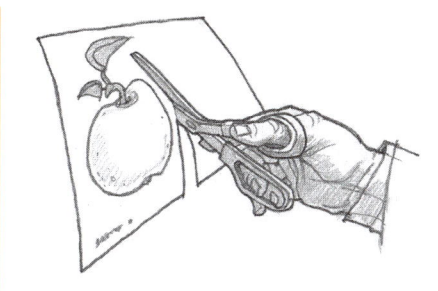

Sozialformen:	Einzel, Partner-, Gruppenarbeit
Dauer:	10 – 20 Min.
Medien:	Bildmaterial
Klassen:	ab 5

Didaktisches Potenzial
Die S. prägen sich Wortschatz mithilfe von Abbildungen ein.
Sie bauen sich im Fremdsprachenunterricht – oder im Bereich Deutsch als Fremdsprache – Merkhilfen auf, indem sie Begriffe und entsprechende Abbildungen aufeinander beziehen.

Vorbereitungen und Ablauf
Die S. gestalten sich zu neuen Wörtern, die sie auswendig zu lernen haben, eine Bildtafel. Sie schneiden aus Magazinen oder Zeitungen Bilder aus, die das Wortmaterial illustrieren. Anschließend schreiben sie die Wörter auf ein Plakat und kleben die entsprechenden Abbildungen dazu. Eine Alternative ist, neben die Wörter entsprechende Abbildungen zu zeichnen. Diese Text-Bild-Kombinationen schauen sich die S. über mehrere Tage hinweg möglichst oft an.

Didaktische Hinweise
Die Lerncollage ist ein handlungsorientiertes Verfahren der Bebilderung (vgl. Methoden I, S. 263). Es nutzt die Erkenntnis der Lernforschung, dass unser Bildgedächtnis sehr leistungsfähig ist und gut genutzt werden kann, um das Lernen abstrakter Begriffe zu unterstützen.
Einige Verlage bieten Bildwörterbücher an, in denen zu ganzen Wortfeldern entsprechende Abbildungen ergänzt sind und die den S. zur Verfügung gestellt werden können (vgl. z. B. das „Basic Oxford Picture Dictionary" und das „Oxford Photo Dictionary" von Oxford University Press und Cornelsen). Für S., die beim Vokabellernen visuelle Stützen benötigen, können solche Werke zur Anschaffung empfohlen werden. Bildwörterbücher sind auch im Bereich „Deutsch als Fremdsprache" sinnvoll einsetzbar.

Alternativen
▨ Lernen mit Vokabelheft
▨ Lernkartei (vgl. Methoden I, S. 279 f.)
▨ Lernplakat (ebd., S. 61)

Hinweise zur Weiterarbeit
▨ Vokabeltest

Literatur
Bettina Geuenich: Prüfungen bestehen. München 2004, S. 64

Satzkreis *(Last word circle)*

Beispiel	

Beispiel
Tom lives in London.
London is …

Sozialformen:	Plenum
Dauer:	1–3 Min.
Medien:	–
Klassen:	ab 5 (bzw. 1. Lernjahr der Fremdsprache)

Didaktisches Potenzial
Die S. aktivieren im fremdsprachlichen Unterricht ihr Vokabular und festigen es.
Sie trainieren syntaktische Strukturen und lernen, aneinander anzuknüpfen.

Vorbereitungen und Ablauf
Mit den S. kann vereinbart werden, dass das Spiel als Redekette organisiert wird (die S. selbst geben das Wort an Mits. weiter, vgl. Methoden I, S. 220) oder dass die Lehrperson jeweils aus denjenigen S. auswählt, die sich melden.
Die S. erhalten dann die Vorgabe, mit zehn Sätzen einen „Kreis" zu bilden. Der erste S. sagt einen Satz in der Fremdsprache. Der zweite S. greift das letzte Wort dieses Satzes auf und beginnt damit einen neuen. Das Wort, mit dem sein Satz endet, wird zum Anfang des dritten usw. Die S. sollen die Sätze möglichst rasch aneinanderreihen. Der zehnte Satz soll mit dem letzten Wort wieder zum ersten Wort des ersten Satzes zurückgelangen. Dann ist der „Kreis" geschlossen.
Variante: Mit jüngeren S. kann das Verfahren auch als Satzkette gestaltet werden. In diesem Fall werden die Sätze nur durch die jeweiligen letzten und ersten Wörter verknüpft und enden mit dem zehnten Satz bei einem beliebigen Wort.

Didaktische Hinweise
Das Verfahren stabilisiert das aktive Vokabular der S. und hält sie zugleich dazu an, möglichst genau auf die Äußerungen ihrer Mits. zu achten.
Die Übung kann evtl. mit einer grammatischen Vorgabe verbunden werden (z. B. alle Sätze in die Vergangenheit, die Gegenwart oder die Zukunft zu setzen, bejahte oder verneinte Sätze zu bilden).

Alternativen
▨ Verbotene Sieben (S. 283)
▨ Wuseln (S. 22)
▨ Falsche Freunde (vgl. Methoden I., S. 264)

Hinweise zur Weiterarbeit
▨ Test/Klassenarbeit zu dem trainierten grammatischen Sachverhalt

Stichwort-Wiederholung *(Touch-turn-talk)*

Sozialformen: Einzelarbeit, Plenum
Dauer: je 1 Min.
Medien: Tafel, Karten
Klassen: ab 5

Didaktisches Potenzial
Die S. festigen Unterrichtsstoff durch Erläuterungen zu ausgelosten Stichworten.
Sie trainieren in einer Wiederholungsphase das freie Sprechen vor der Klasse.

Vorbereitungen und Ablauf
Die Lehrperson fasst am Ende einer Unterrichtsreihe deren zentrale Begriffe und Stoffkerne in Stichworten zusammen und notiert sie einzeln auf Karteikarten.
Den S. werden diese Karten zugelost. (In großen Klassen und Kursen können Stichworte doppelt vergeben werden.) Jeder kann dann alleine oder in Partnerarbeit schnell Informationen zu dem Stichwort auffrischen. Anschließend kommen die S. nach und nach zur Tafel, heften dort ihre Karte an, drehen sich um und fassen jeweils in drei bis fünf möglichst präzise formulierten Sätzen zusammen, was sie zu ihrem Stichwort wissen.
Mögliche Arbeitsanweisung in Englisch: „When you have a card, think about the word on it. You should be able to tell us some facts you have learnt about it. Make up three sentences. When I call you, walk to the board, attach the card to the board – turn around to us and talk about your word" (Schallhorn/Peschel, S. 93).

Didaktische Hinweise
Es ist sinnvoll, das Verfahren öfter einzusetzen. Wenn es gegen Ende einer Unterrichtsreihe üblich ist, richten sich viele S. darauf ein, Wissensstoff anhand von Stichworten präsentieren zu können. Zugleich bringt die Stichwort-Wiederholung auch stillere S. dazu, sich in mehreren Sätzen in exponierter Stellung vor der Klasse zu äußern. Sie können so an die Rednerrolle gewöhnt werden.

Alternativen
■ Progressives Auswischen (vgl. Methoden I, S. 284)
■ Baumdiagramm (ebd., S. 158) oder Mindmap zu zentralen Begriffen (ebd., S. 163 f.)

Hinweise zur Weiterarbeit
■ Test, Klassenarbeit oder Klausur

Literatur
Karola Schallhorn/Alexandra Peschel: Method Guide. Paderborn 2004, S. 93 f.

Tandembogen

Sozialformen:	Einzel-/Partnerarbeit
Dauer:	10 – 20 Min.
Medien:	Arbeitsblätter
Klassen:	5 – 8

Didaktisches Potenzial

S.-Paare bearbeiten aufeinander abgestimmte Aufgaben- und Lösungsblätter.
Die S. üben in einer Kombination von Einzel- und Partnerarbeit einen Stoffbereich der Grammatik und geben sich nach jeder gelösten Aufgabe wechselseitig eine Rückmeldung.

Vorbereitungen und Ablauf

Die Lehrperson stellt für die Partnerarbeit der S. zwei Arbeitsblätter nach dem folgenden Muster her:

Blatt 1	Blatt 2
Aufgabe A + Lösung B	Aufgabe B + Lösung A
Aufgabe C + Lösung D	Aufgabe D + Lösung C usw.

Die S. lösen jeweils eine Aufgabe, lassen sich von ihrem Partner anschließend die Lösung vorlesen, korrigieren evtl. gemeinsam und überlegen bei Fehlern zusammen, welche Denkfehler gemacht worden sind.

Didaktische Hinweise

Der Übungsprozess ist so organisiert, dass sich die S. zuverlässig wechselseitig unterstützen können. Er entwickelt damit das Kooperationsverhalten in der Lerngruppe weiter. Zugleich wird in der gesamten Lerngruppe – anders als bei Methoden wie Domino oder Trimino (vgl. Methoden I, S. 271 und 273) – eine besondere Verarbeitungstiefe des Lernstoffes erreicht.

Alternativen
▨ Lückentext (vgl. Methoden I, S. 281)

Hinweise zur Weiterarbeit
▨ Test/Klassenarbeit

Literatur
Dorothee Seydel: Grammatik-Medizin extrastark. Übungsformen im Fremdsprachenunterricht einer fünften Klasse. In: Pädagogik 1/2004, S. 28 – 32

Verbotene Sieben *(Buzz)*

Beispiel
1 – 2 – 3 – 4 – 5 – 6 – buzz – 8 – 9 – 10 – 11 – 12 – 13 – buzz –15 – 16 – buzz – 18 – 19 – 20 – buzz – 22 – 23 – 24 – 25 – 26 – buzz – buzz – 29 …

Sozialformen: Plenum
Dauer: 3 – 5 Min.
Medien: –
Klassen: ab 5

Didaktisches Potenzial
Die S. üben in einer Fremdsprache Zahlenwörter.
Sie wälzen die Zahlenwörter bis 100 laufend um, indem sie spielerisch mit einem mathematischen Problem umgehen.

Vorbereitungen und Ablauf
Alle S. stehen auf. Sie zählen dann reihum und in möglichst hohem Tempo in der Fremdsprache die Zahlen von 1 bis 100 durch. Jeder S. nennt eine Zahl und gibt das Wort dann sofort an den Nachbarn/die Nachbarin weiter. Bei Zahlen, die durch 7 teilbar sind bzw. die eine 7 enthalten, darf das jeweilige Zahlwort nicht ausgesprochen werden; stattdessen wird ein Ersatzwort gesagt, im Englischunterricht z. B. „Buzz". Man kann in drei Fällen ausscheiden:
- Wenn man eine Zahl mit 7 sagt.
- Wenn man „Buzz" falsch einsetzt.
- Wenn man länger als drei Sekunden überlegen muss.

In diesem Fall sagt der Schiedsrichter: „Du bist draußen/You are out." Wer ausgeschieden ist, setzt sich hin. Sieger ist der S., der als letzter stehen geblieben ist.
Schwierigere Variante: Das Spiel wird mit Zahlen zwischen 100 und 200 oder mit einer anderen Zahl (z. B. 4) gespielt.

Didaktische Hinweise
In dieses Verfahren lässt sich ein motorisches Element (Aufstehen – Setzen) integrieren, das besonders dem Bewegungsbedürfnis jüngerer S. entgegenkommt.
Im Fremdsprachunterricht kann die Zusatzregel eingeführt werden, dass eine eindeutig falsche Aussprache eines Wortes ebenfalls zum Ausscheiden führt.

Alternativen
- Wuseln (S. 22)
- Falsche Freunde
  (vgl. Methoden I., S. 264)

Hinweise zur Weiterarbeit
- Klassenarbeit oder Test mit Zahlenwörtern

Viereckenraten *(Kids in the corner)*

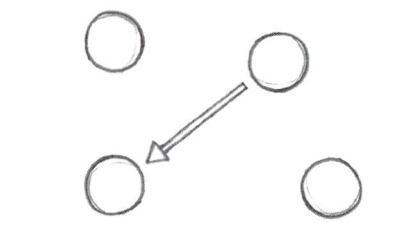

Sozialformen: Plenum
Dauer: 5–10 Min.
Medien: –
Klassen: ab 5

Didaktisches Potenzial
Die S. trainieren in einem Wettbewerb Grammatik-, Vokabel- oder sonstige Kenntnisse.
Dabei sind sie aufgefordert, schnell und präzise auf Wissensfragen zu antworten.

Vorbereitungen und Ablauf
Vier S. verteilen sich auf die vier Ecken des Klassenzimmers/Kursraumes. Die Lehrperson
hat sich Fragen zu Wissensbereichen überlegt, die aktuell im Unterricht erarbeitet worden
sind. (Zur Auflockerung können aber auch andere Fragen gestellt werden.) Es gelten die
folgenden Regeln:

- Wer als Erster eine Frage richtig beantwortet hat, darf einen Platz in eine von ihm zu
  wählende Richtung weiterrücken. (Die Richtung muss er im Folgenden beibehalten.)
- Wer auf seinem neuen Platz einen anderen vorfindet, wirft diesen hinaus.
- Jeder darf pro Frage nur eine Antwort geben.
- Wer als Erster wieder auf seinem Ausgangsplatz angekommen ist, hat das Spiel gewon-
  nen.
- Hat nach etwa zehn Sekunden keiner der Spieler in den vier Ecken die Frage richtig be-
  antwortet, kann ein nicht mitspielender S. sich melden. Gibt er die richtige Antwort,
  kann er einen freien Platz in einer der vier Ecken einnehmen oder einen der bisherigen
  Spieler hinauswerfen.

Didaktische Hinweise
Soll es um Grammatik gehen, kann die Lehrperson z. B. einen Satz formulieren und ein
Satzteil daraus wiederholen, das dann bestimmt werden soll. Im Fremdsprachenunterricht
können mit dem Viereckenraten z. B. auch Vokabelkenntnisse überprüft werden.
Das Verfahren ist mit dem o. g. Regelwerk ziemlich konkurrenzorientiert.
Variante: Alle vier Spieler starten in der gleichen Ecke; gewonnen hat derjenige, der als
Erster eine Runde gedreht hat.

Alternativen
- Domino (vgl. Methoden I, S. 271)
- Trimino (ebd., S. 273)
- Memory (ebd., S. 276)

Hinweise zur Weiterarbeit
- Test/Klassenarbeit

Wachsendes Wort *(Adding a letter)*

```
N O
N O T
T O N E
S T O N E
```

Sozialformen:	Partner-, Gruppenarbeit
Dauer:	1–5 Min.
Medien:	Tafel
Klassen:	ab 6

Didaktisches Potenzial
Die S. aktivieren in einer Fremdsprache ihre Vokabelkenntnisse und wenden sie an.
Sie festigen und erweitern damit ihren Wortschatz.

Vorbereitungen und Ablauf
Ein S. schreibt ein möglichst kurzes Wort auf ein Blatt Papier. Alle anderen können dann versuchen, einen Buchstaben zu ergänzen und so ein weiteres Wort zu generieren, das unter das erste geschrieben wird. Im nächsten Schritt wird ein weiterer Buchstabe hinzugefügt usw. Es entstehen so Wortlisten wie:

```
    A
    A N
R   A N
R   A I N
R   A I N Y ...
```

In jedem Stadium des Spiels kann die Reihenfolge der Buchstaben verändert werden, um neue Erweiterungsmöglichkeiten zu erhalten. Bei der Suche nach den Folgewörtern können Wörterbücher verwendet werden.

Didaktische Hinweise
Voraussetzung für dieses Wörtersuchspiel ist, dass die S. in einer Fremdsprache über ein genügend breites Anfangsvokabular verfügen.
Um die Spannung zu steigern, kann die Klasse in mehrere Mannschaften aufgeteilt werden. Abwechselnd muss jede Mannschaft innerhalb einer Minute die nächste Stufe an die Tafel schreiben. Diejenige Mannschaft, die als letzte einen Buchstaben hinzufügen konnte, bekommt für jeden Buchstaben in ihrem Wort einen Punkt.

Alternativen
▨ Satzkreis (S. 280)
▨ Verbotene Sieben (S. 283)
▨ Wuseln (S. 22)
▨ Falsche Freunde (vgl. Methoden I, S. 264)

Hinweise zur Weiterarbeit
▨ Wortschatzübungen

Walkman

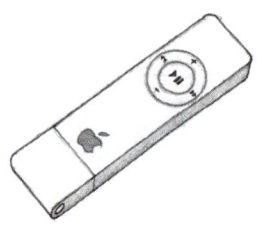

Sozialformen: Einzelarbeit
Dauer: jeweils 5 – 20 Min.
Medien: Audiorekorder
Klassen: ab 5

Didaktisches Potenzial
Die S. nutzen ihre Alltagsmedien, um sich Vokabeln einzuprägen.
Sie kontrollieren ihren Kenntnisstand, indem sie spontan in Aufnahmelücken hineinsprechen.

Vorbereitungen und Ablauf
Die S. bereiten das Auswendiglernen neuer Vokabeln vor, indem sie zunächst jeweils das deutsche Wort auf Band sprechen, dann eine kurze Pause lassen und schließlich das fremdsprachige Wort ergänzen. Dabei kontrollieren sie anhand des Lehrbuchs, ob die Aussprache korrekt ist.
Zu Tageszeiten, in denen es sich anbietet (sehr effektiv z. B. vor dem Schlafengehen), spielen sich die S. die Aufnahmen per Audiorekorder vor und sprechen laufend in die vorgesehenen Lücken hinein das fremdsprachige Wort. Wenn sie es noch nicht beherrschen, erhalten sie vom Band nach kurzer Pause die „Lösung". Der Vorgang wird mehrmals wiederholt, bis alle Lücken gefüllt werden können.

Didaktische Hinweise
In Situationen, in denen ein lautes Sprechen nicht angebracht ist (auf dem Schulweg, im Bus oder in der Bahn etc.), können die S. sich die gesuchten Wörter stumm aufsagen. Das Abhören der fremdsprachigen Vokabel vom Band kann evtl. mit dem Aufdecken des entsprechenden Wortes im Vokabelheft oder Lehrbuch kombiniert werden, um neben dem akustischen auch den visuellen Kanal zu aktivieren.
Damit die Vokabeln im Langzeitgedächtnis verankert werden, sollten die Aufnahmen eine Woche und evtl. einen Monat nach dem Auswendiglernen noch einmal abgehört werden.

Alternativen
▦ Lerncollage (S. 279)
▦ Lernkartei (vgl. Methoden I, S. 279 f.)

Hinweise zur Weiterarbeit
▦ Vokabeltest
▦ Wörter in Lücken hineinschreiben

Literatur
Bettina Geuenich: Prüfungen bestehen. München 2004, S. 65 f.

WIN

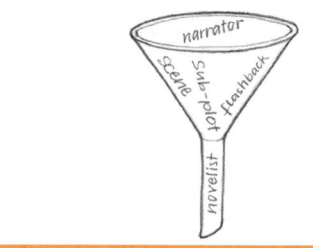

Sozialformen:	Einzelarbeit
Dauer:	laufende Prozess-begleitung
Medien:	Arbeitsblätter
Klassen:	ab 5

Didaktisches Potenzial

Die S. erwerben methodische Kompetenzen, um sich Lernstoff effektiv zu merken.
Sie variieren Verfahren des Memorierens, unterteilen Übungsprozesse in sinnvolle Phasen und verbessern so ihre Merkfähigkeit.

Vorbereitungen

Die S. erhalten für Wiederholungsphasen die folgenden WIN-Regeln (vgl. Kleinschroth) auf einem Arbeitsblatt an die Hand:

W   **W**echsle die Technik!

I   In **I**ntervallen vorgehen!

N   Nur noch harte **N**üsse knacken!

Außerdem werden sie über die folgenden Umsetzungsmöglichkeiten des Technikwechsels informiert:

Wechseln zwischen:

- *Durchlesen/Anhören* (vgl. ➔ Walkman; ➔ Paarlesen; ➔ Reziprokes Lesen)
- *Hervorheben* (vgl. ➔ Schlüsselwörter)
- *Umstrukturieren* (vgl. ➔ Diskontinuierliche Umwandlung; ➔ Paraphrase; Flussdiagramm, Methoden I, S. 160; Mindmap, ebd., 163; Logische Netze, ebd., S. 267 f.; Lernhierarchie, ebd., S. 265 f.; Mnemotechnische Verknüpfung, ebd., S. 269 f.; Merkzettel, ebd., S. 256; Wandzeitung, ebd., S. 258)
- *Visualisieren* (vgl. ➔ Lesebaum; Bebilderung, Methoden I, S. 263; Säulendiagramm, ebd., S. 257; Kreisdiagramm, ebd., S. 254; Kurvendiagramm, ebd., S. 255)
- *Analogisieren* (vgl. Analogisierung, Methoden I, S. 260 f.)
- *Kreative Ergänzung* (vgl. Ankermethode, Methoden I., S. 262; Loci-Methode, ebd., S. 266; Domino, ebd., S. 271 f.; Trimino, ebd., S. 273).

Ablauf

Um z. B. ein einstündiges, mittelschweres Lernpensum dauerhaft im Gedächtnis zu verankern, werden die S. – in Anlehnung an Kleinschroth (s. u.) – angeregt, ihre Wiederholungen in fünf Intervallen anzulegen und sich dabei insbesondere auf die „harten Nüsse" zu konzentrieren, die besonders schwer behalten werden können. Dazu erhalten sie das folgende Arbeitsblatt:

Wiederholung in Intervallen

1. Wiederholung	nach 1 Stunde	gesamter Stoff
2. Wiederholung	nach 1 Tag	„harte Nüsse" des Vortages
3. Wiederholung	nach 1 Woche	„harte Nüsse" der Phase 2
4. Wiederholung	nach 1 Monat	gesamter Stoff
5. Wiederholung	nach 6 Monaten	Prüfungsvorbereitung (stichpunktartig)

Die S. werden noch einmal darauf hingewiesen, wie wichtig es ist, beim Üben wechselnde Methoden zu verwenden.

Didaktischer Kommentar

Die Lernpsychologie geht davon aus, dass insbesondere umfangreichere Stoffgebiete (wie Vokabeln für eine Fremdsprache oder ganze Stoffkomplexe für das Abitur) nicht durch einmaliges Wiederholen dauerhaft präsent gehalten werden können. Vielmehr muss der Stoff in regelmäßigen Zeitabständen wiederholt werden, wobei sich allerdings der notwendige zeitliche Umfang von Schritt zu Schritt zunächst reduziert, bevor ein erneuter Gesamt-Check erfolgt. Wichtig ist auch der Hinweis an die S., dass verschiedene Methoden des Übens helfen, den Stoff intensiver und dauerhafter im Gedächtnis zu verankern. Dagegen bringt eine methodische Monokultur des „Paukens" oft nicht den erwünschten Lernfortschritt. Die S. können auch darüber informiert werden, dass bloßes Durchlesen eines Lernstoffes eine sehr flache und daher nicht sehr effektive Form der Verarbeitung ist. Ein besserer Effekt ergibt sich durch irgendeine Form des handelnden Umgehens mit dem Stoff (Umstrukturieren, Visualisierung etc.).

Tipps zur Umsetzung

Sture „Pauk"-Lerner sollten darauf hingewiesen werden, dass es in den Phasen 2 und 3 genügt, auf größere Teile des Stoffes nur noch einen Kontrollblick zu werfen, damit die Zeit des Übens reduziert und die Energie auf die schwierigen Stoffbereiche konzentriert werden kann. Die S. können auch die Tipps erhalten,

- dass ihr Intervall-Lernen durch eine Lernkartei (vgl. Methoden I, S. 279 ff.) unterstützt werden kann;
- dass eine (halbe) Stunde vor dem Schlafengehen ein guter Zeitpunkt ist, Stoff zu wiederholen, da das Gehirn auch nachts aktiv ist und nach dem Einschlafen beginnt, Informationen zu verarbeiten.

Alternativen

- Repetitorien (professioneller Anbieter)

Hinweise zur Weiterarbeit

- Klausur/Klassenarbeit
- Zentrale Abschlussprüfung in der Klasse 10/Abiturprüfung

Literatur

Walter Edelmann: Lernpsychologie. 6., vollst. überarb. Aufl., Weinheim 2000
Robert Kleinschroth: Garantiert lernen lernen. Reinbek 2005, S. 138 ff.
Norbert M. Seel: Psychologie des Lernens. München 2000

Entwicklungsgespräch

Sozialformen:	Einzelarbeit, Schüler-Lehrer-Gespräch
Dauer:	ca. 30 Min. pro S.
Medien:	Ankreuz- und Notizblatt
Klassen:	ab 5

Didaktisches Potenzial

S. entwickeln Vorstellungen für ein Gespräch mit einer Lehrperson über ihren Lernweg und führen das Gespräch problemorientiert.

Die S. ziehen für sich selbstkritisch eine Bilanz ihrer Arbeit, erörtern Stärken und Schwächen mit der Lehrperson und definieren mit ihr zusammen Ziele für die nächsten Monate. Das Verfahren regt S. an, ihre Zukunft als Lernende selbst in die Hand zu nehmen und Verantwortung für sich zu übernehmen.

Vorbereitungen

Zur Vorbereitung des Gesprächs erhalten die S. ein Blatt, auf dem sie Gesprächsoptionen ankreuzen und zu vorgeschlagenen Aspekten Notizen machen können. Auf dem Blatt steht zum Beispiel:

1. *In einem Rückblick möchte ICH mit … darüber sprechen:*
   - was ich im Unterricht gut gefunden habe
   - was ich im Unterricht schlecht gefunden habe
   - wie ich mich verhalten habe
   - was aus unserer letzten Vereinbarung geworden ist
2. *Konzentrieren will ich mich in dem Gespräch darauf:*
   - wie ich im Unterricht mitarbeite
   - wie ich meine Hausaufgaben organisiere
   - was ich kann und noch nicht kann
   - wobei ich Hilfe brauche
   - … (weitere mögliche Aspekte)
3. *Das möchte ICH mit … für die nächste Zeit vereinbaren: …*

Ablauf

Die S. bringen ihr ausgefülltes Blatt als Leitfaden in das Gespräch mit und steuern es mithilfe der Vorüberlegungen. Das Gespräch hat drei Phasen: 1. Rückblick, 2. Beschreibung und Analyse von Problemen, 3. Vereinbarung für die Zukunft.

Die Lehrperson folgt im Gespräch den vom S. gewählten Schwerpunkten, ist ansonsten aber gleichberechtigt und stellt im Rahmen der vorgegebenen Aspekte auch kritische Fragen. Am Ende achtet die Lehrperson darauf, dass eine Zielvereinbarung für die kommenden Monate verbindlich getroffen wird.

Variante: An dem Entwicklungsgespräch nehmen – z. B. im Rahmen eines Elternsprechtages – auch die Eltern des S. teil. Auch in diesem Fall steuert der S. den Gesprächsablauf, neben der Lehrperson kommen auch die Eltern zu Wort.

Didaktischer Kommentar
Planungs- und Entwicklungsgespräche werden z. T. auch in der Ausbildung von Lehrkräften eingesetzt. In Schweden sind sie seit einiger Zeit ein Instrument der Schulentwicklung und ein Element kooperativer Arbeitskultur.
In den Gesprächen soll es weniger um Fehlersuche, Vorhaltungen, Ausflüchte und Entschuldigungen gehen, sondern um eine konstruktive Betrachtung aktueller Verhaltensweisen. Lehrpersonen bekommen in solchen Gesprächen mit S. implizit viele Rückmeldungen zu ihrem Unterricht. Die S. lernen, sich selbst kritisch einzuschätzen und den eigenen Lernstatus realistisch zu betrachten.
Anders als Feedback- und Evaluationsmethoden wie Lernjournal (vgl. Methoden I, S. 288 f.), Brief in die Zukunft (ebd., S. 286) oder Ideen- und Klagemauer (ebd., S. 293) hat das Entwicklungsgespräch für alle Beteiligten einen besonderen Verbindlichkeitscharakter. Und anders als im üblichen Gespräch beim Elternsprechtag kommt die Sichtweise des S. intensiver ins Spiel. Die im Entwicklungsgespräch anzustrebenden Vereinbarungen werden zwischen Lehrperson und S. ausgehandelt und gelten für beide Seiten. „Durch gemeinsame Planung und Problemlösung kann sich ein Vertrauensverhältnis zwischen Lehrern und Schülern entwickeln, vor allem, weil der Schüler erfährt, dass der Lehrer sich wirklich um ihn kümmert" (Burkard u. a., S. 104).

Tipps zur Umsetzung
S. und Lehrperson können Materialien aus dem Unterricht und aus Evaluationen (z. B. Klassenarbeiten, Klausuren, Tests, Portfolios, vgl. Methoden I, S. 155 f.) oder gut geführte Haushefte in das Gespräch mit einbeziehen.
Entwicklungsgespräche kosten viel Zeit. Daher ist es ratsam, sie in einer Lerngruppe zunächst denjenigen S. anzubieten, die besonderen Beratungsbedarf haben. Im Rahmen von Elternsprechtagen müssen sie evtl. zeitlich auf 15 bis 20 Minuten begrenzt werden.

Alternativen
▨ Logbuch (S. 292)

Hinweise zur Weiterarbeit
▨ Verweis auf Lernhilfen und Übungsmaterial im Print- und SoftwareBereich
▨ In schwierigen Fällen Einbeziehung außerschulischer Hilfesysteme

Literatur
Wolfgang Böttcher/Elmar Philipp (Hrsg.): Mit Schülern Unterricht und Schule entwickeln. Weinheim, Basel 2000
Christoph Burkard u. a.: Starke Schüler – gute Schulen. Berlin 2003, S. 101 ff.

Geheime Klassenregeln

Du sollst …	**Sozialformen:** Plenum
Du sollst …	**Dauer:** 10 – 45 Min.
Du sollst nicht …	**Medien:** Plakat
	Klassen: ab 5

Didaktisches Potenzial

Die S. legen die (unausgesprochenen) Normen ihrer Lerngruppe offen und reflektieren sie.
Sie begeben sich in einen gruppendynamischen Prozess, der Spannungen in der Lerngruppe einer Reflexion zugänglich macht.

Vorbereitungen und Ablauf

An mehreren Wänden oder auf dem Boden werden Plakatkartons mit der Aufschrift „Geheime Klassenregeln" bzw. „Geheime Kursregeln" zur Verfügung gestellt. Auf diesen notieren alle S. stumm unausgesprochene Regeln, die ihrer Meinung nach in der Lerngruppe gelten. Nach einer vereinbarten Zeit (z. B. fünf Minuten) können alle in einem Galeriegang (vgl. Methoden I, S. 240 f.) lesen, was die Mits. geschrieben haben. Danach findet ein ausführliches Gespräch über die Eintragungen statt. Darin kann geklärt werden:

- Wie sind die geheimen Regeln zustande gekommen?
- Wie werden sie von verschiedenen Mitgliedern der Lerngruppe beurteilt?
- Sollten Regeln außer Kraft gesetzt oder geändert werden?

Didaktische Hinweise

Das Verfahren kann in der Lerngruppe intensive Gruppenprozesse auslösen und sollte daher mit Bedacht eingesetzt werden. Es ist besonders hilfreich, wenn Spannungen in der Lerngruppe offensichtlich unaufgearbeitet sind.

Alternativen

- Stimmungsbarometer (vgl. Methoden I, S. 295)
- Gruppenbild (ebd., S. 298)
- Gruppenplastik-Feedback (ebd., S. 299)
- Standogramm (ebd., S. 303)
- Vielredner – Wenigredner (ebd., S. 307)

Hinweise zur Weiterarbeit

- Feedback-Gespräch (vgl. Methoden I, S. 306)
- Zuschreibung (ebd., S. 309)

Literatur

Katholische Junge Gemeinde Rottenburg-Stuttgart (Hrsg.): Kursknacker. Handbuch für die Kursarbeit. Wernau 2002, S. 42

Logbuch *(Logbook)*

Sozialformen: Einzelarbeit
Dauer: regelmäßig einige Min. pro Tag
Medien: Logbuch-Vorlage
Klassen: ab 8

Didaktisches Potenzial
Die S. evaluieren ihren Lernprozess.
Sie ergründen, auf welche Weise und in welchem Ausmaß sie schwierige Lernsituationen gemeistert haben, und sie halten die Reflexionsergebnisse fest.

Vorbereitungen
Die S. erhalten eine Logbuch-Vorlage der folgenden Art und werden aufgefordert, die Vorlage mehrfach zu kopieren.

Logbuch

Situation: _____
_____
_____

Schwierigkeitsgrad: 0% .... 50% 100%

Ich hatte die Situation unter Kontrolle im Hinblick auf

Zeitmanagement   vollständig _____ gar nicht
Ressourcennutzung   vollständig _____ gar nicht
Ausdauer u. Konzentration vollständig _____ gar nicht
(Eigen-)Motivation   vollständig _____ gar nicht

Was mir/mich am meisten geholfen/blockiert hat:

Zufriedenheit mit dem Ergebnis:

Emoticon 1: Begeisterung   Emoticon 2: gemischte Gefühle   Emoticon 3: Katastrophe

Eine elektronische Version des Logbuchs steht S. in Lernsoftware-Angeboten (vgl. Brenner 2006) zur Verfügung.

Ablauf

Die S. werden angeregt, regelmäßig – auf jeden Fall aber nach besonderen Herausforderungen an das Zeit- und Selbstmanagement beim Lernen – Eintragungen in ein Logbuch vorzunehmen. Dazu sollen sie

- in wenigen Worten jeweils eine *Situation* des Selbstmanagements skizzieren, in der sie sich (etwas) unter Druck gefühlt haben;
- in der vorgesehenen Skala mit einem Kreuz den Schwierigkeitsgrad dieser Herausforderung einschätzen;
- die Situation im Hinblick auf die vier genannten Aspekte (*Zeitmanagement, Nutzung persönlicher Ressourcen* wie Vorwissen, Lehrbücher, häusliche Bibliothek, Bekannte, die man anrufen kann etc., *Ausdauer und Konzentration* sowie *Motivation*) genauer prüfen und in der Skala entsprechend Kreuze setzen;
- aufschreiben, was ihnen bei der Bewältigung der Situation am meisten geholfen bzw. was sie am meisten blockiert hat;
- mit einem umkreisten *Emoticon* insgesamt die Erfahrung ausdrücken, die sie mit der Herausforderung gemacht haben.

Didaktischer Kommentar

Ein *Log* ist ein Holzklotz, der früher auf See zur Messung der Schiffsgeschwindigkeit hinter einem Schiff hergezogen wurde. In Anlehnung daran bezeichnete ein Logbuch ursprünglich das Tagebuch eines Kapitäns, in das alle für die Seeschifffahrt wichtigen Beobachtungen eingetragen wurden. Die Bezeichnung wird hier auf ein Tagebuch übertragen, das Höhen und Tiefen des Selbstmanagements beim schulischen Lernen dokumentiert. Die S. stellen sich damit eigenen erwünschten und unerwünschten Verhaltensweisen, die Erfolge ermöglichen oder verhindern und die dafür sorgen, dass sie zufrieden oder unzufrieden mit sich sind. Um in schwierigen Phasen des Lernens souveräner mit sich selbst umzugehen, trainieren sie mit einem Logbuch, sich konstruktiv und selbstkritisch mit Zeitmanagement, Ressourcennutzung, persönlichen Arbeitsweisen und Motivationslagen auseinanderzusetzen.

Alternativen

- Lernjournal/Lerntagebuch (vgl. Methoden I, S. 288 f.)
- Koordinaten (ebd., S. 294)
- Stimmungskurve (ebd., S. 296)

Hinweise zur Weiterarbeit

- Beratungsgespräch mit einer Lehrperson

Literatur

Gerd Brenner: Zeit- und Selbstmanagement. In: Klaus Eilert u. a. (Hrsg.): Texte, Themen und Strukturen interaktiv. Sprache und Rhetorik/Methodentraining. (selGO abitur-online.nrw), Berlin 2006
Maja Storch/Astrid Riederer: Ich pack's! – Selbstmanagement für Jugendliche. Ein Trainingsmanual für die Arbeit nach dem Zürcher Ressourcen Modell. Bern u. a. 2005, S. 214

Literatur

Baer, Ulrich: Kreativität für alle. Fantasie-
anregende Ideen für die pädagogische
Arbeit. Seelze 2001

Becker-Mrotzek, Michael: Schreibkonferenzen in der Grundschule. In: Gerd Bräuer
(Hrsg.): Schreiben(d) lernen. Ideen und
Projekte für die Schule. Hamburg
2004, S. 105 – 119

Becker-Mrotzek, Michael/Böttcher Ingrid:
Schreibkompetenz entwickeln und
beurteilen. Praxishandbuch für die
Sekundarstufe I und II. Berlin 2006

*Beigel, Dorothea/Steinbauer, Waltraud/
Zinke, Kurt:* Das bewegte Klassenzimmer. Ein Projekt zeigt Wirkung: Ergebnisse und Anregungen für die Praxis.
Kirchzarten b. Freiburg 2005

Biermann, Heinrich/Schurf, Bernd (Hrsg.):
Deutschbuch. 6 Bde., Berlin 1997 ff.

Biermann, Heinrich/Schurf, Bernd (Hrsg.):
Texte, Themen und Strukturen.
Deutschbuch für die Oberstufe.
Berlin 1999

Bittner, Stefan: Das Unterrichtsgespräch.
Formen und Verfahren des dialogischen Lehrens und Lernens. Bad Heilbrunn 2006

Böttcher, Ingrid (Hrsg.): Kreatives Schrei-
ben. Grundlagen und Methoden.
Beispiele für Fächer und Projekte.
Schreibecke und Dokumentation.
Berlin 1999

Böttcher, Wolfgang/Philipp, Elmar (Hrsg.):
Mit Schülern Unterricht und Schule
entwickeln. Weinheim, Basel 2000

Bräuer, Gerd (Hrsg.): Schreibe(d) lernen.
Ideen und Projekte für die Schule.
Hamburg 2004

Brauckmann, Werner: Freies Schreiben.
Praxishandbuch für die Sekundarstufe
I und II. Berlin 2003

*Breilmann, Sybille/Grunow, Cordula/
Schopen, Michael* (Hrsg.): Computer,
Internet & Co. im Deutschunterricht
ab Klasse 5. Berlin 2003

Brenner, Gerd: Kreatives Schreiben. Ein
Leitfaden für die Praxis. Mit Texten
Jugendlicher. 4. Aufl., Frankfurt/M.
1998

Brenner, Gerd: Kurzprosa: Kreatives Schreiben und Textverstehen. Reihe
„Kursthemen Deutsch", Berlin 2000

Brenner, Gerd: Methodentraining: Projekt
Medien und Meinungsbildung. Reihe
„Kursthemen Deutsch", Berlin 2002

Brenner, Gerd: Die Facharbeit: Von der
Planung zur Präsentation. Trainings-
programm Deutsch Oberstufe. Heft 4.
Hrsg. von Bernd Schurf und Andrea
Wagener, Berlin 2002

Brenner, Gerd: Texte schreiben: Alles klar!
Trainingskurs für die Oberstufe. Berlin
2004

Brenner, Gerd (Hrsg.): Fundgrube Deutsch.
Neue Ausgabe. Berlin 2006

Brenner, Gerd: Jeden Tag besser. Test- und
Übungsheft. Deutsch 7. Klasse. Berlin
2009

Brenner, Gerd/Peuckmann, Heinrich:
Literaturkurse in der gymnasialen
Oberstufe. Arbeitsbereich Schreibschule. Reihe „Lehrerfortbildung in Nord-
rhein-Westfalen", hrsg. vom Landesin-
stitut für Schule und Weiterbildung,
Soest 1994

Broich, Josef: Sprechen, hören, streiten.
Gruppenspiele mit Stimme, Körper,
Sprache. Köln 2002

Broich, Josef: Körper- und Bewegungsspiele. 2., überarb. u. erw. Aufl., Köln 2005

Burkard, Chrisoph/Eickenbusch, Gerhard/Ekholm, Mats: Starke Schüler – gute Schulen. Wege zu einer neuen Arbeitskultur im Unterricht. Berlin 2003

Collmar, Lars: Geschichten aus zwei Perspektiven. Den eigenen Urteilen auf die Schliche kommen. Mülheim an der Ruhr 2007

Dennison, Paul E. /Dennison, Gail E.: Brain-Gym. 16. Aufl., Kirchzarten b. Freiburg 2005

Dudenredaktion (Hrsg.): Duden. Das Stilwörterbuch. 9., überarb. und aktual. Aufl., Mannheim 2010

Dudenredaktion (Hrsg.): Duden. Das Synonymwörterbuch. Ein Wörterbuch sinnverwandter Wörter. 5. Aufl., Mannheim 2010

Dudenredaktion (Hrsg.): Duden. Die Grammatik. 7., völlig neu erarb. u. erw. Aufl., Mannheim 2005

Edelmann, Walter: Lernpsychologie. 6., überarb. Aufl., Weinheim 2000

Ehmann, Hermann: Endgeil. Das voll korrekte Lexikon der Jugendsprache. München 2005

Eilert, Klaus/Fenske, Ute/Grunow, Cordula (Hrsg.): Texte, Themen und Strukturen interaktiv. Sprache und Rhetorik/Methodentraining. (selGO abitur-online.nrw), Berlin 2006

Fenske, Ute/Grunow, Cordula/Schurf, Bernd u. a. (Hrsg.): Deutschbuch 5/6, 7/8 und 9/10. Ideen für den Unterricht. Berlin 2002 f.

Fix, Martin: Textrevisionen in der Schule. Prozessorientierte Schreibdidaktik zwischen Instruktion und Selbststeuerung – empirische Untersuchungen. Baltmannsweiler 2000

Fleming, Irene: Spiele mit Zeitungen und andere Mal- und Schreibideen für Kinder und Jugendliche. Mainz 2000

Görnert-Stuckmann, Sylvia: Mit Kindern Geschichten erfinden. München 2003

Gläser, Eva/Franke-Zöllner, Gitta: Lesekompetenz fördern von Anfang an – Didaktische und methodische Anregungen zur Leseförderung. Baltmannsweiler 2005

Groeben, Norbert/Hurrelmann, Bettina (Hrsg.): Lesekompetenz: Bedingungen, Dimensionen, Funktionen. München, Weinheim 2002

Groeben, Norbert/Hurrelmann, Bettina (Hrsg.): Lesesozialisation in der Mediengesellschaft. Ein Forschungsüberblick. Weinheim, München 2004

Heerstraßen, Karl Josef/Schurf, Bernd (Hrsg.): Texte, Themen und Strukturen. Neue Ausgabe für weiterführende berufliche Schulen. Handbuch für den Unterricht. Berlin 2002

Heringer, Hans Jürgen: Kleine deutsche Grammatik. Berlin 1997

Hintz, Ingrid: Das Lesetagebuch. Intensiv lesen, produktiv schreiben, frei arbeiten. Reihe „Deutschdidaktik aktuell", Bd. 12, 2. Aufl., Baltmannsweiler 2005

Janssen, Bernd: Kreative Unterrichtsmethoden. Braunschweig 2004

Katholische Junge Gemeinde Rottenburg-Stuttgart (Hrsg.): Kursknacker. Handbuch für die Kursarbeit. 5., völlig neu bearb. Aufl., Wernau 2002

Kaufmann, Theo: Lesen–Schreiben–Handeln. Methodensammlung zum handlungs- & produktionsorientierten Umgang mit Jugendbüchern in der Sekundarstufe. Hrsg. von Peter Conrady, Würzburg 2003

Literatur

Kleinschroth, Robert: Garantiert lernen lernen. Die besten Techniken für sicheres Wissen. Reinbek 2005

Konrad, Klaus/Traub, Silke: Kooperatives Lernen. Baltmannsweiler 2001

Leis, Mario: Kreatives Schreiben. 111 Übungen. Unter Mitarbeit von Andrea Bahrenberg, Beate Christmann und Judith Voss, Stuttgart 2006

Mann, Renate/Saßmann, Beate: Deutschunterricht: kreativ. Kopiervorlagen für das 9./10. Schuljahr. Berlin 2005

Masanek, Nicole: Fördern durch Vorlesen. Kinder unterstützen sich gegenseitig als Lesepaten und Lesecoaches. In: Praxis Deutsch. Sonderheft, hrsg. von Tilman von Brand. Seelze 2010

Metzig, Werner/Schuster, Martin: Lernen zu lernen. Lernstrategien wirkungsvoll einsetzen. 6. Aufl., Berlin u. a. 2003

Meyenburg, Claudia (Hrsg.): Die Sache mit dem X. BrainGym in der Schule. 5. Aufl., Kirchzarten b. Freiburg 2005

Meyer, Hilbert: Schulpädagogik II. Berlin 1997

Meyer, Hilbert: Was ist guter Unterricht? Berlin 2004

Müller, Frank: Lesetraining. Sinnentnehmendes Lesen in den Klassen 7–10. Weinheim und Basel 2009

Müller, Rudolf: Mehr Bewegung ins Lernen bringen. Energie aufbauen, Leistungsfähigkeit und Lernmotivation erhöhen, Lernstoff verankern. Weinheim, Basel 2003

Müller, Stefan/Brenner, Gerd: „Herrlich und dämlich". Projekterfahrungen mit jüngeren Jugendlichen. In: Gerd Brenner/Franz Grubauer (Hrsg.): Typisch Mädchen? Typisch Junge? Weinheim, München 1991, S. 84 – 96

Orsenna, Erik: Die Grammatik ist ein sanftes Lied. München, Wien 2004

Özdemir, Cem (Hrsg.): Abenteuer Vorlesen. Ein Wegweiser für Initiativen. Hamburg (edition Körber-Stiftung) 2002

Paradies, Liane/Linser, Hans Jürgen: Üben, Wiederholen, Festigen. Praxishandbuch für die Sekundarstufe I und II. Berlin 2003

Peterßen, Wilhelm H.: Kleines Methoden-Lexikon. München 1999

Philipp, Maik: Lesen empeerisch. Eine Längsschnittstudie zur Bedeutung von peer groups für Lesemotivation und -verhalten. Wiesbaden 2010

Pons Wörterbuch der Jugendsprache. Deutsch – Englisch/Französisch/Spanisch. Stuttgart 2010

Reich, Kersten: Konstruktivistische Didaktik. 4., durchges. Aufl., Weinheim und Basel 2008

Rosebrock, Cornelia/Nix, Daniel: Grundlagen der Lesedidaktik und der systematischen schulischen Leseförderung. Baltmannsweiler 2008

Schallhorn, Karola/Peschel, Alexandra: Method Guide. Kreative Methoden für den Englischunterricht in der Oberstufe. Paderborn 2004

Scheimann, Gerd/FWU: Methodentraining. Textagenten – Texte erschließen im Deutsch-Unterricht. Grünwald 2003

Schoenbach, Ruth/Greenleaf, Cynthia/Cziko, Christine/Hurwitz, Lori: Lesen macht schlau. Neue Lesepraxis für weiterführende Schulen. Berlin 2006

Schulz von Thun, Friedemann: Miteinander reden: Fragen und Antworten, Reinbek 2007

Schurf, Bernd (Hrsg.): Deutschbuch. Orientierungswissen. Neue Ausgabe, Berlin 2009

Schurf, Bernd/Wagener, Andrea (Hrsg.): Texte, Themen und Strukturen. Deutschbuch für die Oberstufe. Berlin 2009

Seel, Norbert M.: Psychologie des Lernens. Lehrbuch für Pädagogen und Psychologen. München 2000

Siebold, Jörg (Hrsg.): Let's Talk: Lehrtechniken. Vom gebundenen zum Freien Sprechen. Berlin 2004

Six, Ulrike/Gleich, Uli/Gimmler, Roland (Hrsg.): Kommunikationspsychologie – Medienpsychologie. Weinheim und Basel 2007

Spitta, Gudrun: Schreibkonferenzen in Klasse 3 und 4. Ein Weg vom spontanen Schreiben zum bewussten Verfassen von Texten. Frankfurt/M. 1992

Steinhauer, Anja: Duden. Das Wörterbuch der Abkürzungen. Rund 50.000 nationale und internationale Abkürzungen und Kurzwörter mit ihren Bedeutungen. 5., vollst. überarb. u. erw. Aufl., Mannheim 2005

Stiftung Lesen (Hrsg.): Lesen. Grundlagen, Ideen, Modelle zur Leseförderung. 6. Aufl., Mainz 1996

Thalmayr, Andreas (alias Hans Magnus Enzensberger): Das Wasserzeichen der Poesie. Nördlingen 1985

Weidner, Margrit: Kooperatives Lernen im Unterricht. Seelze 2003

Wilms, Heiner und Ellen: Erwachsen werden. Life-Skills-Programm für Schülerinnen und Schüler der Sekundarstufe I. Handbuch für Lehrerinnen und Lehrer. Hrsg. von Lions Clubs International, 7. Aufl. der 2. Ausg., Wiesbaden 2004

Zitzmann, Christina: Alltagshelden. Aktiv gegen Gewalt und Mobbing – für mehr Zivilcourage. Schwalbach/Ts. 2004

Sachregister

Methodenregister

Methodenregister